# 古代歷史文化研究輯刊

## 二一編

王明蓀 主編

## 第12冊

## 從內地到邊郡：
## 宋代揚州城市與經濟研究（下）

何適 著

國家圖書館出版品預行編目資料

從內地到邊郡：宋代揚州城市與經濟研究（下）／何適 著——
初版 — 新北市：花木蘭文化事業有限公司，2019〔民108〕
目 4+172 面；19×26 公分
（古代歷史文化研究輯刊 二一編：第 12 冊）
ISBN 978-986-485-730-2（精裝）
1. 都市經濟學 2. 宋代
618                                        108001501

古代歷史文化研究輯刊
二一編　第十二冊　　　　　　ISBN：978-986-485-730-2

從內地到邊郡：宋代揚州城市與經濟研究（下）

作　　者　何適
主　　編　王明蓀
總 編 輯　杜潔祥
副總編輯　楊嘉樂
編　　輯　許郁翎、王筑　美術編輯　陳逸婷
出　　版　花木蘭文化事業有限公司
發 行 人　高小娟
聯絡地址　235 新北市中和區中安街七二號十三樓
　　　　　電話：02-2923-1455／傳真：02-2923-1452
網　　址　http://www.huamulan.tw 信箱 hml810518@gmail.com
印　　刷　普羅文化出版廣告事業
初　　版　2019 年 3 月
全書字數　296009 字
定　　價　二一編 49 冊（精裝）台幣 122,000 元

從內地到邊郡：
宋代揚州城市與經濟研究（下）

何適　著

# 目

# 次

# 第四章　宋代揚州的農田與水利

　　人口狀況是經濟社會發展的一個重要指標，而兩宋時期，農業是社會經濟最為基礎的一個方面，所以分析完人口狀況以後，接著要討論的是宋代揚州地區的農田水利。農田是農業社會的首要生產要素，對田地經營的質量與方式的考察，是認識兩宋時期揚州經濟社會發展狀況的重要依據。與人口狀況類同，揚州的田地經營也直接受到軍政局勢變動的影響，所以南宋與北宋兩個時期，揚州的田地經營方式、質量有相當程度的不同。基於這一特點，本章在考述時，採取官、民兩分的方法，從民田墾佃與官方屯營兩個大的方向展開。這兩種大的分類中，官與民皆有參與其中，但官有引導與主導之別，民的勞與獲也不盡相同。所以這種區分即有社會背景也有實際的意義。由於水利建設與農田經營有直接的關聯，故本章對此小有專門考論。

## 第一節　民田墾佃：重農背景下的農田經營舉措

　　古代中國社會向以農業為本，其中對田地的經營，是為最基礎而重要的一個環節。兩宋時期，工商業有突出的進展，但農業仍然受到趙宋歷朝統治者的重視，相關輔助政策不時而有，體現在多個不同的方面。《宋史·食貨志上》記：「五代以兵戰為務，條章多闕，周世宗始遣使均括諸州民田。太祖即位，循用其法，建隆以來，命官分詣諸道均田，苟暴失實者輒譴黜。」[註1]是趙匡胤對農業的重視，在其立國之初即已體現出來。史載建隆二年（961）

―――――――――――――

〔註 1〕 脫脫等：《宋史》卷一百七十三《食貨志上》，第 4157 頁。

「遣使度民田」〔註2〕，翌年正月甲戌，詔「諸州長吏勸課農桑。」〔註3〕這是見存文獻中宋代最早的勸農詔。揚州李重進之亂時甫平定，這種針對全域的勸農詔令，當然也包括揚州在內。這一小節將集中對兩宋時期揚州的民間佃田情況作系統的考察。事先需要說明的是，見存文獻關於北宋時期揚州民間佃田的記載相對較少，於南宋時期的佃田情況記載較多，所以接下來的討論，主要集中在南宋部分。

宋廷雖然重視農業生產，然而宋初揚州的農田經營並不理想。史載「揚州兵火之後，闔境凋弊」〔註4〕，直至太宗淳化元年（990），揚州仍有「曠土」。史載淳化元年九月，「詔江、浙等路李煜、錢俶日，名多流亡、棄其地，遂為曠土。宜令諸州籍其隴畝之數，均其租，每歲十分減其三，以為定制，仍給復五年。」〔註5〕此時距趙宋立國已有三十年，宋廷還需特別詔令江浙一帶措置農田事務，則當時揚州地區的土地承佃狀況當亦不甚理想。又徽宗政和八年（1118）四月五日，權淮南江浙荊湖制置發運使任諒言及「高郵軍計有逃田四百四十六頃，楚州有九百七十四頃，泰州有五百二十七頃，平江府有四百九十七頃。以六路計之，何可勝數。」〔註6〕此處雖未涉及揚州之具體數額，然逃田即為大範圍內之普遍現象，且揚州周邊政區多有可見，則揚州地區當在所難免。所以北宋末期，揚州的佃田仍然存在不少問題。事實上，逃田現象在兩宋時期普遍存在。其原因是多樣的，或因貧乏下戶無力耕種，或因逃避賦稅，或因自然災害。〔註7〕對此，宋廷專門制訂有所謂「逃田法」，以儘量避免農田的荒廢。〔註8〕所以揚州地區的逃田現象並無特殊性。

〔註2〕 馬端臨：《文獻通考》卷四《田賦考四》，第88頁。此事《宋會要輯稿》及《宋史》皆無記載，繫於何月，尚難確定。
〔註3〕 李燾撰，上海師大古籍所、華東師大古籍所點校：《續資治通鑑長編》卷三，建隆三年正月甲戌條，中華書局2004年，第60頁。按，建隆三年的詔令全文，又見於王稱《東都事略》卷二，及《宋會要輯稿》食貨一、食貨六十三。其中王氏所記為李燾《續資治通鑑長編》卷三所引。諸處記載，詳略不一，文字略異，詔令中對農桑之事的重視則別無二致。
〔註4〕 李燾：《續資治通鑑長編》卷一，建隆元年十一月乙丑條，第29頁。
〔註5〕 徐松輯，劉琳等點校：《宋會要輯稿》食貨一之一六，第10冊，第5946頁。
〔註6〕 徐松輯，劉琳等點校：《宋會要輯稿》食貨一之三三，第10冊，第5964頁。
〔註7〕 徐松輯，劉琳等點校：《宋會要輯稿》食貨六九之六一，第13冊，第8079頁。
〔註8〕 關於宋廷對待逃田的政策及其影響，可以參閱陳明光《宋朝逃田產權制度與地方政府管理職能變遷》一文，刊《文史哲》2005年1期，第48～55頁。

　　兩宋之際的戰爭，對揚州地區農田的經營有直接的影響。紹興三年（1133）四月二十二日，工部侍郎李擢有「今東北之民流徙者眾」〔註9〕之語，所謂東北實際便是淮東地區。「東北之民」之所以流徙，係受到兩宋之際宋金戰爭的影響，而人口流動又直接導致淮東農田的荒廢。所以南渡後，待宋廷在臨安稍穩腳跟，便開始整頓農田事務。就見存文獻來看，南宋時期，宋廷在勸導揚州佃田方面有多種積極舉措，表現在多個不同的方面。以下便從多個不同的角度，分析兩宋時期宋廷給予揚州田地經營的相關政策保障。

　　（一）在農田稅收等方面給予優惠。這方面的例子很多，兩宋時期皆有。其所不同者，北宋時期這種現象多發生在乾旱、水澇等自然災害以後；南宋時期隨著軍政地理的變化，類似的政策也受到人為因素的影響，往往出現在戰事以後。就北宋而言，如北宋大中祥符七年（1014）四月，詔「淮南諸州去年秋稅，中等以上戶免十分之二，仍許從便折納，餘悉除之。」八月，「詔：江、淮、兩浙今來災傷民戶夏稅及承前倚閣、賑貸、逋欠者，並除之。」九年十月，以淮南蝗旱，「所傷田據遣官按定合放分數外，所納稅物三分以下者並與倚閣，四分以上者更放一分。」〔註10〕這樣的例子還有很多，卻並未見直接指涉揚州者，此係針對淮南整個區域而言，但揚州肯定是包括在內的。

　　元祐七年（1092）五月，蘇軾守揚州，針對江淮、兩浙民眾多為長久以來的積欠所累，曾建言免去民眾的這部分經濟負擔。他說：

　　　　今知揚州，親見兩浙、京西、淮南三路之民，皆為積欠所壓，
　　　　日就窮蹙。死亡過半，而欠籍不除。以此虧欠兩稅，走陷課利，農
　　　　末皆病，公私並困。以此推知，天下大率皆然矣。臣自潁移揚，舟
　　　　過濠、壽、楚、泗等州，所至麻麥如雲。臣每屏去吏卒，親入村落
　　　　訪問。父老皆有憂色，云：「豐年不如凶年。天災流行，民雖乏食，
　　　　縮衣節口，猶可以生。若豐年舉催積欠，胥徒在門，枷棒在身，則
　　　　人戶求死不得。」言訖淚下，臣亦不覺流涕。又所至城邑，多有流
　　　　民。官吏皆云：「以夏麥既熟，舉催積欠，故流民不敢歸鄉。」臣聞
　　　　之孔子曰：「苛政猛於虎。」昔常不信其言，以今觀之，殆有甚者。
　　　　水旱殺人百倍於虎，而人畏催欠乃甚於水旱。臣竊度之，每州催欠

〔註 9〕　徐松輯，劉琳等點校：《宋會要輯稿》食貨一之三六，第 10 冊，第 5967 頁。
〔註10〕　徐松輯，劉琳等點校：《宋會要輯稿》食貨七〇之一六二，第 13 冊，第 8197
　　　　頁。

吏卒不下五百人，以天下言之，是常有二十餘萬虎狼散在民間，百姓何由安生？朝廷仁政何由得成乎？臣自到任以來，日以檢察本州積欠爲事，内已有條貫除放而官吏不肯舉行者，臣即指揮本州一面除放去訖。其於理合放於條未有明文者，即且令本州權住催理，聽候指揮。其於理合放而於條有礙者，臣亦未敢住催。各具利害，奏取聖旨。〔註11〕

所謂積欠，當是民衆未能按時繳納的經濟舊賬，自可視爲經濟負擔之一種表現形式。蘇軾的建言被宋廷探納，同年六月，宋廷詔言：「淮、浙積欠最多，累歲災荒，人民流移相屬⋯⋯應淮南東西、兩浙路諸般逋負，不問舊新、有無官本，並特與權住催理一年，内已有寬限者，即依元降指揮。」此即「從蘇軾之言也」〔註12〕。在蘇軾及宋廷看來，淮浙乃至更廣區域的積欠、兩稅、水旱等問題是相互關聯的。所謂「農末皆病，公私並困」，其影響及於農業生產是不言自明的。宋廷的因應舉措雖也有時間的限定，但從官方的態度取向來看，仍與此處討論的主旨是一致的。

南宋時期同樣不乏此類記載。紹興二年三月二十二日的詔令，有言「昨招誘淮東八郡人戶佃田，並免兩年稅租。將來合行催納之歲，可止據當年已種頃畝計數徵納。其後逐歲添展、墾闢到田畝，亦據實數添納。」〔註13〕此八郡當然包括揚州在内。又紹興四年（1134）三月六日詔：「淮南租稅，與量度理納年限。戶部言：『淮南佃田人戶，依紹興二年二月十五日指揮，每畝逐年出納課子五升，仍自承佃後免納二年，並歸業自佃己田之人，依紹興二年二月十七日指揮，亦與免納稅租二年。今欲下本路轉運司，將人戶稅租更與免納一年。』從之。」〔註14〕紹興二十六年（1156）三月二十八日，戶部言：「京西、淮南係官閒田，多係膏腴之地，蓋爲人戶初年開墾費用浩大。又放免課子年限不遠，是致少人請佃。今欲轉運司行下所部州縣，多出文榜招誘，不以有無拘礙之人，並許踏逐指射請佃，不限頃畝，給先投狀之人。其租課依紹興七年十一月指揮送納。自承佃後，沿邊州縣與免租課十年，近裏次邊州縣與放免五年，仍依已降指揮，候承佃及三年，與充己業，許行典賣。及

---

〔註11〕　蘇軾撰，茅維編，孔凡禮點校：《蘇軾文集》卷三十四《論積欠六事並乞檢會應詔所論四事一處行下狀》，中華書局，1986年，第958～959頁。

〔註12〕　李燾：《續資治通鑑長編》卷四百七十四，元祐七年六月癸丑條，第11300頁。

〔註13〕　徐松輯，劉琳等點校：《宋會要輯稿》食貨一之三五，第10冊，第5966頁。

〔註14〕　徐松輯，劉琳等點校：《宋會要輯稿》食貨一之三七，第10冊，第5968頁。

令州縣將本府官錢買牛具、種糧，應副佃人，三年之外，每年還納價直二分入官。」〔註15〕揚州當屬次邊之州，紹興末年在租稅方面為農田耕種提供的優惠條件，較之紹興初年要更大一些。

孝宗朝也有稅收方面的優惠政策。史載乾道七年（1171）二月，知揚州晁公武奏：「朝廷以沿淮荒殘之久，未行租稅，民復業與創戶者，雖阡陌相望，然聞之官者十才二三，咸懼後來稅重。昔晚唐民務稼穡則增其租，故播種少；吳越民墾荒田而不加稅，故無曠土。望詔兩淮更不增賦，庶民知勸。」〔註16〕晁公武之言獲准。這裡租稅政策的調整與安輯流民實際上是相輔相成的。晁公武之後，揚州守臣鄭良嗣在淳熙間言：「兩淮民田，廣至包占，多未起稅。朝廷累限展首，今限滿適旱，乞更展一年。」〔註17〕宋廷詔如其請。可見官方在揚州等淮東地區的農業稅收政策相對靈活，會因社會形勢的變化而適時調整。類似的現象在南宋後期依然可見。如開禧用兵，兩淮州軍之經濟社會多有受其影響，宋廷曾為此「展免兩淮州軍二稅三年」〔註18〕。

需要注意的是，宋廷雖然在農業稅收方面給予了揚州等淮東地區相當的優惠，對於地方上豪民占田而影響課稅的現象卻並不放任。史載淳熙九年（1182），著作郎袁樞振兩淮還，奏言「豪民占田不知其數，二稅既免，止輸穀帛之課。力不能墾，則廢為荒地；他人請佃，則以疆界為詞，官無稽考。是以野不加闢，戶不加多，而郡縣之計益窘。望詔州縣畫疆立券，占田多而輸課少者，隨畝增之；其餘閒田，給與佃人，庶幾流民有可耕之地，而田萊不至多荒。」〔註19〕占田而不耕，據袁樞所言，這種現象在兩淮一帶似乎比較普遍。在「二稅既免」的背景下，此舉更是對淮東財政造成壓力。這是宋廷將豪民所佔之田「畫疆立券」以便隨畝增課和給與佃人的背景。

（二）為佃耕種提供農具、耕力、種糧支持。農具是土地經營中不可或缺之物。宋代農耕主要有牛耕、踏犁、钁耕等幾種方式，就見存文獻來看，

---

〔註15〕　徐松輯，劉琳等點校：《宋會要輯稿》食貨一之三八，第 10 冊，第 5969～5970頁。
〔註16〕　脫脫等：《宋史》卷一百七十三《食貨志一上》，第 4175 頁。
〔註17〕　脫脫等：《宋史》卷一百七十三《食貨志一上》，第 4176 頁。
〔註18〕　徐松輯，劉琳等點校：《宋會要輯稿》食貨七○之一○六，第 13 冊，第 8161頁。
〔註19〕　脫脫等：《宋史》卷一百七十三《食貨志一上》，第 4176～4177 頁。

揚州地區使用踏犁更爲普遍；原因在於牛畜缺乏，而钁耕又效率偏低。〔註20〕
踏犁係以人力爲之，景德二年（1005），宋廷將踏犁推廣於河北一帶，以緩解
河朔一帶戎寇之後的耕力不濟時，言及「江、楚間民用踏犁，凡四五人力可
比牛一具」〔註21〕，可見揚州地區在景德之前便已較爲普遍地運用踏犁技術
了。〔註22〕兩宋之際，「民間耕牛累年以來，屢遭兵火，宰殺殆盡。」在這樣
的背景下，宋廷一方面及時推廣踏犁，如建炎二年（1128）下諸路轉運司尋訪
踏犁舊制而施行之。另一方面也從多個方面爲引進耕牛提供便利，其中有免
去興販耕牛之交易稅者，如紹興元年（1131）敕「殘破州縣人戶典賣耕牛，特
與免納稅錢一年，其客旅興販，經由去處依此。」此一政策在稍後紹興二年
九月及紹興四年九月之敕令中續有強調；有爲購買耕牛提供資金支持者，如
紹興二年四月十日，秘書少監傅崧卿言：「昨承指揮，於榷貨務支降見錢五萬
貫，充淮東人戶借貸收買牛具。緣本路牛畜價高，欲分遣官前去兩浙路收買。」
〔註23〕

　　值得一提的是，地方救濟型倉儲機構，在提供農具、耕力、種糧支持的
過程中，往往能起到一定的輔助作用。高宗紹興十一年（1141），「委江浙常
平司支撥常平等錢收買耕牛，交付淮南常平司給與州縣，借給人戶耕種，免
納租課。候及三年外，分限還納價錢。內貧乏之戶不能自存者，依常平法賑
給一季。其闕乏種糧之家，亦與借貸，分寬限還納。其合用種糧，就近於江
浙常平司支撥應副，具數以聞。」〔註24〕孝宗隆興二年（1164）十二月十六
日降德音，揚州等地「勘會歸業人戶內有貧乏之人，闕少牛具、種糧，恐妨
農務。可令監司、帥臣同常平司量度借貸，免納租課，候及三年，分作兩料

---

〔註20〕　太宗淳化五年（994）三月，宋、亳、陳州無牛畜耕田，當地民眾往往自挽犁
　　　　而耕。在這樣的背景下，官方一面組織從江浙販運耕牛，一面又大力推廣踏
　　　　犁。踏犁「可代牛耕之功半，比钁耕之功則倍。」淳化五年的事例，參《宋
　　　　會要輯稿》食貨一之一六～一七，第5946頁。

〔註21〕　徐松輯，劉琳等點校：《宋會要輯稿》食貨一之一七，第10冊，第5947頁。

〔註22〕　宋代推廣踏犁，始於太宗淳化五年。《續資治通鑑長編》淳化五年三月甲寅條
　　　　記：「宋、亳民市牛江淮間，未至，上以時雨沾足，慮其耕稼失時。會太子中
　　　　允武允成獻踏犁，以人力運之，不用牛，上亟令秘書丞、直史館陳堯叟等往
　　　　宋州，依其製造成以給民，民甚賴焉。」（第775頁）前文注釋中所謂踏犁「可
　　　　代牛耕之功半，比钁耕之功則倍」，便是陳堯叟自宋返京後的奏語。

〔註23〕　徐松輯，劉琳等點校：《宋會要輯稿》食貨一之三五，第10冊，第5966頁。

〔註24〕　徐松輯，劉琳等點校：《宋會要輯稿》食貨一之三七，第10冊，第5969頁。

帶納，不得格息。」﹝註25﹞這是常平倉發揮借貸功用的具體例證。寶祐《維揚志》引紹定間周南《南倉記》，也曾提到倉儲在「實邊」、「養兵」、「衛民」中的重要作用﹝註26﹞。可見倉儲的功用是多方面的。實際上，除常平倉以外，宋代義倉、社倉等倉儲機構，往往亦在田地經營方面提供必要的輔助，特別是種糧的借貸方面。其涉及揚州者今雖乏例可徵，然揚州地區即有社倉、義倉之設，衡之其他地域的事例，類似的輔助功能當亦有之。﹝註27﹞與此相關，宋廷也調動民間大戶，為農田經營提供相應的輔助保障。乾道七年十月，「司馬伋請勸民種麥，為來春之計。於是詔江東西、湖南北、淮東西路帥漕，官為借種及諭大姓假貸農民廣種，依賑濟格推賞，仍上已種頃畝，議賞罰。」﹝註28﹞

（三）廣泛安置耕田勞力。除安置流民、土著佃田以外，宋廷亦安置大量退役軍人投入佃田。南宋時期，存在「軍中揀汰使臣軍員，最為冗濫，州軍應副請給，動以萬計，若歸吏部等待闕次，亦是人眾」的困境，揚州作為江淮一帶重要的軍事區域，當然也存在這一問題。如此眾多退役軍人，由州軍供給，則給地方帶來財政壓力，若委以官職，則闕位有限。「撥田畝付逐人為業，許指射，養之終身，更不支破請給，亦不更注授差遣」﹝註29﹞，遂成為宋廷安置退役軍人的重要策略。相關政策在紹興二十七年（1157）正式推出，其時中書門下省言「軍中揀退人或有死亡，州軍不及支給，其妻子遂為窮民。已許指射荒閒田耕種，支與一年請給，令買牛種，免租稅丁役，使為永業。」欲令兩淮、江東、江西、湖北、京西等地「委知、通、知縣及逐路委常平、提舉官，括責形勢戶及民戶、見任官佔據沒官、逃移等田已未耕墾各若干頃畝，限半月開具申尚書省。遇有指射荒田請佃人，州縣日下標撥，並合支請

﹝註25﹞　徐松輯，劉琳等點校：《宋會要輯稿》食貨一之四二，第10冊，第5974頁。
﹝註26﹞　馬蓉等點校：《永樂大典方志輯佚》，中華書局，2004年，第490～491頁。按，檢視同書所輯宋代揚州方志，其關涉倉儲機構者，不止一條，且均為南宋時所首創。這一現象是很值得注意的。
﹝註27﹞　宋代義倉一項重要的功能即貸為種糧，社倉在功能方面主要沿襲義倉而來，所以當有類似的功能。相關倉儲機構，今人研究較為豐富。筆者在前人的基礎上，曾對宋代義倉有進一步考察，並將常平倉、義倉與社倉進行了系統的比較分析。相關論述，可參拙文《宋代義倉研究》，揚州大學社會發展學院2013年碩士學位論文；《從官方到民間：倉儲建置與宋代救荒的社會力量》，《河北師範大學學報》（哲學社會科學版）2015年第3期。
﹝註28﹞　脫脫等：《宋史》卷一百七十三《食貨志一上》，第4175頁。
﹝註29﹞　徐松輯，劉琳等點校：《宋會要輯稿》食貨一之四一，第10冊，第5973頁。

給，於常平錢內並支，令州縣量度資給，即農具亦仰借助。仍官爲修蓋草席
屋應副居止，以便耕種。其見任差遣者，除所支一年請給外，其未滿日月，
令與接續批勘。已任滿人，布種之後，如闕食用，令州縣於常平米內量度借
支，候收成日，分限還納。若將來耕種就緒，願增添請射者聽。若所委官及
州縣措置有方，請佃數多去處，取旨陞擢。」〔註30〕其言獲准，這裡的食、
住是爲一時權宜之計，而爲長久地維持生計者，自然是指射荒田了。同年十
二月三日，戶部言「揀汰離軍人許指射荒田，恐係初離軍人遽罷請給，所以
存卹。其累徑任人，不合一例借支。欲下諸州軍照會，將小使臣以下初離軍
人指揮借支請給，修武郎以上及經任人止聽許指射，更不借支請給。其請給
今後並於係省錢米內支撥，不得借支常平錢米。兼元降指揮止許射荒田，即
不得將已佃熟田一例指射。」〔註31〕此係對借支、指射之人又作相應之限定，
是對先前詔令的進一步完善。紹興三十一年（1161），針對請佃之田畝多少、
農具、種糧以及承佃的延續性等問題，有進一步的規定，並設立了完成政策
的最後期限。「逐路專委漕臣一員催促標撥置籍，限今年歲終須管標撥盡絕。
仍開具已標撥過職位、姓名、田畝關報常平司，依常平法借貸種糧、牛具。
或有州軍員多田少去處，即行開具以聞。其逐州軍所撥田土，須管將鄉村比
近田段、品格、肥濃、瘠連、高下，以《千字文》爲號，每一百畝作一號，
鼠尾排定注籍訖，從上撥與先到州軍公參籍定之人。如合給田三十畝已上，
即行拆號標撥五十畝；如合給七十畝已上，令撥一百畝。若標撥給田，便行
住罷請給。竊慮因而失所，今欲令諸路軍州且行按月支破請給，候所給田土
耕種收成子利及一年住支；所借種糧，候及三年，隨料帶納。」若請佃之人
身故，承佃之田可給與子孫繼續承佃。這類政策的推行，與州軍官吏的考績
掛鉤，以加快推行的進度。〔註32〕

　　（四）從行政管理方面爲農業生產提供良好的社會環境。北宋時期的例
子，如天聖五年（1027）十一月，詔「今後客戶起移，更不取主人憑由，須每
田收田畢日，商量去往，各取穩便，即不得非時衷私起移。如是主人非禮欄占，
許經縣論詳。」〔註33〕客戶獲得更多的人身自由，流動性增強，對於其自身利

---

〔註30〕　徐松輯，劉琳等點校：《宋會要輯稿》食貨一之三八，第5970頁。
〔註31〕　徐松輯，劉琳等點校：《宋會要輯稿》食貨一之三八～三九，第5970頁。
〔註32〕　徐松輯，劉琳等點校：《宋會要輯稿》食貨一之四一～四二，第10冊，第5973
　　　　頁。
〔註33〕　徐松輯，劉琳等點校：《宋會要輯稿》食貨一之二四，第10冊，第5954頁。

益有更好的保障。紹興七年（1137）正月七日詔：「淮甸復業民戶，並令守令安輯撫養，躬勸農桑，不得輒有科斂搔擾。如違，仰帥臣並提點淮南兩路公事官按劾聞奏。」〔註34〕隆興二年十二月十六日，宋廷要求揚州等地「勘會民戶拋棄田產、亡失契書之人，仰申所屬陳乞，官爲審驗，給據管業，不得容令合幹人遏阻作弊。」〔註35〕這是對地方官吏的施政要求。

　　以上幾個方面是從整體上著眼的考述。就南宋時期而言，則有兩點需要注意。首先，揚州作爲宋金對峙的前沿區域，軍事性突出，宋廷意欲招致墾田之民，必須在政策上給予相當的便利與優惠，而一般民眾願意遷往揚州等淮東地區墾田，相當程度上亦是基於這些實惠的政策。乾道九年（1173）閏正月十四日，宰臣梁克家等有「淮民佃田，所以周旋虜寇之間，冒死不顧者，正利原占寬餘之數」〔註36〕之言。此說的內容相當具體，但其所反映出來的一般民眾針對墾佃田地的心理確是普遍而共通的，即民眾希望盡可能地獲得較多的利益。

　　其次，宋廷雖鼓勵民戶開墾種植、積極承佃，但南宋時期的揚州畢竟是邊境之地，動盪的環境仍然可能是潛在的威脅，所以民眾似乎不願於當地經營生計。見存文獻中，每每可見宋廷措置該區域農田耕種的舉措，一定程度上正是揚州農田荒蕪的一個表徵。紹興二十九年（1159）十二月，淮南東路轉運副使魏安行言：「淮東州縣閒田甚多，今欲勸誘民戶增廣力田。」〔註37〕可見淮東地區在紹興和議以後比較長的時間內，田地經營仍然不甚樂觀，揚州地區當亦不甚理想。翌年二月二十七日，權知廬州兼主管淮南西路安撫司公事劉綱言：「淮東運副魏安行所乞募民種田，修立賞格，與張祁措置事體相類，亦與前後力田等及州縣召人請佃之法俱不相妨。欲望將魏安行等措置事理與見行召人請佃及力田等舊法通同參酌，各從民欲施行。其本路州縣鄉村日後應有歸復本業及請佃田土之人，每至歲終，即行根括，便於本地分總首團甲下收附姓名。」〔註38〕稍後魏安行言：「被旨招誘人戶開耕淮東係官閒田。緣今來勸耕之初，荒田數目浩瀚，欲依鄉原體例創開水陸田，每縣支撥一萬貫文，本路七州軍二十縣，欲望將本路合起發上供、經總制等錢內應副。」宋廷遂「詔於淮東茶鹽司椿管錢內支撥一十萬應副。」藉此可知，南宋官方對

〔註34〕　徐松輯，劉琳等點校：《宋會要輯稿》食貨一之三七，第 10 冊，第 5968 頁。
〔註35〕　徐松輯，劉琳等點校：《宋會要輯稿》食貨六一之六七，第 12 冊，第 7474 頁。
〔註36〕　徐松輯，劉琳等點校：《宋會要輯稿》食貨六之二四，第 10 冊，第 6098 頁。
〔註37〕　徐松輯，劉琳等點校：《宋會要輯稿》食貨六之一六，第 10 冊，第 6094 頁。
〔註38〕　徐松輯，劉琳等點校：《宋會要輯稿》食貨一之四一，第 10 冊，第 5972 頁。

於淮東區域的農田耕墾是有相當之投入的。然時至高宗末期，淮東地區仍然是「荒田數目浩瀚」的狀態，這裡的荒田雖非全屬揚州，但揚州的基本狀況當與此不會有太大的差別。

　　大量閒田荒廢，不利於區域經濟的發展，與此同時影響宋廷的財政收入，而揚州作爲邊境之地，田地的荒廢對於軍事後勤補助也是一種考驗。從官方的角度講，當然是盡可能彌補這一缺陷，所以在勸導民戶承佃田地以外，官方還有其他經營田地的重要舉措，其中以營田與屯田最爲重要。這是接下來要繼續探討的問題。

## 第二節　屯田與營田：軍事背景下的官田經營

　　與民田相對應的是官田，宋廷除了爲民田耕種提供便利的輔助條件以外，還有大量的官田存在。其中營田、屯田、官莊、職田以及賜田，都是宋代官田的重要類別。結合史料所記揚州的具體情形，這一小節將集中對與農業經濟緊密相關的營田與屯田作系統的梳理。

　　營田、屯田之制，在宋以前即已有之，兩宋時期亦有採用，在沿邊地區表現更爲突出；官莊之名出現較晚，南宋時期，宋廷爲避免屯、營田之流弊而改置官莊。無論如何，這三種田地經營方式，與前面所討論的民戶承佃有性質上的差別：前者體現的是宋廷對所謂編戶齊民管理與控制，以維持國家賦役體系的正常運作；後者則是宋廷在特殊背景下的強力調控政策，尤其與軍事動態有重要的關聯。職是之故，現將這三種田地經營方式放在同一條目下進行考述。

　　所可注意者，營田與屯田本各有側重，營田以民，屯田以軍。一種說法認爲宋代營田與屯田並沒有嚴格的區分。如馬端臨認爲北宋咸平以降，營田、屯田皆「雜用兵民」，「屯田、營田，實同名異」〔註39〕。宋代屯田與營田著實有相當的類似之處，特別是在人力使用方面「雜用兵民」，表現更是如此。但屯田與營田的名稱，在兩宋時期仍然同時並行，則宋代營田、屯田之制，當仍有一定程度的差異，〔註40〕其最大的區別在於收成的分配上：營田係官方向墾種

〔註39〕　馬端臨撰，上海師範大學古籍所、華東師範大學古籍所點校：《文獻通考》卷七《田賦考七》，第 1 冊，第 166 頁。

〔註40〕　紹興初年，鎮撫使陳規在德安府一帶的屯田，成效顯著，並得到宋廷的認可，其在申報中央的奏文中便將屯田與營田「分爲二事」。此舉雖然被宋廷認爲是

之人收取一定數額的租課，是「分成」的形式；屯田則是「歲終則官糴其（按：指收成）餘」〔註41〕，官私有「定分」〔註42〕。兩種方式皆可謂是官與民「分收子利」。宋代營田與屯田之所以給人「實同名異」的印象，除二者皆「雜用兵民」以外，管理制度的設置也容易給人以誤導。宋廷「置營田司，所有屯田事務，營田司兼行；營田事務，府縣官兼行，更不別置官吏。」這是州縣一級的營、屯田事務管理，在其之上，當時的諸路宣撫、安撫大使，或「帶營田（大）使」，或「兼提點本司屯田公事」。這種營田、屯田統一由營田司負責，以及官制中的兼職現象，必然給人含混的印象。紹興六年（1136）三月，都督行府言：「諸路宣撫、安撫大使各令帶營田大使，諸路安撫並帶營田使。緣行府措置屯田官及江淮等路知、通、縣令見帶『屯田』二字，切慮稱呼不一，欲並以『營田』為名。」〔註43〕得宋廷許可。此例一方面說明江淮一帶屯田、營田是為二事，同時也可見宋廷對統一稱謂的強調。後者正是造成屯田、營田「實同名異」印象的一個制度性因素。宋代官莊出現較晚，但制度設定與前兩者多有相似之處，馬端臨謂其「名雖殊而制相入」。所以整體來說，以上三種制度大端一致，但在一些細節方面仍有差異。以下主要討論揚州地區的營田與屯田，但行文中亦對其間的差異亦略作區分。另需要說明的是基於文獻詳略的特點，本小節的討論將主要仍然集中在南宋時期。

## 一、揚州的屯田狀況

宋代的營田、屯田舉措，在開國之初即有，主要集中在西北沿邊地區。馬端臨記，「國初，惟河北屯田有兵，若江、浙間名屯田者，皆因五代舊名，非實際有屯田也。」〔註44〕太宗時期，陳堯叟奏請於江淮屯田，「帝覽奏嘉之」，

「未合古制」，但在此後推廣陳規之例時，宋廷並未作相應的調整；不過宋廷特別強調對二者的統一管理。（《宋會要輯稿》食貨二之九，第10冊，第5991頁。）李清凌在《關於宋代營田的幾個問題》（《西北師院學報》（社會科學版）1985年第3期，第82～88頁）一文中，從五個方面，對宋代營田與屯田做了區分。其說過於僵硬，未能更好地結合宋代屯、營田實際的運作層面。但其提醒注意二者之間的差異則值得認真對待。
〔註41〕徐松輯，劉琳等點校：《宋會要輯稿》食貨二之七，第10冊，第5988頁。
〔註42〕徐松輯，劉琳等點校：《宋會要輯稿》食貨九之二六，第10冊，第6188頁。
〔註43〕徐松輯，劉琳等點校：《宋會要輯稿》食貨二之一七，第10冊，第6000頁。
〔註44〕馬端臨撰，上海師範大學古籍所、華東師範大學古籍所點校：《文獻通考》卷七《田賦考七》，第1冊，第165頁。

「然不果行」。史書又載「淮南、兩浙舊皆有屯田，後多賦民而收其租，第存其名。」〔註45〕所以在北宋時期，揚州地區即便有營田、屯田之舉，其推行力度有限，甚至於有名無實。

南宋時期，揚州從內地轉爲邊境之地，在宋廷承襲北宋沿邊營田、屯田老套路的背景下，揚州的營、屯田較爲普遍，見存的文獻記載也相對較多。紹興初年，關於營、屯田的言論即已反覆出現。紹興元年（1131）五月二十六日，荊南府歸峽州荊門公安軍鎮撫使兼知荊南府解潛言：「本鎮所管五州軍一十六縣，絕戶甚多，見拘收通舊管諸色官田不可勝計，今盡荒廢可惜。見一面措置屯田，召人耕墾，分收子利。已恭依分鎮便宜。望詔旨移牒直秘閣宗綱權屯田使，樊賓權屯田副使。措置就緒日相度減罷。伏望詳酌施行。」解潛的建言得到採納，宋廷隨後詔「宗綱差充荊南府歸峽州荊門公安軍鎮撫司措置營田官，樊賓差充荊南府歸峽州荊門公安軍鎮撫使司同措置營田官。餘依。」〔註46〕李心傳以爲「渡江後，屯、營田始此。」〔註47〕然而揚州等淮南地區的屯田似乎要更早一些，因爲高宗此前於三月辛亥便已「命劉光世兼淮南、京東路宣撫使，治揚州，經畫屯田。」〔註48〕同年八月，臣僚又言「兩浙、淮南州縣昨因兵火之後，民間荒廢田土甚多」，「合效古屯田之制，募人耕墾」，「委官躬親前去相度措置」。此臣僚之言得宋廷許可，所以綜合來說，南宋揚州等淮南地區的屯田實際上是帝王與臣僚的一致意見。至九月，臣僚更將「古今屯田便利可施於江、浙者，纂其大略，附注於篇，號曰《屯田集議》」，上之於朝，〔註49〕此舉更見對於屯田的重視。

---

〔註45〕 脫脫等：《宋史》卷一百七十六《食貨志上四》，第 4266 頁。按，《宋史》此條記載，繫於眞宗大中祥符九年（1016）。結合上面陳堯叟的奏請時間，則北宋揚州的營、屯田時間並不長久。然南宋初年，臣僚言「本朝自淳化以來，始用何承矩措置北邊屯田……至淮南、京西、夔路等處率常行之。」（《宋會要輯稿》食貨二之八，第 10 冊，第 5989 頁。）就淮南地區而言，這一說法顯與《宋史》所載相牴牾。揣度南宋初年的言說背景，這當是南宋臣僚爲促進屯田的籠統說法，不可盡信。

〔註46〕 徐松輯，劉琳等點校：《宋會要輯稿》食貨二之七，第 10 冊，第 5988 頁。按，此處已見屯、營田名稱上的混淆，職官設置上是以營田爲名。

〔註47〕 李心傳撰，徐規點校：《建炎以來朝野雜記》甲集卷十六，中華書局，2000 年，第 348 頁。

〔註48〕 脫脫等：《宋史》卷二十六《高宗本紀三》，第 486 頁。

〔註49〕 徐松輯，劉琳等點校：《宋會要輯稿》食貨二之七～八，第 10 冊，第 5989 頁。

　　南宋初年的屯田，以鎮撫使陳規的案例最爲典型，是爲當時屯田的典範。
宋廷曾特別降敕書獎諭，其言有曰：「當中原之未定，念南畝之多荒，兵食弗
充，農收蓋寡。乃別營屯之制，用興稼穡之功。軍民不雜而無爭畔之詞，官
吏不增而無加廩之費。得魯侯之重穀，同漢將之留田。東作西成，居有安生
之利；緩耕急戰，人懷赴敵之心。條理不煩，施設可法。」〔註50〕詔語相對
含蓄，但大致將當時屯田的基本功用表達出來，充兵食之費以及安民生是爲
兩個主要的方面。更爲直接的說法是「可以助軍儲，資國用，招積散亡無歸
之民」〔註51〕，這是彼時宋廷面對的幾個頭等重要的軍政問題。

　　陳規的事例上之朝廷以後，僚臣於紹興三年（1133）二月七日，條具了
十三項指導原則，對屯田的具體實施辦法做了整體的規劃，以便在更大的範
圍內推廣。概括來說，這些項目主要包括屯田的勞力來源與成分、管理模式、
耕具種糧、田畝分配、租課優惠等內容。其可注意者有：一、在屯田的過程
中，對流民的安置處在優先的位置。規定「宜先務招集失業之民，輕立課租，
使就耕作，其餘地分撥軍兵，勸誘耕墾」〔註52〕。與此相關，所屯之田，若
人戶歸業認領，「亦合還給」，從而轉換爲上一小節所討論的民佃之田；而軍
兵亦非全員投入農田經營，必須留有部分以爲軍事防禦，如「弓箭手等留一
半守禦」。這一半守禦人員，在農忙時才「並就田作」。二、專置營田司，屯
田事務由營田司兼管。營田司係新設機構，其職員卻不另外差遣，由州縣現
有官吏兼職營田司，直接負責屯田事務。史載「所有屯田事務，營田司兼行；
營田事務，府縣官兼行，更不別置官吏。」三、屯田雖軍民雜用，但在收成
的分配上，軍屯與民屯卻有不同。其中軍屯「所得物斛，於內依仿鋤田客戶
則例，亦合分給斛斗，以充犒賞，餘併入官。」民屯則「參詳本鎮地土瘠肥、
官司曾無借給牛具、種糧，及歲事豐荒、土俗所便，隨所收種斛斗，臨時增
減著中數目，拘收租課，務要便民」。四、針對屯田，宋廷特別強調相關政策

〔註50〕　徐松輯，劉琳等點校：《宋會要輯稿》食貨二之九，第 10 冊，第 5991 頁。
〔註51〕　徐松輯，劉琳等點校：《宋會要輯稿》食貨二之十，第 10 冊，第 5991 頁。
〔註52〕　紹興六年二月，殿中御史周祕言：「兵者，民之所恃以安；民者，兵之所恃以
　　　　養。故兵當處於外，民當處於內。今欲使民兵並耕，則不能無侵擾之患。臣
　　　　以謂宜先使民，後使兵，必無願耕之民，然後用揀退之兵。如此，則民兵各
　　　　得其所，而他日無督索之勞，此設施之序也。望令付屯田官一就施行。」其
　　　　說得允，宋廷「詔筍與措置屯田官，並關都督行府。」凡此之例，皆可見屯
　　　　田雖兵民並用，但在實際層面卻有先後之序。引文見《宋會要輯稿》食貨二
　　　　之一七，第 10 冊，第 5999 頁。

應「隨本處風俗所便」〔註53〕。如人均屯田畝數的授給；民屯中租課的拘收；屯田輔助項目如菜田、廬舍、稻場的配備；屯田是否由近城向外圍循序推進等等，均強調各地據風俗實況而爲，並無量化統一的標準。宋廷據陳規之事例擬定的方案，在揚州地區當亦有實踐。《嘉靖惟揚志》卷十《軍政志》之軍餉條記：「屯倉，在大城南隅」，又同書卷一所附「宋大城圖」之西南隅有「屯田倉」。《惟揚志》中「宋大城圖」反映的是南宋時期的揚州州城狀況，所以揚州屯田倉修建的確切時間，今雖無從詳考，但繫於南宋時期似無可疑。

　　就見存文獻來看，南宋初期揚州的屯田效果並不是很好。紹興四年（1134）八月五日，胡松年言「朝廷行屯田累年，除荊南解潛略措置，其餘皆成虛文，無實效。」翌日：

> 後殿進呈朱勝非《條具屯田利害箚子》言：「今日之兵，既令執兵，又令服田，終歲勤勞，所得如故，有未可者。」上曰：「古者三時務農，一時講武，農即兵也。兵農之制一分，恐不可復合。勝非所陳甚善，可便施行。」孟庾等對曰：「淮南收復，今已數年，守令豈不欲招徠流離？但復業者未甚多，恐自此兵日以眾，食日以廣，不易供給。更容臣等與勝非熟議之。」上曰：「不可，既行下光世、世忠軍中，卻使之以難行爲訴，復議改更，則朝廷命令自爲反覆。」庾等曰：「謹稟聖訓。」〔註54〕

朱勝非「終歲勤勞，所得如故」的言說，實際上反應的正是屯田無甚成效。然而，此段引文並沒有將當時君臣之間的對話完整地呈現出來。朱勝非既認爲當時軍人「既令執兵，又令服田」的政策並無實際的成效，則其必有相應的建議以爲改進〔註55〕，所以趙構才會有「勝非所陳甚善，可便施行」之語。結合朱勝非、趙構以及孟庾等人的言說，當時君臣之間對話的主要內容當是：朱勝非以軍屯成效不夠顯著，強調應更加重視民屯，廣泛招徠流民以爲屯田之人力。這是宋代屯田兼用兵民的老套路，趙構以爲「農即兵也。兵農之制一分，恐不可復合」，所以他贊同朱勝非的觀點。朱勝非與趙構的設想當然是理想的狀態，孟庾等人則更注重實際的層面。淮南地區既已收復，廣招流離，是恢復當地社

---

〔註53〕 以上引文，見徐松輯，劉琳等點校：《宋會要輯稿》食貨二之十～一一，第10冊，第5991～5993頁。

〔註54〕 徐松輯，劉琳等點校：《宋會要輯稿》食貨二之一三，第10冊，第5995頁。

〔註55〕 朱勝非的原箚，今不得而詳。《全宋文》輯朱氏之文，只是據《宋會要輯稿》而已，並無新的收穫。

會經濟的重要基礎。然而，彼時淮南經戰爭揉捏，經濟基礎薄弱，作爲軍事重
地，其「兵日以眾，食日以廣」，本已「不易供給」，若再廣招流民，勢必更爲
加重淮南經濟負擔。孟庾等人考慮的重點，是更爲實際的、當時淮南地區在經
濟方面的補給能力，這才有「容臣等熟議之」的「緩兵之請」。這一段記載，
反映出淮南地區屯田的尷尬境地；揚州當也面臨類似的情況。

　　針對屯田中兵民雜用的現象，南宋孝宗時期的部分臣僚認爲應該調整。
隆興元年（1163）六月十八日，陳康伯言屯田「不當役戰士」，洪遵亦奏屯田
「止合募人願耕者」〔註56〕。就揚州地區言，這一意見並未立即落實。隆興
二年初，鎮江都統制劉寶言揚州等地荒田甚多，建議屯田。其中關於屯田人
力，劉寶建議「於入隊官兵內，揀選請受低小、元係莊農使臣五人例、三人
例，及效用長行軍兵口累重大情願屯田者，及忠義歸正人舊曾力田耕墾之人，
盡數集定數目，以備分撥種蒔。」「於種蒔之暇，令官兵時復閱習元來執色武
藝，免致廢墮。至收成畢、農隙時，卻行抽回軍前，以備防捍。」〔註57〕劉
氏的建議被採納。又，乾道元年王弗措置的揚州等地屯田中，仍言「差撥軍
兵列屯耕作」〔註58〕，可見隆興至乾道初年的揚州屯田還是兵民雜用。然而，
兩三年以後，宋廷在政策上稍有變更。史載乾道三年（1167）七月十四日，鎮
江府駐紥御前諸軍都統制兼提舉措置屯田戚方有「面奉聖訓，令措置招召百
姓客戶，抵替淮東營田、屯田官兵歸軍教閱」之言。這一轉變一方面可以消
減財政開支，另一方面也可以保障軍兵之教閱。戚方言揚州及滁州等地「官
兵，只乞存留主管監轄官並曹司等一百二十二人依舊在莊部轄使喚外，有力
耕軍兵一千三百九十人」則「拘收歸軍」。宋廷「令戚方將少壯堪披帶人拘收
歸軍，其老弱人且令依舊，免行揀汰。」可見是做出了更爲實際的調整，但
拘收軍兵的態度取向大致未變。除以上經濟與軍事因素外，孝宗朝官兵漸次
退出屯田，也與當時揚州地區環境趨於安穩，歸業者漸多的社會背景相關。
乾道五年（1169）九月六日，知揚州莫濛言：

　　　　今來淮甸民戶復業者眾，皆謀生計，如揚州逐時人戶交易田地，
　　投買契書及交爭訟界，至無日無之。

〔註56〕　徐松輯，劉琳等點校：《宋會要輯稿》食貨三之一〇，第10冊，第6015頁。
〔註57〕　徐松輯，劉琳等點校：《宋會要輯稿》食貨三之一二，第10冊，第6017頁。
〔註58〕　徐松輯，劉琳等點校：《宋會要輯稿》食貨六三之一三七，第13冊，第7684
　　　　頁。

莫濛之言，是在宋廷令「鎮江都統司及武鋒軍見管屯田官兵，並拘收入隊教閱」的背景下發出的。他建議「逐州軍將所管屯田先次估定價錢，開坐田段，出榜召人實封投狀，增價承買，給付價高之人，理充己業。耕牛、農具，亦令逐州軍各行變賣。所有目今田土青苗，亦乞委縣官措置，收刈變轉，同賣田等價錢令（疑爲「另」字）項椿管，以備朝廷取撥支用。」這種明碼標價的做法，是爲了避免官兵退出之後的田地「盡爲有力之家所佃」，或「未必有人請佃」〔註59〕，以至於影響到田地的經營。

隨著軍兵的退出屯田，民屯在制度設定上有向營田靠攏的趨勢。乾道六年（1170）二月二十八日，「詔建康府都統司退下淮西屯田，專委淮南轉運判官呂企中措置，召人耕種。」在呂企中以和州屯田爲例條具的數項舉措當中，特別提到「今來欲乞除種子外，依營田例，四六分數，官私分受。欲乞令知縣、縣尉依營田法，階銜上各帶『主管屯田』。每遇支種子，委自知縣躬親到地頭當面支散。知、通、令尉仍乞依營田例添支職田。」〔註60〕可見此時屯田在收入分配、職官制度以及官吏薪俸等方面，都有仿照營田制度。揚州地區的屯田正是按照這一模式操作的。〔註61〕屯田向營田的靠攏，無異於廢罷了屯田制度，宋廷在同年有罷揚州屯田的舉措〔註62〕，實是水到渠成之事。所可注意者，屯田在制度方面對營田制度的借鑒，一定程度上給後人對宋代營田、屯田的認識造成了誤會，以爲二者名異而實同。然而，之所以稱爲「依營田例」，正提示著當時二者的不同。〔註63〕

## 二、揚州的營田狀況

如上文所述，南宋時期的營田，與屯田幾乎同時。紹興元年（1131）十月十五日，江南西路安撫大使李回「乞依淮南、兩浙路專委監官措置營田」〔註64〕，

---

〔註59〕 以上引文，見徐松輯，劉琳等點校：《宋會要輯稿》食貨三之一八，第 10 冊，第 6024 頁；又見食貨六三之一四七，第 13 冊，第 7689 頁。

〔註60〕 徐松輯，劉琳等點校：《宋會要輯稿》食貨三之一九，第 10 冊，第 6025 頁。

〔註61〕 宋廷於乾道六年四月，詔揚州屯田依照和州已經指揮。

〔註62〕 脫脫等：《宋史》卷一百七十六《食貨志上四》，第 4273 頁。

〔註63〕 酈家駒曾引用此例，認爲宋代營田與屯田各有分別，但其對營田與屯田的區分併沒有明確的描述，只是強調二者之間的「混亂」與「混淆不清」。詳參其《論南宋的屯田與營田》一文，刊《宋遼金史論叢》第一輯，中華書局，1985年，第 135～151 頁。

〔註64〕 徐松輯，劉琳等點校：《宋會要輯稿》食貨二之八，第 10 冊，第 5990 頁。

翌年二月丁丑，「減淮南營田歲租三之二，俟三年復舊」〔註65〕。則淮南營田在紹興元年十月便已展開，而且有相關配套的優惠政策。就揚州地區而言，紹興二年三月十日，淮南東路提刑兼營田副使王寅言：

> 被旨措置營田，勸誘人戶，或召募軍兵請射布種。今相度先將根括到江都、天長縣未種水田一萬六千九百六十九頃、陸田一萬三千五百六十六頃，分撥諸軍，趁時耕種。〔註66〕

兩宋之際，因兵火之故，淮南一帶「民間荒廢田土甚多」，「沿江兩岸沙田、圩田頃畝不可勝計」。〔註67〕揚州的江都、天長兩縣，在紹興初年有大量的水、陸田未及耕種，足見戰爭對揚州經濟社會影響之巨。營田可「勸誘人戶」亦可「募軍兵」的說法，也印證了上面的「雜用兵民」之說。但南宋時期淮南位於沿邊，軍防是一頭等大事，在宋金尚未就和議達成共識以前，更是如此。所以淮南軍人往往難以應付營田，如紹興二年（1132）八月十二日，樞密院言：「淮南軍州見屯軍馬措置防秋，難以行營田。」在這樣的背景下，宋廷需要提供必要的「糧食」以為「資助」〔註68〕。

　　紹興初年江淮地區的營田，同樣未曾達到預期的效果。為此，在都督行府的建言下，宋廷於紹興六年（1136）正月，將江淮一帶「曾經殘破州縣有空閒田地去處」的營田，統改為屯田，以官莊的形式經營。同年二月十六日：

> 通判揚州兼管內勸農屯田事劉時言：「今將州縣係官空閒田土並無主逃田並行拘籍，切見常平司所營田產自有專法，不許他司取撥，今未審許與不許撥充官莊。」詔常平司空閒田土，亦合撥充官莊。
>
> 〔註69〕

〔註65〕　脫脫等：《宋史》卷二十七《高宗本紀四》，第496頁。

〔註66〕　徐松輯，劉琳等點校：《宋會要輯稿》食貨二之九，第10冊，第5990頁；又見同書食貨六三之八七，第13冊，第7657頁。李心傳《建炎以來繫年要錄》卷五十二紹興二年三月辛丑條，記王寅言「根括到揚州未種水田一萬七千頃，陸田一萬三千頃。已分給六軍趁時耕種。」與《宋會要輯稿》所記略有出入，蓋取成數耳。

〔註67〕　徐松輯，劉琳等點校：《宋會要輯稿》食貨二之七，第10冊，第5988～5989頁。

〔註68〕　徐松輯，劉琳等點校：《宋會要輯稿》食貨二之九，第10冊，第5991頁。

〔註69〕　徐松輯，劉琳等點校：《宋會要輯稿》食貨二之一六～一七，第10冊，第5999頁；又見同書食貨六三之一〇三，第13冊，第7666頁。

據此，揚州地區的營田，當亦曾改以官莊形式經營。官莊的組織形式較之營田更爲嚴密，制度規定也更爲具體。其「每縣以十莊爲則，每五頃爲一莊，召客戶五家相保爲一甲共種。甲內推一人充甲頭，仍以甲頭姓名爲莊名。每莊官給耕牛五頭，並合用種子農器（原注：如未有穀，即計價支錢。）每戶別給菜田十畝，先次借支錢七十貫。仍令所委官分兩次支給，（原注：春耕月支五十貫，薅月支二十貫。）分作二年兩料還納，更不出息。若收成日，願以斛斗折還者聽。仍比街市增二分。（原注：謂如街市一貫，即官中折一貫二百。）其客戶仍免諸般差役、科配。」待「收成日，於官中收到課子內，以十分爲率，支三釐充縣令尉添支職田，仍均給。」〔註70〕其收成的主體部分，則是「官中與客戶中半均分」〔註71〕，後來改爲「官收四分，客戶六分」〔註72〕。此即其生產與分配之大概。又乾道八年（1172）三月十六日，徐子寅言：「近勸諭歸正人一千五百八十人，於楚州寶應、山陽、淮陰縣，高郵軍高郵縣，盱眙軍天長、盱眙縣，揚州江都縣，泰州海陵縣界共置五十四莊，並給付耕牛、農具、糧種，開墾田畝。已蒙朝廷行下，委逐縣知縣躬親究實，已見就緒。」〔註73〕此處耕牛、農具、糧種皆由官給，所謂「五十四莊」當是營田官莊，可見揚州營田官莊政策的推行比較穩定。所可注意者，改爲官莊形式之後，其耕作者之主體部分當是民而非軍，部分參與的軍兵，係「不入隊使臣及不披帶揀退軍兵」之自願者。從這個意義上講，屯田在安輯流民方面的作用變得更爲突出。

然而，官莊的運行亦非致於至善，隨著時間的推移，淮南官莊又曾改爲「附種」的形式。《宋會要輯稿》記紹興二十九年（1159）二月二十七日，知

---

〔註70〕　徐松輯，劉琳等點校：《宋會要輯稿》食貨二之一五～一六，第10冊，第5998頁。

〔註71〕　徐松輯，劉琳等點校：《宋會要輯稿》食貨二之一七，第10冊，第6000頁。隨著宋金政治局勢的緩和以及營田收入的漸增，營田所得的用途也稍有轉向，由專充軍用，轉而爲「準備將來增置官莊、招客借貸使用。」此當是營田、屯田政策持續推進的應有之意。

〔註72〕　徐松輯，劉琳等點校：《宋會要輯稿》食貨二之二〇，第10冊，第6003頁。以上係宋廷中央制定的統一分配比率。前已指出，宋廷亦特別強調營田、屯田過程中要結合各地具體實情，所以在實際層面，收成的分配比率容有地域性差別，如據紹興二十年知廬州吳遠所言，廬州官莊收成，「以五分給佃戶，五分歸官」，仍是五五分成。

〔註73〕　徐松輯，劉琳等點校：《宋會要輯稿》食貨六之二一～二二，第10冊，第6096～6097頁。

蘄州宋曉言：「兩淮營田，募民而耕之，官給其種，民輸其租，始非不善。應募者多是四方貧乏無一定之人，而有司拘種斛之數，每遇逃移，必均責鄰里，謂之『附種』。」又紹興三十一年（1161）五月七日，中書、門下省言：「兩淮諸郡營田官莊，佃戶數少，因多荒廢，州縣逐將營田稻子分給與民，秋成則計所給種子而收其實，謂之『附種』。」〔註74〕兩相比較，紹興三十一年關於附種的界定更爲順暢與完整，疑紹興二十九年的記載有錯簡。見存文獻關於附種並無更爲詳細的記載，據以上引文，這一經營方式採取的仍然是官、民分利的模式。可所注意者，即便宋廷前後屢次變更田地經營方式，其間的流弊仍然不可避免，紹興二十九年宋曉之言即是明證。

　　孝宗即位之後，時論關於營田有兩種相反的意見。第一種意見是對營田進行全面的整頓。隆興元年（1163）五月十七日，臣僚針對營田有名無實，提出了十項宏觀的指導原則，但並未更改原有的營田體制。〔註75〕張浚則建議軍兵退出營田，史載隆興元年七月二十八日，樞密使、江淮東西路安撫使、魏國公張浚言：「諸軍營田官莊，見占官兵人數稍多，每歲所得，不償所費。欲乞下有司取會立限措置，將見管頃畝、牛具、種糧，依官中客戶所得子利分數召人耕種，抵替官兵歸軍使喚。」營田由兵民雜用改爲以民爲主，這與上面關於屯田的意見是一致的。第二種意見是罷營田。隆興元年十月，工部尚書張闡言：「制置司已將營田諸屯見耕種人丁放令逐便，仍罷營田，令工部看詳。」〔註76〕工部「看詳」以後，指出營田的主要問題在於「耕民之不足」，並不主張全面廢罷營田，而是儘量安排歸正之民墾種。就揚州地區而言，營田並未廢止，不但如此，營田中仍然是兵民雜用。隆興二年正月，宋廷令江淮都督府參贊軍事陳俊卿與鎮江都統制劉寶共同措置江淮營田事務，劉寶針對揚州等淮東地區的營田有比較詳細的針對性對策，淮東提領營田官王弗亦參與其事，〔註77〕足見揚州仍舊推行營田。

---

〔註74〕　徐松輯，劉琳等點校：《宋會要輯稿》食貨三之五～六，第 10 冊，第 6010～6011 頁。

〔註75〕　這十項原則包括：「擇官必審」、「募人必廣」、「穿渠必深」、「鄉亭必修」、「器用必備」、「田處必利」、「食用必充」、「耕具必足」、「定稅必輕」、「賞罰必行」。當時臣僚認爲，「凡此十者，營田之制盡亦。」詳見《宋會要輯稿》食貨三之九～十，第 10 冊，第 6014～6015 頁。

〔註76〕　徐松輯，劉琳等點校：《宋會要輯稿》食貨三之一○，第 10 冊，第 6015～6016 頁。

〔註77〕　徐松輯，劉琳等點校：《宋會要輯稿》食貨六三之一三三～一三四，第 13 冊，第 7682～7683 頁。

　　乾道七年（1171）十月七日，宋廷「詔淮東路帥、漕臣將諸州具到係官荒田，委守令招召人戶種蒔二麥，官爲借種。其人戶請佃未耕者，亦仰勸諭，盡行布種。」這條詔令是基於淮東安撫司對淮東荒地的調查統計而發出的。〔註78〕淮東安撫司的調查數據保存在《宋會要輯稿》當中，今據其作「乾道間淮東未耕荒田數據表」（表4-1）如下：

**表4-1：乾道間淮東係官及民佃田中未耕荒田數據表**

| 政區 | 係官荒田 | 請佃在戶卻未耕 | 合計未耕 |
| --- | --- | --- | --- |
| 揚州 | 52 頃 91 畝 | 93 頃 | 145 頃 91 畝 |
| 眞州 | 374 頃 50 畝 | 135 卿 71 畝 | 510 頃 21 畝 |
| 通州 | 101 頃 81 畝 | 69 頃 18 畝 | 170 頃 99 畝 |
| 泰州 | 21284 頃 45 畝 | 339 頃 15 畝 | 21623 頃 60 畝 |
| 楚州 | 4423 頃 86 畝 | 3697 頃 33 畝 | 8121 頃 19 畝 |
| 滁州 | 159 頃 45 畝 | 237 頃 77 畝 | 397 頃 22 畝 |
| 高郵軍 | 1169 頃 13 畝 | 763 頃 38 畝 | 1932 頃 51 畝 |
| 盱眙軍 | 141 頃 34 畝 | 2121 頃 13 畝 | 2262 頃 47 畝 |

　　由於統計對象爲係官及民戶已承佃者，所以以上數據反映的並非各政區內未耕田地的總數目。不過係官及民佃田中揚州荒閒田地在淮東地區最少，一定程度上還是可以反映出揚州田地的經營效果在淮東地區相對較好。〔註79〕若對比前引紹興二年（1132）淮南東路提刑兼營田副使王實所言「江都、天長縣未種水田一萬六千九百六十九頃、陸田一萬三千五百六十六頃」，則經過四十年的時間，揚州田地經營有比較明顯的效果，至少實際墾種的田地面積是大幅度地增加了。這是揚州經濟社會得到恢復的一種反映。

　　以上主要討論了屯田、營田、官莊，除此之外，揚州地區的官田中另有幾個項目需要注意。因爲見存史料中關於它們的記載不及上述屯田等詳細，

---

〔註78〕　徐松輯，劉琳等點校：《宋會要輯稿》食貨六之二一～二二，第 10 冊，第 6097 頁。又見同書食貨六一之八六，第 12 冊，第 7492～7493 頁。按，宋廷詔令的下達與淮東安撫司對淮東荒田數據的統計，二者的間隔時間當不會很長，所以這份統計數據反映的當是乾道六、七年間淮東的荒田狀況。

〔註79〕　由於對淮東各政區可耕田地的總數目無從獲知，所以揚州田地的整體利用率亦不得而詳。不過以上數據是基於已經納入官方統計的田地，所以對其比較，仍然有一定的參考意義。

所以此下的考述只能稍作勾勒，以見其大概。一是賜田。一般來說，賜田是對官吏的一種獎賞，如徐子寅曾措置揚州等淮東地區的官田成效顯著，「招集流移歸正種田人一千三百一十五名，老小五千四百二十七口，蓋造屋宇二千四百四十九間，給付耕牛農具，開墾田九百一十四頃九畝。」宋廷於淳熙二年（1175）正月特別給予其「轉一官，減二年磨勘」〔註 80〕的獎勵。但這裡要說的關於揚州的賜田，主要是針對異族投誠趙宋的人士而言的。紹興末年，宋金戰事又起。在雙方的交戰中，金方的數員「驍將」皆降於宋，其中包括蕭鷓巴、耶律適巴（《宋會要輯稿》作哩）、蕭琦、蒲察徒穆、大周仁等等。〔註 81〕宋廷在安置此等來降人士的過程中，皆賜其官田以維持生計，而這些官田主要即是從揚州標撥的。隆興元年八月，江淮東西路宣撫使、魏國公張浚言有「契勘已降指揮，蕭琦於淮東官田內撥賜二十頃，尋箚下揚州標撥」之言，經揚州守臣向子固措置，此二十頃係從揚州江都縣界營田官莊內標撥其近城者充之。賜予蕭鷓巴、耶律適巴的田地，同樣是出自揚州江都縣界營田官莊，事在隆興二年二月。其中蕭鷓巴二十頃、耶律適巴十頃。至乾道二年十二月，又於揚州邵伯鎮官田內補撥十頃賜予耶律適巴。〔註 82〕

　　二是沙田與蘆場。屯田與營田，主要針對的是旱地。在官方經營的田地當中，另有兩種田地性質比較特別，是為沙田與蘆場，二者多分佈在沿河、沿湖區域。隨著兩宋之際政局的變動，此類田、場往往被官戶、形勢之家強佔。紹興二十八年（1158）正月二十二日，高宗謂輔臣曰：「江淮沙田為人冒佔，所失官課至多。然議者謂拘收入官，固有目前之利，數年之後，恐更費力。不若令見占人且行管佃，淨認租課為便。又沿江蘆場遺利亦不少，從來官司有失檢察，宜於行在差官同逐路漕臣措置施行。」於是詔差戶部郎中莫濛同逐路漕臣檢踏，申尚書省取旨。在高宗的提議下，宋廷決意因勢利導，向占田者收取租課而非將田場拘收入官。莫濛及諸路漕臣的檢視非短時可以完成，在這期間宋廷相繼還有一些政策出臺。如同年二月詔曰：「已差莫濛同三路漕臣措置沙田蘆場，止為形勢之家詭名冒佔，其第三等以下人戶即不合一例根括，如內有元無契要及侵佔之數，合要逐州縣官取見著實，候收成了

〔註80〕　徐松輯，劉琳等點校：《宋會要輯稿》食貨六一之三五，第 12 冊，第 7452 頁。

〔註81〕　（舊題）宇文懋昭撰、崔文印校證：《大金國志校證》卷十六，中華書局，1986年，第 224 頁。

〔註82〕　關於宋廷的賜田，詳參《宋會要輯稿》食貨六一之五〇～五三，第 12 冊，第 7460～7461 頁。

日，運司別行差官打量，審覆施行。」五月十一日詔曰：「打量到沙田蘆場，內淮東路人戶檢尋契要未備，可令轉運司行下通、泰、眞、揚州民，限半年齎契要公據赴縣點對，開具保明申州，州申轉運司覆實，具申向書省，當與除豁。其租稅且令依舊額送納，候覆實畢，取旨立額。如限內不齎契要公據到官，不在除豁之數。」七日後，又詔「淮東路沙田蘆場已降指揮，立半年限照契覆實，竊慮本路人戶安業未久，可特與放免，並令依舊。」六月二十六日詔「其官戶、形勢之家違法占田、頃畝過多者，即難以一概放免。可將三路官戶自一千畝以下、民戶自二千畝以下，並特與放免，餘並依元降指揮添納租課。內淮南路自來年秋料起催。」〔註83〕合而觀之，可見南宋高宗朝的農田承佃政策，在淮東地區的推行並非一帆風順，其間幾經調整。但整體來說，宋廷在調和官方收入與戰後民戶之現狀這一對矛盾方面，著實有比較人性化的努力；揚州地區當然也包括在內。

孝宗朝軍政動向與高宗時期多有不同，揚州地區的軍事行動更爲緊密與頻繁，對相關後勤資助的要求更高。在這樣的背景下，對揚州沙田、蘆場的經營更加受到重視，因其爲重要的軍備之資。乾道元年（1165）七月十九日，臣僚言：「浙西、江東、淮東路沙田蘆場，多係官戶、形勢之家請買租佃，未立稅額。今朝廷軍食用廣，每歲和糴，乞將官民請買到沙田圍埠成田，見今布種，比附平田及蘆場頃畝，並令立稅。其經官請佃之數覈實頃畝，別行立租。如不願租佃者，所屬拘收，申取朝廷指揮。」〔註84〕此後宋廷曾多次重申前引高宗紹興二十八年政策，試圖規範沙田、蘆場之運作。

沙田、蘆場的租稅與夏秋兩稅似有不同，具有相當的獨立性。乾道六年（1170）二月二十八日，措置浙西、江東、淮東路官田所狀：「參酌擬立稅租數目：已業沙田主分所得花利，每米一石，欲於十分內以一分立租。已業蘆場等地田主所得花利，紐錢一貫，欲十分以一分五釐立租。租佃沙田主分所得花利，每米一石，欲於十分以二分立租。租佃蘆場等地田主所得花利，紐錢一貫，欲以十分之三輸官。以上田地除所立租外，更不敷納和買、夏稅、役錢、秋苗之類。如舊曾起立苗稅額重，則依舊。」〔註85〕同年七月五日，

---

〔註83〕 以上引文見《宋會要輯稿》食貨一之三九～四○，第 10 冊，第 5971 頁；又見食貨六三之二○六，第 13 冊，第 7722 頁。

〔註84〕 徐松輯，劉琳等點校：《宋會要輯稿》食貨一之四三，第 10 冊，第 5975 頁。

〔註85〕 徐松輯，劉琳等點校：《宋會要輯稿》食貨一○之二七，第 10 冊，第 6208 頁；並參同書食貨七○之六二～六三，第 13 冊，第 8138 頁。

司農少卿張津等言，「被旨專一措置浙西、江東、淮東路諸處沙田蘆場，立定租稅，今已就緒。昨來措置租稅，並將乾道元年、二年人戶自供戶式帳狀內田地畝步、所收花利立定等則分數，並舊稅州縣紐計數目，共管租錢六十萬七千七十餘貫，日後無可改易，乞依催科月分省限，委官照數拘催起發，赴左藏南庫交納。」〔註86〕可見在宋廷的反覆敦促下，包括揚州在內的沙田、蘆場之經營，著實起到了一定的成效。

## 三、小結

以上小節是對宋代揚州田地經營狀況的考述。宋代商業經濟的發展尤為顯著，但農業經濟仍然具有基礎性的地位，而且受到官方的高度重視。揚州地處長江下游北岸，並是運河沿線的重要城市。水路交通的便捷，為該地商業經濟的發展提供了良好的條件。唐代揚州的繁榮，兩宋時期揚州經濟的恢復與發展與此多有關聯。然而宋廷對當地農業的發展也從未忽視，曾從多個方面為農田經營提供便利的條件。這是兩宋時期揚州經濟發展的一個重要基礎，也是第三章所論揚州人口增長的重要保障。然而，隨著兩宋時期政治局勢的變動，揚州地區的田地經營方式在宋室南渡以後出現了重大的轉變：北宋時期以民佃為主的經營方式，在南宋時期轉變成為官方主導的兵民雜用的屯田與營田。這種轉變是揚州從「內地」轉為「邊郡」的背景下，宋廷基於軍資補給和安輯流民的雙重考慮而採取的政策。從這個意義上講，南宋揚州田地的經營，必須從更廣的社會背景及現實需求中去觀察。唯有如此，才能更好地認識南宋揚州經濟社會發展的一個重要面相，以及南宋與北宋時期揚州的農業經濟差異。

## 第三節　宋代揚州的水利與漕運

與田地經營緊密相關的是水利工程，這是農業發展所必需的一項基礎保障。考察宋代揚州地區的農田經營，對此也不能忽視。所以在考察完農田經營之後，接下我們要繼續探究兩宋時期揚州的水利狀況，而由於水利工程與漕運系統是兩個緊密相關的方面，相關記載往往彼此關涉，故而這裡將二者放在本節一併討論。所可注意者，關於漕運的部分，可與第二章關於揚州及周邊地區港口的相關論述互參。

---

〔註86〕 徐松輯，劉琳等點校：《宋會要輯稿》食貨一之四五，第 10 冊，第 5977 頁。

## 一、水利工程的展開

見存文獻中不乏關於宋代揚州水利工程的記載，這些工程的出現往往有特定的社會背景。大中祥符五年（1012）八月庚戌，淮南路滁州、和州、揚州、楚州旱災，「詔發運使減運河水以灌民田，仍寬其租限。州縣不能存恤致民流者，罪之。」〔註87〕此舉發生在旱災之後，是爲直接針對農業用水的防禦性舉措。然亦有與此不同者，神宗熙寧六年（1073），淮南東路轉運司言揚州災荒，民往泗州逐熟。九月戊申，詔撥常平倉糧三萬旦，募饑民興修農田水利。〔註88〕同年十二月甲戌，「詔淮南東路轉運司募闕食貧民，興修揚州江都、高郵、天長界河及古鹽河。」〔註89〕這兩例雖也關涉水利工程，但並非直接針對農業用水而發。相關舉措的首要目的是爲解決揚州災荒闕食這一社會問題，農田水利尚處在次位。此所謂以工代賑是也。

政和四年（1114）三月二十日，膳部員外郎沈鏻奏：「奉詔相度措置江淮、兩浙路開修運河、興築圩田。據幹當公事盧宗原狀：合開修河路係官司措置外，有可興圩田係涉江淮、兩浙三路，已曾申明，乞依都畿見行興修水利法，不限等第，許人戶請佃，情願隨力各借錢米。」〔註90〕此可見北宋末年對江淮一帶運河的疏通及圩田的興修並未停止，此皆水利工程之要者。運河等水利設施需要疏通、修繕，本身即是這些設施處在變壞狀態的一個表徵，事實上淮南地區的水利設施在北宋末期荒廢的比較嚴重。史載重和元年（1118）二月，前發運副使柳庭俊言：「眞、揚、楚、泗、高郵運河堤岸，舊有斗門水䃮等七十九座，限則水勢，常得其平，比多損壞。」宋廷遂有「檢計修復」〔註91〕之詔。宣和元年（1119）二月，臣僚言：「訪聞江淮、荊漢間荒瘠彌望，率古人一畝十鍾之地，其堤闊、水門、溝澮之跡迤邐猶存，而郡縣恬不以爲意。近絳州百姓呂平等詣御史臺披訴，乞開濬熙寧舊渠，以廣浸灌，情願加稅一等。則是近世陂池之利且廢矣，何暇議覆古哉！欲詔常平使者，有興修水利

---

〔註87〕 李燾：《續資治通鑑長編》卷七十八，第 1780 頁。
〔註88〕 李燾：《續資治通鑑長編》卷二百四十七，熙寧六年九月戊申條，6011 頁。
〔註89〕 李燾：《續資治通鑑長編》卷二百四十八，熙寧六年十二月甲戌條，6053 頁。《宋史》卷三百四十三《蔣之奇傳》記新法間，蔣之奇「遷淮東轉運副使。歲惡民流，之奇募使修水利以食流者。如揚之天長三十六陂，宿之臨渙橫斜三溝，尤其大也，用工至百萬，溉田九千頃，活民八萬四千。」（第 10916 頁）這一以工代賑的舉措，應該發生在同時先後，可互參。
〔註90〕 徐松輯，劉琳等點校：《宋會要輯稿》食貨七之三四，第 10 冊，第 6133 頁。
〔註91〕 脫脫等：《宋史》卷九十六《河渠六》，第 2387 頁。

功效明白，則亟以名聞，特與褒除，以勵能者。」〔註 92〕其言獲准，但具體的執行則相當滯後。史載宣和二年九月，「以眞、揚等州運河淺澀，委陳亨伯措置。」翌年四月，宋廷在針對江淮運河的詔令中，又言及「今運河歲淺澀，當詢訪故道，及今河形勢與陂塘瀦水之地，講究措置悠久之利，以濟不通。可令發運使陳亨伯、內侍譚稹條具措置以聞。」〔註 93〕此數例往往就漕運交通而言，然淮東一帶水路網絡發達，河流泊澤往往直接相連，所以對漕運的疏通與農田灌溉系統實蘊於一體，引文中「今河形勢與陂塘瀦水之地」合而言之的做法，正可見漕運系統於水利灌溉的密切聯繫。

　　除中央領銜的水利工程以外，地方官員在水利工程的興修過程中，也具有相當的能動性。《宋史・鍾離瑾傳》記「殿直王乙者，請自揚州召伯埭東至瓜州，瀆河百二十里，以廢二埭。詔瑾規度，以工大不可就，止置牐召（邵）伯埭旁，人以爲利。」〔註 94〕《宋史》本傳並未交代鍾離瑾牐召（邵）伯埭的具體時間，據王應麟《玉海》，此事當在仁宗天聖七年（1029）。〔註 95〕又神宗朝，羅適曾於揚州江都縣興修水利工程。秦觀《羅君生祠記》言羅適「始復大石湖，改名元豐，廣袤數百步，溉田千有餘頃。是歲大穰，畝收皆倍。於是遠近自陳願復陂塘溝渠之利者相屬，君一切聽許，親至其地，與之經始。築大堤以卻潮之患，疏潦水而注諸江，凡水利之興復者五十有五，溉田六千頃，而桑之以課種者，亦八十五萬有奇。」〔註 96〕從「遠近自陳願復陂塘溝渠之利者相屬，君一切聽許」的記載看來，這應該是地方社會官民一心，致力於地方社會事務的成功事例。

　　南宋時期也有類似的情形。紹熙五年（1194），淮東提舉陳損之言：「高郵、楚州之間，陂湖渺漫，菱荇彌滿，宜創立堤堰，以爲瀦泄，庶幾水不至於泛溢，旱不至於乾涸。乞興築自揚州江都縣至楚州淮陰縣三百六十里，又自高郵、興化至鹽城縣二百四十里，其隄岸傍開一新河，以通舟船。仍存舊堤以捍風浪，栽柳十餘萬株，數年後隄岸亦牢，其木亦可備修補之用。兼揚

---

〔註 92〕　徐松輯，劉琳等點校：《宋會要輯稿》食貨七之三六，第 10 冊，第 6134～6135 頁。

〔註 93〕　脫脫等：《宋史》卷九十六《河渠六》，第 2388～2389 頁。

〔註 94〕　脫脫等：《宋史》卷二百九十九《鍾離瑾傳》，第 9945 頁。

〔註 95〕　王應麟《玉海》卷二十二《地理》「天聖疏溝渠」條，記天聖「七年，發運使鍾離瑾置閘於揚州之召伯堰，以通漕。」引文見第 448 頁。

〔註 96〕　秦觀撰，徐培均箋注：《淮海集箋注》卷三十八《羅君生祠堂記》，第 1239～1240 頁。

州柴墟鎮舊有隄牐，乃泰州泄水之處，其牐壞久，亦於此創立斗門。西引盱眙、天長以來眾湖之水，起自揚州江都，經由高郵及楚州寶應、山陽，北至淮陰，西達於淮；又自高郵入興化，東至鹽城而極於海；又泰州海陵南至揚州泰興而徹於江：共為石礎十三，斗門七。乞以紹熙堰為名，鑱諸堅石。」此所言是淮東地區大範圍內的水利工程，揚州境內的舊有隄牐顯然也被列在修整計劃之內。陳損之的言說被付諸實踐，並取得了良好的效果。史載「淮田多沮洳，因（陳）損之築隄捍之，得良田數百萬頃」〔註97〕，便是對以上引文的描述。此亦可見淮東地區引湖泊眾多，水利網絡發達，揚州的水利工程的建設往往與周邊政區的水利工程相關聯而一併展開。

以上是官方在水利方面為農田經營提供便利條件的事例，據史料記載，圍繞農田水利，也存在官與民爭利的現象。揚州蜀岡北部有雷塘，《宋史·劉敞傳》記：「揚之雷塘，漢雷陂也，舊為民田。其後官取瀦水而不償以它田，主皆失業。然塘亦破決不可漕，州復用為田。敞據唐舊券，悉用還民，發運使爭之，敞卒以予民。」〔註98〕雷塘在宋時一度「為民田」，官方取之蓄水，當是為灌溉、漕運之用，其初衷不可謂不佳，但不給予民眾相應的補償，則給原來的占田者造成相應的損失。劉敞係仁宗慶曆間進士，主要活動在仁宗朝，這是此間揚州官與民爭利的一個具體事例，自然也是劉敞還民田的背景。

南宋時期，揚州的水利工程亦有出於軍事目的者。李如箎在《東園叢說》卷下「儲邊」條中記：「自江以北，淮甸之區，其地亦多平衍，乏巖塹之阻，亦猶曩時雄、霸之北邊也。……誠使今日於眞、揚以北，視其空曠之地，舉行二宗之良法，講求石樑瓦梁之水利，以限制北鄰，扼其長驅之勢，先為不可勝，以待敵之可勝，其庶幾乎。」〔註99〕《東園叢說》所記事例的具體時間今已無從詳考，但為南宋時期則無疑義。引文中「二宗」指宋太宗與宋仁宗，前者與端拱中下詔沿邊作方田以限敵之戎馬，後者曾於邊塞植榆柳以防敵騎。南宋時期，揚州已轉為邊郡之地，成為「北邊」，同樣面對備邊的需求。這裡的水利工程與方田、榆柳雖然內容有別，但所起的作用是一樣的。

---

〔註97〕 脫脫等：《宋史》卷九十七《河渠志七》，第 2395 頁。又參《歷代名臣奏議》卷二百五十三《水利》，第 3318 頁。

〔註98〕 脫脫等：《宋史》卷三百一十九《劉敞傳》，第 10385 頁。

〔註99〕 李如箎撰，程郁整理：《東園叢說》卷下「儲邊」條，見上海師範大學古籍整理研究所編：《全宋筆記》第五編第十冊，大象出版社，2012 年，第 257 頁。

## 二、漕運系統的疏通

　　唐代揚州的發展與運河有著重要的關聯，兩宋時期運河航道雖有變化，但揚州同樣與運河有著密不可分的關係。〔註100〕史載「凡水運，自江淮、南劍、兩浙、荊湖南、北路運，每歲租糴至眞、揚、楚、泗州，置轉般倉受納，分調舟船，計綱泝流入汴，至京師，發運使領之；諸州錢帛、雜物、軍器上供亦如之。」〔註101〕此可見揚州在南北漕運過程中的中轉地位。又《宋會要輯稿》方域一三之三「津渡」欄之首，列有京師開封以及地方之主要渡口的舊有名目，其中淮東長江沿線只有「揚州之瓜洲」。這份「舊總數」〔註102〕大體能夠代表宋初的情形。如論文第二章所考述，宋代眞州的前身建安軍之設在太祖乾德二年（964），眞州之設更在大中祥符六年（1013），所以眞州港口地位的提升必有一個歷史的過程，並非一入宋便取代了揚州。換句話說，揚州的漕運系統在宋初於淮東地區仍然具有舉足輕重的地位。

　　揚州漕運系統在宋初即受到地方官員的重視。宋太祖開寶間，揚州守臣張秉曾「修橋道十餘所，以通舟車之便；鑿陳公塘，開懷子河，以益漕運之利。」〔註103〕其時趙宋立國不久，據墓誌銘上下文，此舉乃當時揚州守臣主動爲之的惠民舉措。又李庭芝守揚州，曾「鑿河四十里入金沙餘慶場，以省車運。兼濬他運河……亭民無車運之勞」〔註104〕。這是南宋末期的例子。但就見存文獻來看，與地方官員自主疏通漕運系統的舉措相比，宋代揚州漕運系統的疏通更多是在中央的統一規劃下展開的。

　　《續資治通鑑長編》卷九十三眞宗天禧三年（1019）六月辛卯條記：「先是，江、淮發運使賈宗言：『諸路歲漕，自眞、揚入淮、汴，歷堰者五，糧載煩於剝卸，民力疲於牽挽，官司艦舟由此速壞。今議開揚州古河，繚城南接

---

〔註100〕　關於運河與城市的關係，比較有代表性的宏觀論述，可參李孝聰：《唐宋運河城市選址城市形態的研究》，原載《環境變遷研究》第四輯，北京古籍出版社1993年，後收入其《中國城市的歷史空間》，北京大學出版社，2015年，第113～155頁。較早的名著，可參全漢昇：《唐宋帝國與運河》，中央研究院歷史語言研究所，1995年。

〔註101〕　徐松輯，劉琳等點校：《宋會要輯稿》食貨四六之一，第12冊，第7029頁。

〔註102〕　徐松輯，劉琳等點校：《宋會要輯稿》方域一三之三，第16冊，第9534頁。

〔註103〕　宋玄慶：《大宋故內酒坊使銀青光祿大夫檢校吏部尚書兼御史大夫上國柱權知揚州軍府事張府君（秉）墓誌銘・並序》，國家圖書館館藏拓片之墓誌三六九九號。整理本見《全宋文》卷六一，第3冊，第435～437頁。

〔註104〕　脫脫等：《宋史》卷四百二十一《李庭芝傳》，第12600頁。

運渠，毀龍舟、新興、茱萸三堰，通漕路以均水勢，歲省官費數十萬，功利甚厚。』詔屯田郎中梁楚、閤門祗候李居中按視，以爲當然。於是役成，水注新河，與三堰平，漕船無阻，公私大稱其便，賜詔獎之。」〔註105〕據《宋史》卷九十六《河渠志六》，賈宗建言在天禧二年。〔註106〕其實在此之前，「殿中侍御史王臻爲淮南轉運使，發運司請濬漕渠，廢諸堰。臻言揚州北有召伯堰，謝安所作，後人思之，不敢廢，請罷濬渠，兼濬渠亦無所益。」〔註107〕可見疏濬揚州漕運系統的建議，起初並未得到相關部門的及時響應。所以賈宗的建言最終得以落實，是宋代揚州水利事業方面的重要事件。隨著運河的疏通，大量運船經過揚州城南，城南運河沿線的商業經濟也隨之有進一步之發展。天禧四年（1020）正月，「開揚州運河」〔註108〕，則眞宗天禧年有兩次疏通揚州運河。

就見存史料來看，揚州段的運河在仁宗時期已然惡化。所以仁宗朝也可見整理漕運系統的舉措。如慶曆七年（1047）九月，發運使柳灝言淮南、兩浙運河「久失開淘，頗成堙塞，往來綱運，常苦淺澀。今歲夏中，眞、揚兩界旋放陂水，仍作埧子，僅能行運。久積泥淤，底平岸淺，貯水不多，易爲滿溢。連有雨澤，即泛斗門，堤防不支，或害苗稼。竊以東南一方，諸路百郡鹽、糧、錢、帛、茶、銀、雜物，凡所供國贍軍者，盡由此河般運，若或仍舊不加濬治，將見多滯綱運，有悞歲計。欲乞應運河經歷州縣，委逐處官吏預計合用工料，開去淺殿，須得深至五尺。仍於開汴口之後、未行運已前下手，令逐處以廂軍及住綱兵士，如闕少，即量差人夫入役，依例日給口食。仍乞今後每二年一次，准此開淘。」〔註109〕運河淤塞而貯

〔註105〕 李燾：《續資治通鑑長編》卷九十三，天禧三年六月辛卯條，第 2149 頁。

〔註106〕 脫脫等：《宋史》卷九十六《河渠志六》，第 2380 頁。按，王應麟《玉海》卷二十二《地理》「咸平運渠圖」條，有「天禧三年五月，發運使賈宗顏言歲漕自眞揚入淮」（第 447～448 頁）之語，不但將人名弄錯，繫年亦有誤。

〔註107〕 李燾：《續資治通鑑長編》卷九十三，天禧三年六月辛卯條，第 2149 頁。又，《宋史》卷三百二《王臻傳》記「發運司建議濬淮南漕渠，廢諸堰」，王臻對此持反對意見，認爲「揚州召伯堰，實謝安爲之，人思其功，以比召伯，不可廢也。濬渠亦無所益。」但「發運司卒濬渠以通漕，臻坐前異議，降監察御史、知睦州。」可互參。

〔註108〕 脫脫等：《宋史》卷八《本紀第八・眞宗三》，第 167～168 頁。

〔註109〕 徐松輯，劉琳等點校：《宋會要輯稿》食貨四二之一八，第 12 冊，第 6956 頁。又見同書食貨四六之一五～一六，第 12 冊，第 7044 頁。

水不多，導致航運不便，而運河蓄水功能的下降，又是多雨時節大量雨水灌注農田，侵害莊稼的重要原因。可見運河狀況的惡化，無論對於國家的財賦轉輸還是地方社會的農田經營，都有產生直接的負面影響。柳瀕的建言得到宋廷的積極響應，但其兩年開淘一次的計劃似乎並未落實。因此後還有關於運河淤塞的言說。

神宗熙寧變法背景下，揚州的漕運系統也得到一定程度的修繕。熙寧八年（1075）七月己巳，「淮南發運司言，自五月不雨，揚、楚運河，通、泰等州運鹽河皆不通舟船。詔發運司開濬，聽留上供錢米給其費，仍遣都水監官督視。」〔註110〕同年十二月，判揚州陳升之言：「眞、揚等州開河用工四百餘萬，傳聞今多先役兵夫。緣淮南苦寒，或值雨雪，必多死亡，乞候至正月役兵，二月興民夫。」宋廷遂「詔開淘眞、揚、楚、通、泰等州運河所相度施行，仍候春暖方調民夫。」〔註111〕總體來說，宋廷針對疏通運河的配套政策也比較齊全，在經濟支撐、工程管理以及疏通運河之勞力方面，均有明確的規定。熙寧九年正月二十五日，中書門下言：「相度淮南東西路水利劉瑾言：『體訪得揚州江都縣古鹽河，高郵縣陳公塘等湖，天長縣白馬塘、沛塘；楚州寶應縣泥港、射馬港，山陽縣渡塘溝、龍興浦，淮陰縣青州澗；宿州虹縣萬安湖、小河子；壽州安豐芍陂子等可興置。』今欲除古鹽河、萬安湖、小河子已令司農寺結絕，餘下逐路轉運司選官覆按施行。如本路職司有妨礙，即委別路選官。」〔註112〕中書門下之言得許，可見熙寧八、九年間，淮東的運河疏通工程甚爲浩大。其中揚州江都之古鹽河、高郵縣之陳公塘、天長縣白馬塘都在規劃之列。

哲宗朝曾特別措意揚州瓜洲的漕運設施。元祐四年（1089），知潤州林希奏復呂城堰，置上下牐，以時啓閉。其後，京口、瓜洲、犇牛皆置牐。〔註113〕

---

〔註110〕　李燾：《續資治通鑒長編》卷二百六十六，熙寧八年七月己巳條，第6523頁。

〔註111〕　李燾：《續資治通鑒長編》卷二百七十一，熙寧八年十二月壬辰條，第6637頁。

〔註112〕　徐松輯，劉琳等點校：《宋會要輯稿》食貨七之二九，第10冊，第6131頁。又見同書食貨六一之一〇二，第12冊，第7510頁。按，此事李燾《續資治通鑒長編》卷二百七十二熙寧九年正月壬午條及《宋史》卷九十六《河渠六》亦有記載，惟所記稍略，可並參。《宋會要輯稿》及《續資治通鑒長編》此段標點比較含混，特別是對政區之並列與隸屬關係表現得不夠清楚，故在以上引文中對此作了適當的調整。特此說明之。

〔註113〕　脫脫等：《宋史》卷九十六《河渠志六》，第2382頁。

曾孝蘊於紹聖中管幹發運司糴糶事，建言揚州之瓜洲易堰為閘，以便漕運、商賈。其言最終落實，「公私便之」。四五年後，崇寧元年（1102）十二月，曾孝蘊進一步建議設官主管此類澳閘，以便更好地服務於東南漕運。宋廷最終設官一員，以提舉淮浙澳閘司為名，專切提舉車水澳閘，揚、潤、常、秀、杭等地的澳閘都在監管範圍之內。〔註114〕

　　瓜洲是進出揚州重要的道口，宋廷經理此地的舉措也見於徽宗朝。政和四年（1114）二月二日，兩浙轉運司言：「綱運自北入瓜洲閘，並係空綱，鎮江府江口放重綱，出江之時，望瓜洲上口要入，往往被空綱迎頭相礙。今瓜洲閘外自有河道，謂之下口，欲乞自今後北來空綱並於下口出江，使重綱於上口入閘極為便利，伏望下淮南轉運司約束施行。」〔註115〕瓜洲是揚州段運河自南向北的入口，據兩浙轉運司所言，當時瓜洲運河的管理顯然比較混亂，出現了南北往來船隻擁阻的現象。除此之外應該注意的是「重綱於上口入閘極為便利」一句，此可見當時重型運綱可以不用繞道真州直接進入揚州，且相當便利。以往有的研究者認為兩宋時期的真州取代了揚州的港口地位，這種說法過於籠統和絕對。兩宋時期運河揚州段仍然具有相當的通航能力，真州的興盛只是分擔了揚州的部分功能，而且主要集中在長江上游地區，像南方兩浙地區的綱運，經揚州北上，無疑更為方便。

　　北宋末年，關於揚州漕運的言說仍未停止。宣和三年（1121）三月十四日，淮南江浙荊湖制置發運使趙億言「真、揚等處運河淺澀，湖濼皆乾，別無水源，止可車取江水」，再加上「江潮未應」，貨運舟船往往不能通暢進京。在這樣的背景下，相關「錢簿糧綱」只能「權行寄卸真、揚、楚、泗、高郵軍在城逐倉」，待「淮、汴更無阻節」，再運至闕下。〔註116〕在這樣的背景下，揚州的倉儲機構就顯得特別重要。在變更運輸方式的同時，宋廷也積極疏通運河航道。同月二十八日，李琮言真州「以河淺澀，不能津發」，他在條劃疏通真州運河的同時，也建議於揚州揚子橋「南岸權置小堰，廣用水車，畎以

---

〔註114〕 徐松輯，劉琳等點校：《宋會要輯稿》食貨八之三五～三六，第 10 冊，第 6168 頁。並參《宋史》卷九十六《河渠六》，第 2384 頁；《宋史》卷三百一十二《曾公亮附曾孝蘊傳》，第 10235 頁。

〔註115〕 徐松輯，劉琳等點校：《宋會要輯稿》食貨四七之八，第 12 冊，第 7053～7054 頁。

〔註116〕 徐松輯，劉琳等點校：《宋會要輯稿》食貨四三之一○，第 12 冊，第 6971～6972 頁。

南河水，不惟不走運水，復得廣有車水資助，可以浮應綱船。」〔註117〕與趙億所言江淮運河普遍淤塞的情形不同，李琮集中解決的是真揚運河的實際問題。

　　實際上，北宋末年，淮南運河破壞程度相當嚴重，而揚州漕運的狀況也不甚理想。《宋史‧河渠志》記宣和三年六月事後，附言：「初，淮南連歲旱，漕運不通，揚州尤甚，詔中使按視，欲濬運河與江、淮平。」〔註118〕因下文提到「方臘之亂」（事在宣和二年十月），而淮南連歲旱則在徽宗崇寧間，〔註119〕所以這裡的「漕運不通」，基本上可以說是對徽宗朝揚州運河狀況的一種描述，其敗壞程度是相當嚴重的。當時的淮南轉運向子諲曾提出解決辦法，認為「欲救其弊，宜於真州太子港作一壩，以復懷子河故道，於瓜洲河口作一壩，以復龍舟堰，於海陵河口作一壩，以復茱萸、待賢堰，使諸塘水不為瓜洲、真、泰三河所分；於北神相近作一壩，權閉滿浦牐，復朝宗牐，則上下無壅矣。」向子諲之言當有落實，因史載「是後滯舟皆通利」〔註120〕。南宋建炎元年（1127）八月二十七日，臣僚言：「淮南真、揚、楚、泗等州係九路沿流之衝，舳艫相銜，不下數十州郡，終日將迎，職事盡廢。」〔註121〕這是對揚州等處地方行政的批評，未曾言及運河河道的淤塞，則北宋後期對揚州運河的疏通當起到了一定的效果。但這種效果並不能過高的估計，建炎二年八月，葉夢得在勸說趙構早日從揚州渡江南遷時，有「河道僅通一舟，恐非一日可濟」〔註122〕之語；翌年二月，金兵南下，兵襲揚州，李心傳記當時揚州民眾逃亡之情狀，云「公私所載，舳艫相銜。運河自揚州至瓜洲五十里，僅通一舟。初城中聞報，出城者皆以得舟為利，及金兵至，潮不應牐，盡膠泥淖中。」〔註123〕兩相對照，可知葉夢得雖有敦促之意，其用語則非誇張之詞，所以葉、李兩人的說法仍值得注意。

〔註117〕　徐松輯，劉琳等點校：《宋會要輯稿》方域一七之一四～一五，第 16 冊，第 9618 頁。

〔註118〕　脫脫等：《宋史》卷九十六《河渠六》，第 2389 頁。

〔註119〕　史載「崇寧元年夏，開封府界、京東、河北、淮南等路蝗。二年，諸路蝗，令有司酺祭。三年、四年，連歲大蝗，其飛蔽日，來自山東及府界，河北尤甚。」此雖未言旱災，而旱災與蝗災往往相伴而行，則此間旱情蓋可想見。引文見《宋史》卷六十三《五行志二上》，第 1357 頁。

〔註120〕　脫脫等：《宋史》卷九十六《河渠六》，第 2389 頁。

〔註121〕　徐松輯，劉琳等點校：《宋會要輯稿》刑法二之九八，第 14 冊，第 8335 頁。

〔註122〕　李心傳：《建炎以來繫年要錄》卷十八，建炎二年十二月戊寅條，第 377 頁。

〔註123〕　李心傳：《建炎以來繫年要錄》卷二十，建炎三年二月壬子條，第 391 頁。

　　兩宋之際，出於軍事防禦的需求，揚州等淮南地區曾一度自毀漕運系統。《宋史‧河渠志七》記：

　　　　紹興初，以金兵蹂踐淮南，猶未退師，四年，詔燒毀揚州灣頭港口牐、泰州姜堰、通州白莆堰，其餘諸堰，並令守臣開決焚毀，務要不通敵船；又詔宣撫司毀拆眞、揚堰牐及眞州陳公塘，無令走入運河，以資敵用。

其時宋兵相對弱勢，這是宋金交戰背景下的權宜之計，紹興四年（1134）金兵退師以後，宋廷便又著手恢復戰時破壞的漕運系統，如紹興五年正月，宋廷「詔淮南宣撫司，募民開濬瓜洲至淮口運河淺澀之處」〔註124〕。可見南宋初期宋廷對揚州等淮東一帶的漕運系統並未完全放棄。在宋金關係緩和的背景下，漕運系統就更不能忽視了，因爲漕運系統也是南北政權中使者往來的重要通道。紹興二十九年（1159）四月十五日，知鎮江府楊揆言「運河高仰，藉練湖水添注，稍乾涸，運河極淺。今來接伴傳宣押宴，若乘船至常州，出陸至鎮江，就揚州船以往，庶借得湖水，以備使人往來之用。」〔註125〕此便是具體的實例。

　　孝宗朝對揚州段漕運系統也甚爲重視。乾道六年（1170），淮東提舉徐子寅言：「淮東鹽課，全仰河流通快。近運河淺澀，自揚州灣頭港口至鎮西山光寺前橋垛頭，計四百八十五丈，乞發五千餘卒開濬。」乾道間，宋金關係緩和，江淮一帶的經濟社會得以有舒緩的機會。徐氏之言完全著眼於經濟角度，即是表徵；其言不但獲准，翌年二月，宋廷又「詔令淮南漕臣，自洪澤至龜山淺澀之處，如法開撩。」〔註126〕洪澤與龜山系淮河上的兩鎮，則運河的疏通更擴及宋金交界之第一線。同在乾道六年四月二日，淮南運判徐子寅言：「眞州沿江官私渡共二十九處，內宣化鎮渡一處係官監，並瓜步山前渡、何家穴渡、眞州城下檢稅亭渡、潮閘渡、獺兒河渡、巨家港渡六處，係買撲常平渡，共七處乞存留外，其私港二十二處乞禁止。揚州沿江官私渡共五十四處，內瓜洲渡係官監，並泰興縣穿破港、茆莊港買撲常平渡乞存留外，有私渡五十

〔註124〕　脫脫等：《宋史》卷九十七《河渠志七》，第2393頁。同書卷一百七十五《食貨志上三》，有「嘉定兵興，揚、楚間轉輸不絕」之語，此所謂「轉輸不絕」，必以良好的漕運條件爲基礎。嘉定與紹興兩個時期，宋、金兩方情勢有別，所以戰爭狀態下揚州的漕運系統未必呈癱瘓狀態。
〔註125〕　徐松輯，劉琳等點校：《宋會要輯稿》方域一七之二四，第16冊，第9623頁。
〔註126〕　以上引文，見脫脫等《宋史》卷九十七《河渠志七》，第2393～2394頁。

一處，乞禁止。泰州沿江官私渡共五處，內合石莊港合置立官渡乞存留外，有私港四處乞禁止。通州沿江官私渡共六十四處，內海門縣孫團並買撲常平渡一處，及江口新舊兩港併合一渡，衝要去處乞行存留外，有私渡六十二處乞行禁止。」這是針對港口的管理舉措。揚州、眞州、泰州、通州的官方港口皆只有一個；揚州私港則有五十一處，是眞州私港數目的近 2.5 倍，但卻比通州私港少十三處；眞州的買撲常平渡則有六處，是揚州買撲常平渡的 3 倍，在上述四地中最多。後經淮南轉運判官徐子寅的言說，宋廷詔令「更將要緊處私渡量行存留」〔註 127〕，揚州、眞州、通州的保留渡口得以各增兩處（揚州增泰興縣港、柴墟鎭港）。但整體來說，若著眼於官方層面，南宋乾道間揚州的漕運地位在淮東地區已不佔優勢，不及臨近的眞州。實際上這一現象在北宋末年即已出現。政和二年（1112）三月十三日，發運司奏：「六路合發上供額斛，如般發違一限，從本司會算撥過。江湖路自眞州，並兩浙路自揚州，各至泗州上河一節支費闕，本路出備撥還，若已出末限，即出備自眞、揚州至京錢米。」〔註 128〕所謂「江湖路自眞州，並兩浙路自揚州」的說法，是對北宋時期揚州、眞州兩地漕運吞吐狀況的一種反映，江湖路包括江南東路、江南西路、荊湖南路、荊湖北路，在政區幅員上較之兩浙路更爲廣闊，所以宋代揚州港口的吞吐量在理論上是不及眞州的，這是宋代眞州發展、削弱揚州地位的一個重要表現。這一點在第二章也有涉及。

孝宗末年，對揚州的漕運系統仍然多有留意。淳熙十四年（1187）九月十一日，權知揚州熊飛言：「揚州一帶運河惟藉瓜洲、眞州兩閘瀦積，今來河水走泄，只緣瓜州上、中二閘久不修治，獨潮閘一座，轉運、提鹽及本州共行修整。然迫近江潮，水勢沖激，易致損壞。眞州二閘亦損漏。乞下淮南轉運司、淮東提鹽司疾速同共修理，仍乞下眞州日下修葺本州上下二閘，以防走泄。」從之。〔註 129〕翌年五月八日，濬新河口。戶部言：「揚州申，泰興縣港新河下口，近年以來爲渾潮漲塞，漸次不通。民戶乞自行出備人夫錢米，以各戶田土頃畝遠近均備開濬。乞下淮東提舉司更切契勘，如委是有便於民，

---

〔註 127〕　以上引文，見徐松輯，劉琳等點校《宋會要輯稿》方域一三之一三，第 16 冊，第 9539～9540 頁。

〔註 128〕　徐松輯，劉琳等點校：《宋會要輯稿》職官四二之三六，第 7 冊，第 4089 頁。

〔註 129〕　徐松輯，劉琳等點校：《宋會要輯稿》食貨八之四一，第 10 冊，第 6165～6166 頁。

即從所申施行。」〔註130〕此舉是否最終落實，待考。然揚州既已反映情況，則值得重視。

## 第四節　總結

本章對宋代揚州農田經營與水利的考察，涉及兩宋時期揚州經濟發展的幾個重要面相。北宋時期，揚州作爲內郡，經濟社會的發展有相對穩定的外部環境。在這樣的背景下，揚州的土地經營以民眾承佃爲主；官方主導的營田與屯田等，在揚州地區或有出現，但推行的程度以及效果都有相當的局限性。不過兩宋時期，揚州的田地經營獲得了官方提供的有利外部條件，涉及稅收、農具、耕力、管理等不同的方面。相關方面的政策並非針對揚州一隅，在實際層面的執行力度也容有折扣，但這些政策對宋代揚州經濟的恢復與發展卻有相當的促進作用。在第三章中，我們看到揚州人口在北宋以及南宋時期都在整體呈上漲的趨勢，這在一定程度上可看成是揚州經濟社會發展的一個表徵，但這一點與兩宋時期揚州田地的經營結合起來觀察，對兩宋時期揚州經濟社會的發展狀況將會有更爲切實的認識。如若忽視對田地的經營，揚州經濟社會的恢復與發展便失去了一項重要的基礎保障。

與北宋時期相比，南宋揚州的田地經營表現出相當的不同。這一點受到軍政地理因素的直接影響。南宋時期，揚州成爲南北政權對峙的前沿地區，軍政地理環境與北宋時期有明顯的差異。揚州從內地到邊郡的這種轉變，若著眼於當地的田地經營，則造成兩個方面的影響：人口外遷與田地荒閒。這兩個方面是緊密關聯的，而且在戰時表現最爲突出。其中人口遷徙的問題，在第三章已經有比較具體的考論。關於田地問題，北宋時期揚州田地以民眾承佃爲主經營方式，在南宋時期發生了變動，官方主導的田地經營在田地經營中佔有更爲突出的地位，營田與屯田是爲最主要的表現形式。這是在揚州從「內地」轉變爲「邊郡」的客觀形勢下出現的。南宋揚州的營田與屯田，軍、民皆用，在人員使用方面並沒有絕對的區分；這與南宋時期揚州田地經營中兼顧安輯流民以及補充軍資的社會與軍事兩方面的用意多有關聯。所可注意者，通過第三章的分析可知，南宋揚州的人口也呈不斷增長的趨勢，這

---

〔註130〕　徐松輯，劉琳等點校：《宋會要輯稿》方域一六之四二，第 16 冊，第 9609 頁。

在一定程度上說明，南宋政府在揚州的田地經營曾起到相應當的效果，與人口的增長是相輔相成的。

與農田經營相關，揚州的水利與漕運也受到當時中央以及地方的重視。就見存文獻來看，揚州水利工程的興建以及漕運系統的疏通，更多地是在中央統一規劃下完成的，地方守臣雖也有自主興修的舉措，但並不具有普遍的意義。水利漕運工程的展開，一方面是直接針對農田灌溉或交通運輸的現狀而發，另一方面也可能是爲了緩解社會矛盾而採取的權宜之計。無論如何，宋代揚州地區的水利漕運工程與當地農田經營在一定程度上是相輔相成的，同是宋代揚州經濟社會發展狀況的一個具體反映。所需注意的是，相關工程的展開與否也受到軍政動態的影響，戰爭的破壞作用自不必待言，但宋廷內部政局動態的變化未嘗沒有直接影響到揚州相關水利工程的展開。如前面第一章關於城池建設、第三章關於人口流動的考論，南宋孝宗皇帝的「恢復之志」，不僅僅只是體現在中央層面，在地方社會也有直接體現。通過對南宋時期揚州田地經營以及水利工程的考察，可進一步看到，地方社會不但在軍事、人事上因應中央，在經濟方面也有相應的舉措。這也是深入認識南宋地方社會及其與中央互動的一個途徑。

# 第五章　宋代揚州的商業經濟

　　唐末五代的戰爭，給揚州經濟社會造成嚴重的負面影響，「揚一益二」的局面也隨著戰爭的破壞作用而成爲歷史。但入宋以後，外部環境趨於和平，揚州的經濟社會遂有逐步恢復的機會。而且揚州水陸交通便利，商業經濟的發展有其良好的基礎條件。特別是在北宋時期，揚州的經濟社會有相當程度地恢復，即便在南宋時期，成爲邊郡的揚州，伴隨著人口的不斷增長，其商業活動也有一定的活力。這在以上幾章中已有所涉及。所以宋代揚州的商業經濟仍然不可忽視，這一章便集中對宋代揚州的商業情況作一考察。基於史料特點，本章並不對宋代揚州的商業活動做鉅細無遺的考論，而是集中勾勒出其中幾個主要的面相。這樣做的目的，一方面是據此突出宋代揚州商業經濟發展的一面，矯正以往對宋代揚州經濟發展認識上的偏差（即停留在宋代揚州衰落這一印象上）；另一方面也對北宋與南宋時期揚州商業活動的不同特點作簡要的區分，以見兩宋時期揚州經濟社會發展的一些差異。

## 第一節　揚州的市鎮與商業分區

### 一、宋代揚州的市鎮狀況

　　北宋初期樂史所撰《太平寰宇記》，其卷一百二十三揚州「風俗」條，有「其民織紝稼穡」〔註1〕之記載。此處所謂「織紝」即手工業的體現，也是商業活動的一個潛在前提。其實樂史所記相當含蓄，關於揚州地區的商業風氣，

---

〔註 1〕 樂史撰，王文楚點校：《太平寰宇記》卷一百二十三，第 2442 頁。

五代時期劉昫的記載更爲直白。在《舊唐書》卷五十九《李襲譽傳》中，有「江都俗好商賈，不事農桑」〔註2〕之語。李氏爲初唐時人，可見當地的商業風氣由來已久。無論如何，隨著趙宋政權的建立，揚州的社會環境漸趨安穩，在這樣的大背景下，當地的商業活動也逐漸興盛起來。

北宋初期，揚州是長江南北商業活動的重要交換平臺。在趙宋政權建立之初，長江南北的商貿往來，尚不夠通暢。宋廷在乾德二年（964）八月給南唐的詔書中說：「爰自江表內附，商旅南通，車書雖嘉於混同，關市每煩於候接。其間不無群小，罔顧憲章，或尚氣以憑陵，或使酒而喧兢。每達朕聽，深用懣然，雖曾指揮，尚未嚴肅。已降宣命，自今諸處不令客旅過江，只於江北置務折博，凡有貨幣，但於彼處貿易。」〔註3〕設置折博務，以爲「貿易」之集中地，給設務之處的商貿發展提供了機會。揚州當時也有折博務之設。「不令客旅過江」的限定主要是針對「群小」而發，係出於維持社會治安的要求，但這對於一般商人來說自然是一種約束。乾德四年（966）四月，淮南轉運使蘇曉言：「緣江州府商人以江心爲界，各許兩岸通行。其北岸有溝河港汊，悉通大江，或穿州縣，從來客旅舟船往來經販。自禁閉口岸已來，江北商人欲入港汊興販者，巡檢使臣禁止不許。望明賜條約。」引文中的「禁閉口岸」當與置折博務是同時前後的舉措，其對於沿江地區商人的約束顯而易見。基於蘇曉的建言，宋廷在政策上做了適度調整，詔令「自今江北通連州縣溝河港汊，許商旅往來通行，即不得直入大江，有司謹察之。其捕漁人戶，依近敕指揮。」〔註4〕不准渡江的限定，仍然沒有解除。

與折博務相關，榷貨務的設置也是當時南北貿易受限制的一種反映。淮南榷貨務起初設於建安軍，開寶三年（970）移於揚州，負責茶業經營。太宗淳化四年（993）二月的詔令有言：「頃以向南州郡，聲教未通，於沿江立榷務，近聞積弊，多有邀難，抑配陳茶，虧損商客。今既混一，須議改更。」〔註5〕此言在指出榷貨務流弊的同時，也道出了其設置的宏觀背景。疆域南北從「聲教未通」到「混一」的轉變，顯然是宋廷先設置、後廢罷榷貨務的一個重要背景。榷貨務廢罷之後，「許商人齎券詣茶山，官以新茶給之」，宋廷並

〔註2〕 劉昫撰：《舊唐書》卷五十九《李襲譽傳》，第2332頁。
〔註3〕 司義祖整理：《宋大詔令集》卷二百二十五，第872頁。
〔註4〕 徐松輯，劉琳等點校：《宋會要輯稿》食貨五〇之一，第12冊，第7121頁。
〔註5〕 徐松輯，劉琳等點校：《宋會要輯稿》食貨三六之三，第11冊，第6786頁。

在商稅政策上予以一定的便利。但「商旅之間，積習斯久，頗憚江波之險，各利風土之宜」，對於宋廷這一舉措，當時商客多有「稱其不便」者，所以宋廷在同年七月又復置了権貨務。〔註6〕

　　折博務與権貨務是宋初特定環境下，官方針對南北互動的經濟機構，隨著南北政權的混一，更能體現揚州商業活動的當是揚州地區的市鎮。今人傅宗文曾對兩宋時期的市鎮名目有比較全面的統計，但其統計並未考慮政區變動而導致的市鎮隸屬關係的轉變。就揚州地區而言，傅氏統計的市鎮數目為11，其中包括江都縣瓜州鎮、邵伯鎮、板橋鎮、宜陵鎮、大儀鎮、揚子鎮、灣頭鎮、撻扒店，泰興縣柴墟鎮、永豐鎮、新城。〔註7〕傅先生沒有注意到兩宋時期揚州政區變動，而這一變動對市鎮的歸屬有直接的影響，所以他的這一統計稍顯籠統，也並不全面。因為裏面提到泰興縣，而泰興縣在北宋末期才來屬揚州，而宜陵鎮本屬廣陵縣，熙寧五年廣陵縣併入江都，才成為江都縣境內的一鎮。〔註8〕所以這個數據所以反映的相當程度上當是南宋時期的情形。基於這一認識，接下來結合第二章對揚州政區變動的考論，對宋代揚州的市鎮情況作進一步的梳理。

　　北宋初期，揚州統縣雖較唐代為少，但仍有江都、廣陵、高郵、六合、永貞五縣，所以高郵境內的臨澤、三塾、北阿、樊良四鎮，六合境內的宣化、長蘆二鎮，永貞境內的瓜步鎮，一共七鎮，都應該隸屬揚州。這七鎮加上江都縣下屬八鎮，則宋初揚州的市鎮數目已經有十五。除此之外，北宋初期，揚州有「下蜀市」。史載建隆元年十一月平揚州後，南唐「小臣杜著，頗有辭辯，偽作商人，由建安渡來歸；而彭澤令薛良，坐事責池州文學，亦挺身來奔，且獻平南策。」太祖「疾其不忠」〔註9〕，斬杜著於下蜀市。此下蜀市自位於揚州蜀崗南麓，當位於唐子城與宋大城之間。太宗至道二年（996），永貞與六合兩縣，均已從揚州析出，所以此間宣化、長蘆、瓜步三鎮均不再隸屬揚州。但同時，天長縣來屬揚州，則其下轄之銅城、石樑二鎮亦隨之來屬。所以太宗至道間，揚州的市鎮總數至少有十三。至北宋末年，泰興縣來屬揚

〔註6〕　司光祖整理：《宋大詔令集》卷一百八十三，第664頁；並參《宋會要輯稿》
　　　　　食貨三六之三，第11冊，第6786頁。
〔註7〕　傅宗文：《宋代草市鎮研究》，福建人民出版社，1989年，第419頁。
〔註8〕　徐松輯，劉琳等點校：《宋會要輯稿》方域一二之一二，第16冊，第9516頁。
〔註9〕　李燾：《續資治通鑑長編》卷一，建隆元年十一月乙卯條，第1冊，第29頁；
　　　　　並參《宋史》卷一《本紀·太祖一》，第8頁。

州，上述柴墟鎮、永豐鎮、新城才隨之歸屬揚州。所以綜合來說，整個兩宋時期，揚州境內的市鎮，最多時數目達到十七八，少也有十三四。

關注市鎮的數目，是有實際的意義的，這在相當程度上是揚州商業經濟發展水平的表徵，自然也影響到揚州的財政狀況。據王禹偁所記，太宗淳化間，薛昭（字用晦）曾「以光祿丞領維揚關市之賦」〔註10〕，這類「關市之賦」應該就是市鎮之賦。來源於市鎮的商業稅收，是官方財政的重要來源，所以才會專門置官負責稅收事務。關於這一點，也可以舉具體的例證加以說明。柴墟鎮，在泰興縣。本屬泰州，隨著泰興撥隸揚州，遂成揚州市鎮。紹興七年（1137）四月五日，提點淮南西路公事司言：「泰興兩縣巡檢舊在柴墟鎮駐紮，紹興五年正月德音省罷。今來車駕駐蹕建康府，其揚州柴墟鎮係大江津渡，人煙頗眾，乞依舊置巡檢一員巡防盜賊。」〔註11〕這是泰興割隸揚州後的說法，從「柴墟鎮係大江津渡，人煙頗眾」的說法來看，其在淮東地區有相當的經濟與交通地位。紹興末年，揚州守臣劉岑請將柴墟鎮撥回泰州，宋廷未允。史載紹興二十九年十二月二十三日，戶部言：

> 知揚州劉岑乞將泰州遵化鄉柴墟鎮撥隸本州，尋下淮南監司相
> 度。今逐司委官案到兩州公案，照得泰州見管海陵、興化、如皋三
> 縣。按史書、《圖經》、《九域志》，遵化鄉並柴墟鎮正隸泰興縣，遵
> 化鄉管下臨江村、冷村、西北延村共三村，即難以一鄉析在兩州兩
> 縣。今來泰興縣既隸揚州，其遵化鄉三村並柴墟一鎮，自合隨縣隸
> 揚州。其民戶輸納一事，乞令揚州委官，便於柴墟鎮受納。其餘事
> 理，揚州既係一路帥司，自合同泰州措置。所有巡檢只合仍舊，難
> 以改移。本部欲依相度到事理施行。〔註12〕

市鎮的歸屬，與財政收支緊密相關是很明顯的。又，瓜洲是揚州南部門戶。其地不但是財賦轉輸、商業活動的重要場所，同時也是財賦貯存的一個重要基地。宣和六年（1124）四月八日，轉運判官盧宗原在關於東南財賦的言說中，有「所有兩浙路合支錢數，亦從本司支撥，於揚州、鎮州、瓜州（洲）鎮樁管，就便委官支遣」〔註13〕之言，此說雖出現在北宋末年，但相當程度上仍

〔註10〕 王禹偁：《送薛昭序》，《小畜集》卷二〇，收入《全宋文》卷一五二，第 7 冊，第 432 頁。

〔註11〕 徐松輯，劉琳等點校：《宋會要輯稿》方域一二之二〇，第 16 冊，第 9530 頁。

〔註12〕 徐松輯，劉琳等點校：《宋會要輯稿》方域一二之二〇，第 16 冊，第 9531 頁。

〔註13〕 徐松輯，劉琳等點校：《宋會要輯稿》職官四二之四九，第 7 冊，第 4096 頁。

可視爲是兩宋時期的一般情形，因爲瓜洲鎮在兩宋時期一直隸屬揚州，是揚州南部重要的港口所在地。

## 二、宋大城的商業分區

　　除周邊的市鎮以外，揚州城內的商業分區也值得注意。宋代揚州的城市規模，在兩宋時期表現出相當大的差異。這一點在論文第一章中已經有比較詳細的考論。就商業區而言，宋代揚州州城，即通常所謂的宋大城更應該受到關注。一方面因爲州城的存在時間長，貫穿整個兩宋時期，而且選址也與經濟的發展直接相關；另一方面是後來堡寨城、夾城、寶祐城、平山堂城的興建，都是基於軍事考慮，與商業活動的關聯相當有限。今人關於堡寨城等軍事性城池的考古發掘，並未發現相關商業性痕跡，在一定程度上是可以說明問題的。基於這樣的背景，我們分析宋代揚州城的商業分區，實際上主要是考察揚州州城的商業布局。明代嘉靖《維揚志》所附「宋大城圖」，爲我們提供了一個比較好的分析切入點。茲現將原圖轉貼於下，以爲分析之依據。

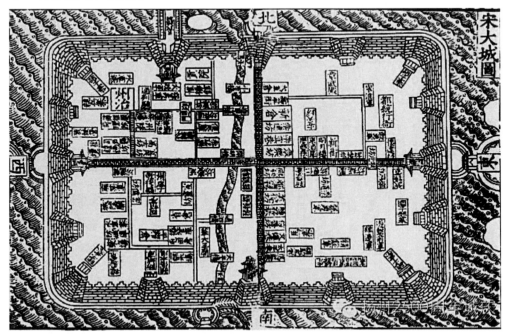

圖 5－1：嘉靖《維揚志》所附「宋大城圖」

揚州州城只是截取唐代羅城的東南部，所以上圖宋大城內部的市街、河

道都是以唐代爲基礎的。〔註14〕結合此圖，對宋代揚州城的商業分區，有以下幾點値得注意：一、從整體上講，宋大城內的商業區主要分佈在市河以東。從宋大城圖上看，揚州市內的街坊場巷樓，主要集中在市河以東，而此等地區正是商業活動的集中地。市河以西雖間有場坊，但相對分散。與商業區相對應，揚州的行政機構，多集中在市河西部位置。二、商業機構多集中在交通要道上。唐代封閉式的市坊制，至宋代已經逐漸崩潰，演變成相對開放的街市制。〔註15〕宋代揚州城內，有南北、東西兩條大街，市河以西，還有另有若干陸路幹道。從宋大城圖中可見，揚州城內的街坊場巷樓皆分佈在交通要道旁。特別是東西、南北兩條主幹道，表現最爲突出。這不但是當時揚州城市商業分區的特點，也是宋代城市形制特點的一種體現。考古人員在今揚州文化宮附近發掘出宋代爐〔註16〕，這實際上是宋代揚州手工業的一個物證。所可注意者，文化宮遺址正是位於揚州南北交通幹線上，而且在市河以東。三、與陸路幹道相應，水路交通周圍也是商業活動的重要據點。這一點在宋大城圖中雖然沒有明確的標示出來，但據史料記載，宋代揚州城市內有濁河、官河（市河）、邗溝（北江）等河〔註17〕，其中尤以南北走向的官河與商業的關聯最爲重要。此河經南水門，與運河相接，是揚州城內外溝通的重要水路幹線。水中自然不便於商業活動，但水上的橋，卻能成爲商業活動的據點。在市河北段與濁河交界處，有作坊橋。顧名思義，所謂作坊，應該是此地曾有某種手工業作坊。上個世紀八十年到，考古人員在作坊橋附近的鐵佛寺西南部發掘時，發掘出坩堝、爐灶以及銅錠等遺物，〔註18〕可見作坊橋附近確實曾是一個手工業的中心，當然也是商業活動的據點。揚州城內的其他眾多橋樑，當也不乏與此類似者。如開明橋是揚州州城內東西、南北交通要道的交匯中心，在橋東位置，酒肆、商店，所在多有。考古人員在其附近發現「較大型房屋遺跡」，並發現燒土與燒痕。據分析此遺跡「可能是臨河的

〔註14〕 參蔣忠義：《隋唐宋明揚州城的復原與研究》，《中國考古學論叢》，第458頁。
〔註15〕 關於唐宋時期的城市形制，自日本學者加藤繁以來，相關研究比較豐富，關於兩個時期城市的主要特點，相關認識也漸趨一致。新近的研究，可以參看前揭包偉民《宋代城市研究》以及日本學者斯波義信的《中國都市史》（布和譯，北京大學出版社，2013年。）
〔註16〕 中國社會科學院考古研究所等：《揚州城：1987～1998年考古發掘報告》第五章「蜀岡下城址內遺址的考古發掘」之第一節「文化宮遺址」，第143頁。
〔註17〕 參沈括撰，胡道靜校證：《夢溪筆談校證》，第734頁。
〔註18〕 參蔣忠義：《隋唐宋明揚州城的復原與研究》，《中國考古學論叢》，第457頁。

茶社、酒樓及飯店性質的建築用房」〔註19〕，這種推測是有一定道理的。四、城門也是商業活動的重要據點。宋代城市商稅中有所謂門稅。在宋大城圖中，東西南北四面有各有一門。其中東門與南門與運河相近，人員往來頻繁，是商業活動的重要場所。所以揚州州城城門爲據點而形成的商業中心，主要集中於此。章炳文《搜神秘覽》卷下「申先生」條記：「申先生者，來往淮浙間，自言姓申，人未始奇之也。……嘗在揚州府門市肆中貨雙泥牛，謂人曰：『只丐百二十金。』無有回盼者，抵暮，一典吏售歸。」〔註20〕章炳文爲北宋徽宗時人，身世不詳。其《搜神秘覽》所記雖以「靈異神祗」爲主，但多爲作者「耳目見聞」（參是書點校說明），故當有所本。所以申先生之事蹟可看作是北宋後期揚州城市商業活動的一個實例。考古人員在整理揚州州城東門考古發掘的過程中，認爲州城東門路道「斑駁殘破」狀況，反映的正是揚州「車輛往來之頻繁以及興隆的景象」〔註21〕。這其實也是揚州城門及其周邊商業活動的一種表徵，可與申先生之例互參。

市鎮以及城市商業區，是商業活動的重要平臺。茲略舉兩以示之。史載「呂吉甫知揚州日，有呂川者，賣詩於市，句有可採者。」〔註22〕呂吉甫即呂惠卿，其守揚州在徽宗崇寧元年，〔註23〕這反映的是北宋後期揚州的商業活動。賣詩也是揚州城內的商業活動之一，而與詩歌相關，其他文化用品的交易當也是商業活動的重要項目。無論如何，凡此之類，皆必須以一定的平臺爲依託，市鎮與城市內的商業區便是。南宋咸淳九年（1273）十一月辛卯黎明，「有虎出於揚州市，毛色微黑，都撥發官曹安國率良家子數十人射之。制置使李庭芝占曰：『千日之內，殺一大將。』於是臠其肉於城外而厭之。」〔註24〕曹安

〔註19〕　中國社會科學院考古研究所等：《揚州城：1987～1998年考古發掘報告》第五章「蜀岡下城址內遺址的考古發掘」之第三節「開明橋遺址」，第229～230頁。

〔註20〕　章炳文撰，儲玲玲整理：《搜神秘覽》卷下「申先生」條，見上海師範大學古籍整理研究所編：《全宋筆記》第三編第三冊，大象出版社，2008年，第149頁。

〔註21〕　中國社會科學院考古研究所等：《揚州唐宋城東門遺址的發掘》，第366～367頁。

〔註22〕　馬純撰，程郁整理：《陶朱新錄》，見上海師範大學古籍整理研究所編：《全宋筆記》第五編第十冊，大象出版社，2012年，第149頁。

〔註23〕　黃以周等輯注，顧吉成點校：《續資治通鑑長編拾補》卷二十，崇寧元年七月己巳條，中華書局，2004年，第704頁。

〔註24〕　脫脫等：《宋史》卷六十六《五行志四》，第1452頁。

國之所以率良家子數十人射之，當是南宋末年揚州「市」中仍有商業活動進行，射殺之舉乃是爲保護市中人的人身安全。但此間的商業已顯冷清；因若呈熱鬧狀，虎則未必敢入市。

## 第二節　從北宋中期的商稅數額看揚州商業經濟的發展

上一節考察了宋代揚州的市鎮分佈，但並未追究其商業活動的實際規模。《宋會要輯稿》中保存了一份北宋中期的揚州商稅數據，涉及商稅、酒業、鹽業等多個方面，後兩者係大宗行業。對這些數據進行分析，有助於認識北宋時期揚州商業經濟的發展狀況；特別是通過與淮東其他政區的比較，一定程度上可見揚州在當時淮東地區的經濟地位。

### 一、商稅稅額

爲行文之便，茲先作表 5－1「熙寧十年揚州商稅歲額表」及表 5－2「熙寧十年淮東商稅歲額表」如下。

**表 5－1：熙寧十年揚州商稅歲額表**

| | 舊時 | | | 熙寧十年 | | | |
|---|---|---|---|---|---|---|---|
| | 徵稅地 | 總稅額 | 均稅額 | 徵稅地 | 稅額 | 總稅額 | 均稅額 |
| 揚州 | 在城 | 78490 貫 | 11212 貫 | 在城 | 41849 貫 403 文 | 97990 貫 709 文 | 10891 貫 857 文 |
| | 天長縣 | | | 瓜洲鎮 | 7690 貫 244 文 | | |
| | 銅城鎮 | | | 邵伯鎮 | 1641 貫 575 文 | | |
| | 瓜洲鎮 | | | 天長縣 | 7987 貫 280 文 | | |
| | 邵伯鎮 | | | 銅城鎮 | 8032 貫 536 文 | | |
| | 板橋鎮 | | | 高郵縣 | 28126 貫 38 文 | | |
| | 石樑鎮 | | | 三墾鎮 | 481 貫 912 文 | | |
| | | | | 臨澤鎮 | 150 貫 959 文 | | |
| | | | | 樊良鎮 | 2030 貫 762 文 | | |

表 5－2：熙寧十年淮東商稅歲額表

| 政區 | 舊時 | | 熙寧十年 | | |
|---|---|---|---|---|---|
| | 總稅額 | 均稅額 | 在城額 | 總稅額 | 均稅額 |
| 揚州 | 78490 貫 | 11212 貫 | 41849 貫 403 文 | 97990 貫 709 文 | 10891 貫 857 文 |
| 亳州 | 33944 貫 | 3085 貫 | 4377 貫 204 文 | 24245 貫 750 文 | 2020 貫 478 文 |
| 宿州 | 32092 貫 | 3565 貫 | 15079 貫 299 文 | 26061 貫 59 文 | 2369 貫 187 文 |
| 楚州 | 61687 貫 | 7710 貫 | 67881 貫 587 文 | 113974 貫 971 文 | 18995 貫 828 文 |
| 海州 | 18670 貫 | 4667 貫 | 11669 貫 309 文 | 17173 貫 158 文 | 4293 貫 289 文 |
| 泰州 | 21064 貫 | 3009 貫 | 13371 貫 460 文 | 26073 貫 50 文 | 2359 貫 131 文 |
| 泗州 | 25416 貫 | 3630 貫 | 21682 貫 484 文 | 28647 貫 186 文 | 4096 貫 312 文 |
| 滁州 | 11334 貫 | 2833 貫 | 12545 貫 63 文 | 15344 貫 561 文 | 3836 貫 140 文 |
| 眞州 | 60614 貫 | 12122 貫 | 53536 貫 135 文 | 62912 貫 47 文 | 15728 貫 11 文 |
| 通州 | 7787 貫 | 3893 貫 | 5493 貫 2 文 | 9530 貫 579 文 | 3176 貫 859 文 |
| 高郵軍〔註25〕 | 50698 貫 | 6337 貫 | 　　　　　　　　　　　─ | | |

　　表 5－2 中有舊時數額，這箇舊額的具體時間，李景壽以爲在仁宗康定元年（1040）〔註 26〕，大體可信。從中可以看到，經過宋初八十年的發展，至仁宗康定間，揚州區域的商稅總額尚高於淮東其他政區。一般認爲兩宋時期

〔註25〕《宋會要輯稿》本將高郵軍歸入淮南西路。按，歐陽忞《輿地廣記》以下，關涉宋代地志的主要文獻，皆係高郵軍於淮南東路，此從自然地理方面講更爲合理。今人譚其驤主編之《中國歷史地圖集》第六冊「宋遼金時期」所繪北宋政和元年以及南宋嘉定元年的淮南東路政區圖，高郵軍皆屬。故將其列入表內，下文酒麯歲額歲額表與此類同。《宋會要輯稿》將高郵軍歸入淮南西路，疑是手民之誤。

〔註26〕在李景壽之前，加藤繁、郭正忠、林文勳等學人對《宋會要輯稿》中的商稅舊額多有討論，然只是推測其大致範圍，均未給出具體時間斷限。李景壽的考訂以政區沿革爲依據，不但從正面逐一考證，也對相關反面例證作了比較合理的處理。故這裡依從其說，但其對於淮東路商稅的數據統計則略有疏忽。李景壽的具體考證及數據統計，參見其《宋代商稅問題研究》上編第四章「商稅統計及相關問題考釋」，雲南大學出版社，2005 年，第 73、85～104 頁。加藤繁等人的研究，李氏亦有綜述，見其《宋代商稅問題研究綜述》，《中國史研究動態》1999 年第 9 期。

揚州的經濟發展不及鄰近的眞州，但這組商稅數據在一定程度上說明，至北宋中期，揚州的商業發展仍較眞州爲優。神宗熙寧十年（1077），楚州的商稅總額已然超過揚州，躍居淮東首位；揚州的商稅總額雖高於眞州，但這主要得益於熙寧五年廢高郵軍，以縣來屬。表5－1中三塦、臨澤、樊良三鎮皆位於高郵境內，熙寧十年高郵縣內的商稅總額達 30825 貫 671 文，是揚州區域總稅額的 31.5％。這個數額是相當大的，在整個淮東地區都佔有比較重要的地位。待哲宗元祐元年復置高郵軍，此後的北宋時期，高郵一直以統縣政區的形式存在，所以基於商稅額度來說，揚州相對於眞州的經濟優勢至少一直持續到哲宗元祐間復置高郵軍。從這個意義上講，哲宗元祐元年復置高郵軍的舉措，可以說消弱了揚州的經濟優勢，在揚州經濟地位的轉變過程中，也具有象徵性的意義，可與第二章討論政區變動對於揚州經濟社會的影響的部分互參。

所可注意者，哲宗元祐元年以前，揚州全域的商稅總額在淮東地區尚有優勢地位，但若著眼於城市（即所謂「在城」），則熙寧時期揚州城的商業稅額顯然不及眞州的在城稅額。這是北宋時期揚州城市經濟不及眞州的一個重要表徵，這在一定程度上說明，在北宋中期，眞州的城市商業發展狀況與揚州相比，已經表現出一定的相對優勢。

## 二、酒麴稅額

除商稅外，《宋會要輯稿》中還有一份酒麴稅額，數據同樣包括熙寧十年以及熙寧十年以前的「舊時」額度，與上文商稅數據類同，酒麴數據反映的當亦是仁宗康定元年的情況（見表5－3）。其中舊時酒麴徵稅地有九處，較之表5－1商稅舊時稅地，多出宜陵、大儀兩鎮，〔註27〕反映出揚州酒場分佈的相對廣泛。揚州酒稅歲額必須放到更大的區域內進行比較，才能凸顯出熙寧十年前後揚州酒業發展的特點所在。表5－4反映的是當時淮東地區的酒麴歲額，據舊時數據，知熙寧十年前揚州的酒麴稅額在淮東地區並無突出的優勢，與眞州相比，有相當大的差距。但是至熙寧十年，揚州的酒麴稅額卻有大幅增長，不但超過眞州，而且在整個淮東地區都佔據第三的位置，這與熙寧十年前的舊額又形成明顯的反差。與上述商稅變動類同，這種反差在一定程度

〔註27〕 徐松輯，劉琳等點校：《宋會要輯稿》食貨一九之一一一，第 11 冊，第 6404 頁。

上與高郵縣的來屬有關聯，這是政區變動影響經濟的又一個具體例證。然而舊時高郵軍的酒麴數額為 43099 貫，假定熙寧十年高郵區域的酒麴數額不變（實際上根據表 5－4，熙寧十年淮東政區的酒麴稅額，在整體上多呈減少的趨勢），以揚州熙寧十年的數額 115736 貫 651 文減去 43099 貫，得 72637 貫 651 文，這個數值與揚州舊額相比，其間的差距（9379 貫）較之真州酒麴的新舊差額（99262 貫）要小得多。所以若剔除高郵境內的部分，熙寧十年揚州的酒麴數額與舊額相比變化並不大，倒是真州在政區未變的情況下，酒麴數額大幅減少。另需注意者，在熙寧十年的酒麴數額中，有祖額與買撲兩類數據。所謂祖額，是針對官方榷酒而言；而買撲則是民間參與的舉措，多出現在酒利薄弱或官方經營不善的酒場。〔註 28〕淮東地區普遍的情況是官榷酒額大於買撲數額，揚州的祖額數即是買撲數額的兩倍多，其中唯獨真州的買撲數額竟是官榷酒額的近八倍。這在相當程度上反映出熙寧間真州酒業的衰敗狀況。

**表 5－3：熙寧十年揚州酒麴歲額表**

| 徵稅地 | | 舊　時 | 熙寧十年 | | |
| --- | --- | --- | --- | --- | --- |
| | 徵稅地 | 總歲額 | 祖額 | 買撲 | 總稅額 |
| 揚州 | 在城 | 82016 貫 | 81120 貫 575 文 | 34616 貫 76 文 | 115736 貫 651 文 |
| | 天長縣 | | | | |
| | 銅城鎮 | | | | |
| | 邵伯鎮 | | | | |
| | 石樑鎮 | | | | |
| | 宜陵鎮 | | | | |
| | 大儀鎮 | | | | |
| | 瓜州鎮 | | | | |
| | 板橋鎮 | | | | |

〔註28〕　宋代酒業中榷酒與買撲的區分，參看李華瑞《宋代酒的生產與征榷》（河北大學出版社，2001 年），特別是中篇「宋代榷酒制度」中關於官榷酒與買撲的考述。

表5-4：熙寧十年淮東地區酒麴歲額表

| 時間<br>數額<br>政區 | 舊時<br>總歲額 | 熙寧十年 | | |
|---|---|---|---|---|
| | | 祖額 | 買撲 | 總額 |
| 揚州 | 82016 貫 | 81120 貫 575 文 | 34616 貫 76 文 | 115736 貫 651 文 |
| 亳州 | 117068 貫 | 73806 貫 129 文 | 24300 貫 12 文 | 98106 貫 141 文 |
| 宿州 | 119228 貫 | 98720 貫 841 文 | 28766 貫 616 文 | 127487 貫 457 文 |
| 楚州 | 135221 貫 | 134040 貫 203 文 | 30219 貫 582 文 | 164259 貫 785 文 |
| 海州 | 45252 貫 | 48221 貫 564 文 | 6327 貫 756 文 | 54549 貫 320 文 |
| 泰州 | 83388 貫 | 87236 貫 406 文 | 14614 貫 56 文 | 87640 貫 462 文 |
| 泗州 | 127200 貫 | 72445 貫 968 文 | 5656 貫 678 文 | 78102 貫 646 文 |
| 滁州 | 26359 貫 | 15709 貫 296 文 | 11722 貫 713 文 | 27432 貫 9 文 |
| 眞州 | 110941 貫 | 1298 貫 116 文 | 10381 貫 548 文 | 11679 貫 664 文 |
| 通州 | 38547 貫 | 46072 貫 858 文 | 3730 貫 272 文 | 49803 貫 130 文 |
| 高郵軍 | 43099 貫 | — | | |

　　經過兩宋之際的戰亂之後，揚州酒麴稅額當受到一定的影響。南宋初期，揚州酒務連生產資本都顯得欠缺。紹興五年（1135），知揚州葉澳「乞降指揮，就近借撥錢二萬貫文，充酒務造酒米麴本錢，候收麴課利寬剩撥還。」宋廷「詔支降錢五千貫，一半令鎮江府榷貨務支給見錢，餘令禮部給降兩浙空名度牒、紫衣、師號。」〔註29〕可見宋廷並未依葉澳所請，如數支撥，而是打了相當的折扣。南宋初期揚州的酒業不如以往，殆可斷言。但在常賦（如兩稅、和買等）之外，酒麴課利是至關重要的財賦來源，往往成爲各部門的爭奪對象。紹興十三年（1143）九月，宋廷詔淮東總領所酒庫止於元置州軍開沽，揚州安撫司止於本州開沽，不得於別州縣村鎮擅自添置腳店。之所以有這樣的約束，是因爲先前臣僚言：

> 總領司元拘收到管下酒庫，本於置司處沽賣，初未嘗散在諸州
> 縣鎮，止緣小使臣干求權局，遂以總領司腳店爲名，不以遠近，於
> 所在州縣村鎮旋行添置酒庫開沽。況諸州縣鎮自有係省酒務，今又

〔註29〕　徐松輯，劉琳等點校：《宋會要輯稿》食貨二○之一六，第 11 冊，第 6434 頁。

總領司腳店侵奪省課，是致係省酒務大有虧欠。又安撫司元置激賞
酒庫，本於置司處沽賣，近來亦緣成就小使臣權局，遂於管下諸州
縣鎮增置酒庫，以安撫司激賞爲名。其攪奪省課，與總領司事體一
同。〔註30〕

總領所、轉運司、地方州縣三方均置店開沽，足見酒利在財政系統中的重要地
位。按臣僚之言，其中總領所、轉運司在原有法定範圍之外，於諸州縣鎮增置
酒庫開沽的舉措，是對地方財賦的侵奪。這個說法是有相當的根據的，酒課是
省課的重要來源，亦即州縣財政收入的重要組成部分，轉運司與總領所代表的
卻是中央財政以及南宋特有的總領所財政系統，與地方州縣財政有別。〔註31〕
財政管理上的這種區別，是宋廷對包括揚州在內的州縣酒課利益進行維護的一
個重要制度性因素。與制度性因素相關的是揚州等地現實的經濟背景。南宋時
期，作爲宋金對峙的重要軍事區域，淮東境內的軍隊數量增加，這些官兵必須
仰賴充足的物資供應，而酒課即重要的軍資來源。孝宗隆興二年（1164）十二
月十六日，宋廷言揚州等淮東等地「軍州縣官兵請給等，全賴當職官措置酒稅
利源補助經費，如或不足，亦當申所屬監司斟酌，通融那移，不得因緣科斂百
姓。」〔註32〕此足見酒課在地方州軍財政系統中的重要地位。

也正因爲酒在商業活動中佔有重要的地位，由此而引發官吏的經濟犯
罪。建炎間高宗駐蹕揚州時，黃潛厚曾「遣人於近州村坊市酒，入都城鬻之，
得息至倍，議者誚之。」〔註33〕張愨提領戶部財用時，亦曾「自作酒肆」〔註
34〕。可見揚州的酒生產在動亂之際也未停止，甚至於朝廷要員也參與其中。
城市酒的消費量當多於周邊村坊，所以黃潛厚在轉地銷售的過程中，會獲得
比較豐厚的利潤。

## 三、鹽額

宋代的鹽業，大體來說有官辦與通商兩種經營模式。見存文獻中不見關
於宋代揚州鹽場的記載，今人戴裔煊做過相關統計，也未見羅列揚州鹽場名

〔註30〕　徐松輯，劉琳等點校：《宋會要輯稿》食貨二○之一九，第 11 冊，第 6437 頁。
〔註31〕　關於南宋財政的分塊管理格局，新近的研究，可參黃純豔《宋代財政史》第
　　　　一章第二節「南宋財政管理制度」，雲南大學出版社，2013 年。
〔註32〕　徐松輯，劉琳等點校：《宋會要輯稿》食貨二一之五，第 11 冊，第 6447 頁。
〔註33〕　李心傳：《建炎以來繫年要錄》卷十二，建炎二年正月壬辰條，第 266 頁。
〔註34〕　李心傳：《建炎以來繫年要錄》卷二十一，建炎三年三月辛巳條，第 413 頁。

目。但這並不代表兩宋時期揚州無鹽業生產。史載北宋眞宗大中祥符六年（1013），三司有「揚州運鹽四千斛赴杭州」〔註35〕之言。又南宋孝宗隆興二年（1164）十二月，宋廷降德音，言及揚州等地「鹽場亭戶，因避人（「人」疑作「戎」）馬，或被害之人見停廢去處，仰提鹽司親行巡歷，點檢措置，詔誘人戶，借貸糧米本錢應副起灶煎煉，常加存恤。」〔註36〕所以綜合南宋、北宋的兩個實例，可知揚州是有鹽場存在的。〔註37〕

　　《宋會要輯稿》中還保留了一份諸路鹽額數據，其中揚州有樊良務、臨澤務、三墾務、高郵務，可見其時高郵是爲揚州屬縣；又同書所記商稅及酒麴數據反映的皆是北宋神宗熙寧十年的情況，所以這份鹽額數據當亦是神宗廢高郵軍爲縣後的揚州鹽額情況，相當程度上或正是熙寧十年的數據。今據其製成表5－5、表5－6如下：

### 表5－5：熙寧十年揚州鹽額數據表

| 務 | | 數　額 | 總　額 |
|---|---|---|---|
| 揚州 | 在城 | 19645 貫 741 文 | 52668 貫 286 文 |
| | 瓜州鎮 | 2095 貫 918 文 | |
| | 天長縣 | 5204 貫 542 文 | |
| | 邵伯務 | 4357 貫 80 文 | |
| | 樊良務 | 724 貫 317 文 | |
| | 三墾務 | 421 貫 118 文 | |
| | 臨澤務 | 244 貫 408 文 | |
| | 高郵務 | 18491 貫 717 文 | |
| | 銅城務 | 1308 貫 513 文 | |
| | 龍舟堰務 | 174 貫 932 文 | |

〔註35〕　徐松輯，劉琳等點校：《宋會要輯稿》食貨四二之四，第 12 冊，第 6941 頁。

〔註36〕　徐松輯，劉琳等點校：《宋會要輯稿》食貨二七之一六～一七，第 11 冊，第 6589 頁。

〔註37〕　周煇在《清波雜志》卷十中記：「熬波之利，特盛於淮東，海陵復居其最。紹興間，歲支鹽三十餘萬席，爲錢六七百萬緡，於以佐國用，其利博矣。」其言雖未直接涉及揚州，但揚州應該是包含在「淮東」之內的。見上海師範大學古籍整理研究所編：《全宋筆記》第五編第九冊，大象出版社，2012 年，第 107 頁。

表 5－6：熙寧十年淮東政區鹽額數據表

| 政區 | 務數 | 在城額 | 總　額 |
|---|---|---|---|
| 揚州 | 9 | 19645 貫 741 文 | 52668 貫 286 文 |
| 亳州 | 12 | 7171 貫 352 文 | 25465 貫 661 文 |
| 宿州 | 13 | 5666 貫 896 文 | 26353 貫 974 文 |
| 楚州 | 9 | 16097 貫 6 文 | 29440 貫 911 文 |
| 海州 | 5 | 699 貫 307 文 | 1595 貫 883 文 |
| 泰州 | 8 | 5096 貫 671 文 | 10651 貫 823 文 |
| 泗州 | 7 | 11693 貫 205 文 | 26397 貫 212 文 |
| 滁州 | 4 | 14720 貫 704 文 | 37213 貫 497 文 |
| 眞州 | 4 | 17773 貫 67 文 | 28528 貫 247 文 |
| 通州 | 3 | 1107 貫 214 文 | 3106 貫 100 文 |

　　表 5－5 中可注意者有兩點：一是鹽務中有龍舟堰務，這在前面的酒麴及商稅徵收場務中皆未出現，爲揚州商業性場務又增一例；二是高郵務的鹽額與揚州在城數額相差不遠，再次體現了北宋中期高郵經濟的突出發展。仿照前例，這裡仍要將揚州的鹽額放到淮東地區作一比較，以見北宋中期揚州鹽業發展的區域性特色。據表 5－6，可知熙寧十年的揚州鹽額的在城數在整個淮東地區都佔有突出的地位，這是揚州城市經濟的相對繁盛的一個重要表徵。

　　揚州鹽額總是在淮東地區同樣首屈一指，即便減去高郵境內的部分數額，餘數在淮東地區同樣排在前列。今人根據見存資料統計，兩宋時期揚州並無鹽場，〔註 38〕揚州鹽額之高，當與此有直接的關聯。無論如何，鹽額的高低是商業活動頻繁與否的一個重要指標，與上文談到的商稅、酒麴數額具有同樣的指示意義。然而統觀商稅、酒麴、鹽額這三項指標，可知熙寧時期揚州的各項數額在淮東地區都佔有很明顯的優勢。本文特別注意揚州與眞州的比較，因爲眞州是宋代新設政區，傳統的觀點認爲兩宋時期眞州經濟的發展超過揚州，取代了揚州的經濟地位。這種觀點當然有相當的根據，但說法過於籠統，未能梳理清楚二者在北宋時期的經濟演變過程。以上提到的三種

〔註38〕 戴裔煊：《宋代鈔鹽制度研究》第一編第一章之「宋代的鹽場及其管理」，中華書局，1981 年，第 7～34 頁。

數額爲例，在神宗熙寧十年以前，揚州的各項指標顯然是要超過眞州以及高郵的。哲宗元祐元年高郵從揚州析出，升爲統縣政區，而高郵的各項數額又相當可觀，所以揚州的經濟優勢至少延續到哲宗元祐初年。

鹽業至南宋晚期，在揚州經濟運作過程中仍佔有舉足輕重的地位。《宋史·李庭芝傳》記：

> 庭芝初至揚時，揚新遭火，廬舍盡燼。州賴鹽爲利，而亭戶多亡去，公私蕭然。庭芝悉貸民負逋，假錢使爲屋，屋成又免其假錢，凡一歲，官民居皆具。鑿河四十里入金沙餘慶場，以省車運。兼濬他運河，放亭戶負鹽二百餘萬。亭民無車運之勞，又得免所負，逃者皆來歸，鹽利大興。〔註39〕

此段文字記錄了李庭芝在揚州的幾項重要活動，其中房屋輔助、疏濬水路、減免稅錢，皆是爲亭戶創造便利的生活與生產條件。揚州鹽業在這樣的背景下當得到一定程度的恢復，州之財政「賴鹽爲利」，便是最好的說明。實際上，不但大宗商業用品在財政經濟中有突出的地位，南宋揚州的經濟社會的恢復，更有賴於商業活動的展開。接下來我們會繼續考察南宋揚州的商業政區及商人在揚州經濟恢復、社會重建中的積極作用。

## 第三節　南宋的商業政策及商人在重建揚州社會秩序中的作用

入宋以後，整體社會環境漸趨安穩。戰亂之後的揚州，經濟社會也逐步恢復而呈向上的趨勢。北宋太宗淳化二年（991），右諫議大夫、權御史中丞王化基在所上《澄清略》中，有「二十年前，江、淮諸郡，揚、楚最居要衝，務穰事眾，地廣民繁」〔註40〕之言，這正是對揚州經濟社會狀況的一種描述。據此上推二十年，爲太祖開寶四年（971）。可知宋太祖開寶間，揚州在淮東地區已有相當的經濟地位。而所謂「務穰事眾，地廣民繁」，商業活動也應該是其中內涵之一。北宋末年，隨著宋金關係的變動，揚州的人口流動異常；但在戰爭波及揚州之前，當地的經濟社會尚保持正常運

---

〔註39〕　脫脫等：《宋史》卷四百二十一《李庭芝傳》，第 12600 頁。

〔註40〕　李燾：《續資治通鑑長編》卷三十二，淳化二年九月庚子條，第 2 冊，第 722 頁。並參《宋史》卷二百六十六《王化基傳》，第 9185 頁。

作的狀態。王明清記「建炎戊申（二年，1128）冬，高宗駐蹕維揚，時未經
兵燼，井邑全盛。」〔註41〕這裡的「井邑全盛」，容有誇張，但在一定程度上
仍可視爲揚州經濟社會在北宋時期恢復與發展的結果。待金兵掠境以後，揚
州其地便一度成「荒殘盜賊」〔註42〕狀了。

　　戰爭對揚州的影響是很直接的，這從戰後商稅政策的變動可窺其一
斑。商稅政策的變動，最主要的特點是宋廷針對揚州財政有不少優惠政策。
相關記載比較多，今羅列如下：紹興三年（1133）五月，都省言「揚州依
格合發土貢細紵布，係是溫、泉州出產之物。本州累經殘破，目今並無客
販，望權蠲免二年，候將來成井邑、起稅賦日依舊。」〔註43〕紹興末年，
宋金戰事再起，宋廷針對揚州的財賦徵收也有一些優惠政策。如紹興三十
二年（1162）四月，免去揚州一年的「認椿楊麻價錢並減下人吏雇錢、上
下半年外任官供給錢、常平窠名軍部代軍典錢」〔註44〕；同年八月，在淮
南運判莫蒙的奏請之下，宋廷詔：「淮南路去冬殘破去處，展免二稅，止據
實墾田土，量行撮收課子。其間有先佃逃、絕、職田等人，不問已未耕墾，
逃田上等每畝二斗，中等一斗八升，下等一斗五升；絕田每畝七升，或一
斗至二斗。今來州縣依舊送納全租。可將淮南殘破州軍民戶已佃逃絕等田，
且據目今實開墾田畝，將先立定租課特與減半送納。未耕田畝，權行倚閣，
候及二年，並依舊輸納。」〔註45〕孝宗隆興元年（1163）十月，「詔揚州催
發內藏庫隆興元年分年額坊場錢，與蠲免一年」；二年三月，「詔揚州上供
進奉諸色物錢，予免一年」；七月，「揚、泰、楚、滁州、盱眙、高郵軍合
椿發隆興二年分內藏庫歲額坊場錢，並予蠲免一年」；十月，「詔揚州認椿
轉運司隆興二年天申節銀、絹，予免一年」；十二月，揚州「人戶合納稅賦，
除見放免年限外，並房錢、白地錢予展放二年。其日前積欠稅賦，並予除
放」，「係官及常平司諸色借貸欠負錢物，一切並特予蠲放。其人戶承買坊
場、河渡拖欠淨利、課利，亦予除放。見承買人令提舉司相度，量予蠲減，

〔註41〕　王明清撰，燕永成整理：《揮麈錄餘話》卷之二，見上海師範大學古籍整理研
　　　　究所編：《全宋筆記》第六編第二冊，大象出版社，2013年，第45頁。
〔註42〕　莊綽撰，夏廣興整理：《雞肋編》卷中，見上海師範大學古籍整理研究所編：
　　　　《全宋筆記》第四編第七冊，大象出版社，2008年，第74頁。
〔註43〕　徐松輯，劉琳等點校：《宋會要輯稿》食貨四一之四三，第12冊，第6932頁。
〔註44〕　徐松輯，劉琳等點校：《宋會要輯稿》食貨六三之一九，第13冊，第7614頁。
〔註45〕　徐松輯，劉琳等點校：《宋會要輯稿》食貨一○之一六，第10冊，第6201頁。

並民間私下欠負權行倚閣，並候及三年依舊」，「招填廂、禁軍缺額請給錢物內，已有指揮免起年限。竊慮未能樁辦，可更予放免二年」〔註46〕；乾道三年九月，「詔揚州乾道三年分上供、經總制、無額、場坊、七分寬剩錢，以三分爲率，蠲免兩分」；乾道六年十二月，「詔揚州將兵火以前舊額兩稅所收壯丁耆戶長一分寬剩、折納畸零等錢，特予蠲免。」〔註47〕以上事例主要集中在南宋高宗朝末期及孝宗朝初期，其主要的背景當然是紹興末年的宋金戰爭。排比觀察這些不同時段的優惠政策，有以下幾點值得注意：一、宋廷針對揚州的財政惠政，涉及的名目、類別相當廣泛，在農、工、商業的稅收與課利方面皆有體現；二、宋廷針對揚州的優惠政策並無長期而穩定的統一規劃，這些政策的出臺時間並無規律，涉及的內容也前後不一；三、與此相關，隨著宋金和議的達成以及淮南區域經濟社會的漸趨恢復，這些優惠政策也隨之減少。

所可注意者，商業上的優惠政策，除去戰爭因素的影響外，宋廷也有其他用意。因爲戰後揚州社會秩序的恢復，頗依賴商人的活動。高宗駐蹕揚州時，除城池建設受到重視（如第一章所論）外，城市內部的官府設施也備受關注。洪邁《夷堅志》中有一則故事，記福州人鄭畯：

> 建炎初自提舉湖南茶鹽罷官，買巨杉數千枚如惟（一作維）揚。
> 時方營行在官府，木價踴貴，獲息十倍。未幾，金虜犯揚州，人多竄徙。鄭以錢爲累，戀戀不肯去。〔註48〕

建炎駐蹕揚州，爲時甚短，但起初行在官府的營建則是情勢使然。除此之外，根據第三章關於揚州人口流動的考述，當時遷入揚州者甚多，所以行在官府以外，其他民居建築等對木料的需求，恐亦不在少數。這是「木價踴貴」的背景。鄭畯在經營木材的商業活動「獲息十倍」，顯然是抓住了不錯的機遇。但商業盈利是一問題，商業活動在社會重建中所起的作用則是另一問題。《夷堅志》提供的例子，從字面上講，是南宋初期揚州商業活動中與政治緊密相關的一例，但進一步推求，則可見商業活動的社會影響。

---

〔註46〕 以上引文見徐松輯，劉琳等點校：《宋會要輯稿》食貨六三之二一～二二，第13冊，第7616～7617頁。

〔註47〕 以上引文，分見徐松輯，劉琳等點校：《宋會要輯稿》食貨六三之二八、三一，第13冊，第7624、7627頁。

〔註48〕 洪邁撰，何卓點校：《夷堅志》（甲志）卷十六，「鄭畯妻」條，中華書局，1981年，第143～144頁。

　　正是因爲商人以及相關商業活動在重建社會秩序中起到相當重要的作用，地方守臣乃至於宋廷，往往有積極鼓勵商人前往揚州經商的需求與政策。特別是天災人禍之後，對商業流通的倚重程度更是增強，而且不限於南宋時期。如眞宗大中祥符三年（1010）九月，知揚州許逖「請兩浙路權罷和雇舟船，所冀行商得載糧斛，以濟經旱民庶。」〔註49〕許逖的言說有其社會背景，史載大中祥符三年七月「江南旱」、「淮南饑」、「江淮不稔」，宋廷爲此曾命揚州長吏兼任淮東安撫使，以措置社會救濟。〔註50〕和雇係由官方雇用船隻以爲漕運之具，是爲專事專辦，其途中商業活動有限。許逖建議從制度上給予商人更多的權限，即便爲一時權宜之計，仍可見商人在社會救濟方面的積極作用，所以其言會得宋廷許可。實際上在許逖建言之前，大中祥符元年眞宗已經對和雇可能造成的流弊有所察覺，他曾對宰相王旦等人說：「如聞江淮運糧和顧（雇）舟楫，商旅趣利，阻其貿易，則京師粒食或致增價。可令今後不用和顧（雇）。」〔註51〕所不同者，眞宗的著眼點在於京師物價而非地方社會，但仍然可見商人的社會影響。〔註52〕

　　相較於北宋，南宋時期揚州經濟社會的恢復與發展中，商人的作用更爲重要，宋廷也往往有針對性的鼓勵政策。宋金戰爭，給揚州的經濟社會帶去巨大的衝擊，影響到當地的商業活動，但是戰後揚州對商人及相關商業活動又相當依賴。紹興初年，揚州的物資短缺，百貨用品多仰仗江浙供給。爲此，積極鼓勵商業活動，爲商人提供優惠與便利方面，當時揚州地方守臣與中央的意見是一致的。紹興五年（1135）閏二月，新知揚州葉煥奏：

---

〔註49〕　徐松輯，劉琳等點校：《宋會要輯稿》食貨四二之四，第 12 冊，第 6941 頁。

〔註50〕　李燾：《續資治通鑒長編》卷七十四，大中祥符三年七月辛亥、甲子、戊辰條，第 1683～1686 頁。

〔註51〕　徐松輯，劉琳等點校：《宋會要輯稿》食貨四六之四，第 12 冊，第 7032 頁。

〔註52〕　所可注意者，眞宗言說中有「商旅趣利，阻其貿易」之語，此可見和雇船隻中當仍有部分貿易活動存在，但遭到沿途當地商人的阻撓。這是商人維護自身利益的舉措。楊聯陞先生曾說古代中國「和雇」（還有「和價」、「和糴」、「和市」等詞彙）中的「和」「指出了『和諧』基本原則的實質，要不然也表示了施予口惠的意願。」就眞宗與許逖所言的和雇舟船而言，由於造成了商人與雇員之間的利害衝突，也可能導致負面的社會影響，顯得不那麼「和諧」，這應該是眞宗贊成權罷合雇的一個重要原因。楊聯陞的觀點見其《從經濟角度看帝制中國的公共工程》一文，收在《國史探微》，中信出版社，2015 年，第 143～201 頁。

　　本州焚蕩之後，百物所需，盡仰江浙販運到來。乞降指揮：許
　客人販運斛㪷、布帛、農具、竹木、丁、鐵、柴、菜、油、麵之類
　應干雜物等到本州，並免瓜州並在城稅務收稅一年，亦不抽解。候
　來年春末，依舊收稅。〔註53〕

這段引文有兩點值得注意：一，從客販所運商品的種類來看，當時揚州民眾
的衣食住行所需，無不包含在內，則守臣葉煥所言揚州「百物所需，盡仰江
浙」當不為虛；二、葉煥建言免去過稅，其實住稅也往往免去。類似的舉措
或不持久，但時而有之。如史載紹興二十九年（1159）四月，「詔邵伯鎮稅務
依舊收納過稅。先是紹興二十六年七月十七日，有詔邵伯鎮稅務減收住、過
稅。」〔註54〕又乾道三年（1167）十二月，高郵軍駐紮御前武鋒軍都統制兼
知高郵軍陳敏言：「竊見兩淮州軍累經殘破，今流移散徙之民方漸歸業，全賴
客旅與居民博易，用蘇民力。欲乞詳酌，許令客旅舟船，不以大小通放，依
舊往來，但乞嚴敕沿淮官司禁止舟船，不得渡淮。」〔註55〕陳敏的觀點與紹
興初年揚州守臣葉煥的意見完全吻合，足見動亂之後，商人在恢復包括揚州
在內的淮南地區的社會秩序方面，可以起到相當的積極作用。這似乎是當時
揚州等淮南地區的官吏中比較普遍的一種認識。

　　紹興末年，宋金戰事再起，揚州地區又遭戰爭侵擾。隆興和議之後，孝
宗朝延續了給予商販優惠的政策。孝宗隆興元年（1163）四月，「詔應客販耕
牛往淮南州縣變賣，仰經所屬自陳，給據與免本處投契。沿路稅及船渡錢並
免。」此係針對耕力，與田地經營有密切的關聯，前文第四章關於田地經營
的部分已有涉及。稍後宋廷亦有針對更為廣泛的商業活動的詔令。翌年，淮
東商旅販賣貨物，可減半收稅；如是歸正人從商，則可全免三年商稅。這些
政策主要正對淮南，揚州當包括在內。所可注意者，針對歸正人的商稅優惠
政策也有區域性的限定。歸正人於兩淮經商，則可免稅；若自兩淮至外地經
商，則所過之處仍需要交納相應的過稅等款項。〔註56〕這種商稅政策上的區
域性限定，一定程度上正是宋廷鼓勵商人於兩淮經營的表示，對於恢復戰後

〔註53〕　徐松輯，劉琳等點校：《宋會要輯稿》食貨一七之三五，第 11 冊，第 6365 頁；
　　　　　又參《建炎以來繫年要錄》卷八十八，紹興五年閏二月乙酉條，第 1416 頁。
〔註54〕　徐松輯，劉琳等點校：《宋會要輯稿》食貨一七之四六，第 11 冊，第 6371 頁。
〔註55〕　徐松輯，劉琳等點校：《宋會要輯稿》食貨五〇之二一～二二，第 12 冊，第
　　　　　7132 頁。
〔註56〕　徐松輯，劉琳等點校：《宋會要輯稿》食貨一八之三，第 11 冊，第 6374 頁。

包括揚州在內的兩淮的區域經濟，能起到實際的作用。這種限定在隆興二年末有些許鬆動，不但商人，一般民戶也可享受相應的稅收優惠政策。史載隆興二年（1164）十二月十六日：

> 德音：「楚、滁、濠、廬、光州、盱眙、光化軍管內並揚、成、西和州、襄陽、德安府、信陽、高郵軍，應興販及置買蠶織、農具、耕牛、斛斗及蓋屋材料雜色等物往殘破州縣者，各經所屬自陳，給據與免沿路收稅、抽解一年，關津不得邀阻。內流移復業人應隨行財物，並不得收稅，舟船仍免力勝。如有違戾去處，許民戶越訴。」〔註57〕

據此，則一方面商人興販免稅的政策已經超過兩淮的範圍而及於京西、荊湖路部分地區；另一方面在商人之外，一般民戶購置辦農具、蓋屋材料等相關物品，也可以享受相應的優惠政策。據《元符令》，收稅、抽解並非免徵對象，所以上文的喻氏需要向上申述，方可免去於淮浙置辦磚瓦、朱漆等物時沿路場務的抽解及拘攔和買收稅。此則一律予以免去，雖亦有年限，但還是可見孝宗時期在商稅政策方面的重要調整。淳熙二年（1175）閏九月，宋廷詔令「有願販米往淮東者，即經州軍陳乞，出給公據，沿路照驗放行。」〔註58〕可見對於年限的理解似乎不可過於僵硬，因宋廷往往隨時而有調整。

孝宗朝對於稅務的整頓，還表現在稅場的精簡與淘汰上。淳熙五年六月十九日，詔三省下諸路轉運司，將「諸州縣鎮除正額係省場務，見係吏部差官處不罷外，其餘創置稅場、稅鋪，不以有無官監，並一切罷去。」此舉當主要針對的是地方上的「私置稅場」〔註59〕，但同時也導致常平官錢的走失，後者則是軍需之重要來源。在這樣的背景下，揚州的稅場得以依舊保留，其軍事屬性在此得到體現。廢罷稅場的舉措還見於淳熙五年以後。淳熙十二年（1185）七月，揚州江都縣版橋稅場廢罷。按照當時淮東提舉趙不流說法，其地商稅數額可謂「毫末」，不但在當地財政體系中無甚地位，反而造成負面的社會影響，其所謂「徒使豪民買撲，小民受害」，即是所指。〔註60〕

---

〔註57〕　徐松輯，劉琳等點校：《宋會要輯稿》食貨一八之三，第 11 冊，第 6374 頁。
〔註58〕　徐松輯，劉琳等點校：《宋會要輯稿》食貨一八之八，第 11 冊，第 6377 頁。
〔註59〕　徐松輯，劉琳等點校：《宋會要輯稿》食貨一八之一○～一一，第 11 冊，第 6378 頁。
〔註60〕　佚名撰，汪聖鐸點校：《宋史全文》卷二十七下《宋孝宗八》，第 2317～2318 頁。

開禧北伐時揚州雖不是主要戰場，但當時金兵已陷眞州，揚州守臣郭倪更是棄城而逃，則一般平民的狀況可以想見。待戰事結束，一如前朝故事，寧宗期同樣在政策上給予商業活動以便利，希冀能爲包括揚州在內的淮南地區的戰後安撫提供必要的基礎保障。寧宗開禧三年（1207）正月，宋廷「以淮民屋宇生具多焚拆不存，目今漸次歸業，令浙西、江東西安撫、轉運司行下所部州軍，多方勸諭客旅，許令般運竹木於兩淮州縣販賣，特免沿路抽稅。」嘉定二年（1209）九月十日，對竹木免抽解續有強調，同時亦有補充，其「客舟如往兩淮興販，所過場務米麥不得收稅」。從宋廷一而再地申令商業惠政的舉措中，可見戰爭對於淮南經濟的破壞程度之深，揚州的情況當亦不例外。在這樣的背景下，商人在戰後揚州經濟、社會秩序的恢復中起到了重要的作用，其意義不可忽視。實際上在嘉定二年（1209）九月十日的明堂赦文中，有「淮民乍離兵革，飢饉薦臻，全籍客人運到米麥及竹木等，爲續食營造之計」〔註 61〕之語，此即道出了商人在揚州乃至於淮南重建社會秩序過程中的作用與地位。

儘管宋廷針對揚州商稅有特殊的政策，但在商稅徵收過程中，也有兩類現象造成了稅收的流失，曾引起宋廷的特別關注。第一類體現在商稅稅額方面。即在法定商稅數額之外，過數掊取。此舉或一時增加稅收，但更長遠的後果則是商販往往「偷經私捷小路，卻致暗失課入」，亦或導致「錢重物輕，公私爲害。」第二類體現在官吏設置上面。在法定數額之外，地方往往增設「公吏欄頭，邀阻客人，致商賈不行，百物踴貴，細民艱食。」或者有添差、釐務官干預職事，導致稅錢遭到侵耗。〔註 62〕

淮南兩稅徵收過程中的折變現象，也增加了民眾額外的負擔。紹興八年（1138）六月十二日，樞密副使王庶言：「兩淮州縣內容有起納兩稅去處，將合納綿、紬、稅絹、茶絹、雜錢、白米六色以在市價例准折作錢，卻將准折到錢別科米麥，至一畝之地，所納物斛至有四五斗者。欲下淮南兩路轉運司行下所隸州縣，將合起納二稅人戶依稅額未定州縣已降指揮，更與收納課子二年。」〔註 63〕一折再折，兩稅繳納負擔加重。除折變之外，還有另創名目

---

〔註61〕　徐松輯，劉琳等點校：《宋會要輯稿》食貨一八之二四，第 11 冊，第 6385 頁。

〔註62〕　此類言說見於紹興見，見存文獻記載較多。以上的歸類參見徐松輯，劉琳等點校：《宋會要輯稿》食貨一七之三七～四〇，第 11 冊，第 6366～6367 頁。

〔註63〕　徐松輯，劉琳等點校：《宋會要輯稿》食貨九之二七，第 10 冊，第 6190 頁。

者。紹興三十一年（1161）十一月一日，臣僚言：「淮甸州縣自紹興二十一年起理二稅之外，其間逐年創行科敷，名色不一，曰上供錢，曰大禮銀錢，曰天申節銀錢，曰土貢銀錢，曰人使歲幣錢，曰亭館錢，曰雇船縻費錢，曰貼撥錢。其他苛細科擾，不可具陳，乞行蠲除。」〔註64〕乾道元年（1165）二月二十一日，詔：「訪聞兩淮州縣多於人戶遞年合納常賦之外過數科敷，謂如夏稅有殘零折變錢，又有自陳折麥錢，又有續陳折麥錢。其秋稅及坊場、河渡、課利有似此巧作名色之類，可令逐路提刑司體究。如有似此去處，開具申尙書省，取旨施行。」〔註65〕類似的現象時而有之，宋廷雖則不時有蠲免的詔令，在實際的執行層面卻並不能完全杜絕。

　　額外的徵收過於苛刻，或會造成社會秩序的混亂。嘉定三年（1210）正月的詔中有淮東「盜賊作過，皆緣權臣妄開兵釁，科擾頻仍，繼以旱蝗，州縣失於存撫，是致奸民倡率嘯聚，貽害縣鎮，良軫朕懷。」〔註66〕寧宗雖開罪於韓侂冑，但苛政過重加劇社會的不穩定性則是必然的。所以對於兩稅之外另加徵收的現象，宋廷一方面有一定的限制，另一方面也適時調整徵收租稅的比率。如乾道八年（1172）四月二十一日，宋廷詔「兩淮兩稅只且催納秋苗，所有課子，行下州縣不得更撮。」同年七月又詔「淮南、江東、浙西沿江沙田、蘆場所立新租，與減五釐，租佃與減一分，餘並依舊。」〔註67〕可見，從官方層面來說，宋廷給予了包括揚州在內的淮東地區比較周全的政策考慮。這對揚州經濟社會的發展，當起到一定的促進作用。

# 第四節　總結

　　本章考察了兩宋時期揚州的商業經濟。基於史料記載的特點，相關考論只是選取了其中幾個特定的主題，並未鉅細無遺地對兩宋時期揚州的商業活動做全面的考察。通過以上三小節，我們首先勾勒出了兩宋時期揚州市鎮的整體狀況以及城市商業分區的特點。這是揚州商業活動的基礎平臺。通過對

---

〔註64〕　徐松輯，劉琳等點校：《宋會要輯稿》食貨六三之一八，第13冊，第7613頁。翌年三月，宋廷又有類似的詔令。
〔註65〕　徐松輯，劉琳等點校：《宋會要輯稿》食貨一〇之二〇，第10冊，第6203～6204頁；又見同書食貨七〇之五六，第13冊，第8134頁。
〔註66〕　徐松輯，劉琳等點校：《宋會要輯稿》刑法六之四九，第14冊，第8557頁
〔註67〕　徐松輯，劉琳等點校：《宋會要輯稿》食貨一〇之二九，第10冊，第6209頁。

這兩方面內容的考察，一方面再次印證了第二章所論政區變動對揚州經濟實
力與地位的消弱，另一方面也可見唐宋時期城市形制的變動，在揚州城的城
市布局上有切實的體現。宋代揚州商業經濟的發展並未脫離唐宋時期經濟變
革的趨勢之外。然而，宋代揚州的商業經濟雖然相對消弱，但就見存相關數
據來看，與眞州相比，在北宋時期相當長的時間裏，揚州的經濟地位仍然具
有相當優勢。這在商稅、鹽額、酒額等數據中都有比較明確的體現。所以以
往關於宋代揚州經濟地位被眞州取代的認識，實際上是籠統而片面的。前面
幾章中已經從不同的方面涉及到這一問題，本章的數據則進一步補充和加強
了前文的論斷，即宋代眞州經濟的地位的突顯，有一個歷史的過程，並非一
入宋便取揚州而代之。隨著兩宋之際政治局勢的轉變，揚州從內地轉爲邊郡，
揚州商業經濟的發展受到相當程度的破壞。但儘管如此，揚州一帶的商業貿
易並未就此而終止，在宋廷相關鼓勵政策的引導下，在經濟利益的驅使下，
仍然有商人前往揚州等兩淮地區從事商業活動。在這樣的背景下，商人的經
濟活動，爲揚州等地經濟社會的恢復提供了有益的幫助。這是宋代商人社會
作用的一個具體表現。

# 結　論

　　唐宋時期是中國歷史演變過程中的重要階段。此間的承襲與變革，多為學者所關注，城市與經濟則是其中兩個非常重要的主題。對今人來說，揚州在唐時繁榮、宋時衰落，是被普遍接受的觀念。這種觀念自然有其相當的依據，但有兩點值得注意：一、在這種認識之下，人們無形中只會關注唐、宋時期揚州經濟、城市等諸方面的異同，忽視兩宋時期的差異；二、這只是宏觀層面的整體論斷，若追索其更為具體的層面，則這種宏觀論斷不無偏頗。這二點皆有不足，本書之選題，在相當程度上即是基於對這兩點的反思。在書稿開頭的緒言部分，筆者曾提出一系列的問題，在這最後的結論部分，自當根據本文的研究，對這些問題給出總結性的回答。

　　唐代揚州城池，包括蜀岡上的子城以及蜀岡下的羅城。其中子城歷史悠久，羅城則是隨著中晚唐揚州城市經濟的發展而興建起來的。經唐末五代的戰亂，揚州城池遭到相當程度的破壞。宋初的揚州州城，只是沿襲後周小城的規模，是截取唐羅城的東南部。這種選擇，在當時的情形下，是基於軍事與經濟兩個方面因素的考慮。但若從長時段的歷史中觀察，則周小城、宋大城的選址，更看重的顯然是經濟因素，因為這種選擇，使得城市擁有更為便利的水利交通條件。從這個意義上講，北宋時期關於揚州城池的考量與中晚唐關於羅城的考量是一致的。這是宋代揚州城池沿襲前朝舊有格局的一面。

　　但宋代揚州的城池建設已有自己的特色。一、在中央集權的背景下，宋廷對於地方城池建設多有防範，甚至一度摧毀了江淮一帶的已有城池，但揚州城池並沒有因此而遭到破壞。不但如此，隨著趙宋政權漸趨穩固以及經濟社會的恢復發展，為適應經濟發展的趨勢以及維持社會秩序和民眾財產安

全，北宋政權開始逐步整頓地方州縣的城池。在這個過程中，揚州城池有幾次修繕經歷，都集中在揚州州城，即今所謂宋大城。二、北宋末期開始，隨著軍事因素的凸顯，使得揚州的城池建設受到特別的關注。至南宋時期，揚州從「內地」轉爲「邊郡」，揚州州城宋大城，在高宗建炎至寧宗嘉定間，經過多次的修繕。孝宗淳熙間，郭棣據唐子城西半部築堡寨城，並在州城與堡寨城之間築夾城，以爲疏通轉運之便。最終形成揚州的三城格局。不但如此，在淳熙之前以及以後，孝宗朝揚州還有多次修城舉措，特別是光宗紹熙年間的築城，實際上體現的也是孝宗的意志。而寶祐年間，賈似道進一步修繕唐子城東部，連同堡寨城構爲寶祐城。南宋末期，李庭芝築城包平山堂。凡此之類，皆受到軍事因素的促動。南宋軍事因素對揚州城池建設的影響，於此可見一斑。三、在南宋修築城池的過程中，孝宗朝揚州城池建設的規模與次數，較趙宋其他各朝表現更爲突出。宋代揚州的三城格局即形成於孝宗朝。這一格局的形成不單單是揚州城池建設的問題，實際上是「孝宗恢復」在地方社會的具體反映。據此可窺見，所謂「孝宗恢復」不僅僅只是停留在中央的人事變動與政策調整方面，在地方社會，特別是邊境地區，也有直接體現。而根據孝宗朝揚州修城的時間，亦可推知朱熹、陳亮等人所謂孝宗「末年之政」至多只是適用於中央層面，在地方上，孝宗的「恢復之志」的實踐更具連續性，無須到孝宗末年才終於展開。因爲南宋孝宗朝揚州的修城，無論在規模和次數上，都超過趙宋其他各朝，在揚州城建史上佔有突出的地位。所以若更進一步觀察，則南宋揚州城池格局的變動，除受到戰爭因素的影響外，也與帝王個人因素有直接的關聯。相較之下，南宋高宗偏安議和，所以高宗任內的揚州城池建設只是出現在建炎初期與紹興末期宋金交戰之時，而在議和的大背景下，再無修城之舉。這與孝宗朝的揚州城池建設形成了明顯的對照。

　　揚州作爲政區概念，其所指並非一成不變。不但唐宋有別，即便兩宋時期也多所不同。釐清宋代揚州政區地理的現狀，是考察宋代揚州經濟社會的重要基礎，也是比較唐宋揚州發展狀況的一個前提條件。關於宋代揚州政區的討論，首先對兩宋時期揚州行政區劃變動的實況做詳盡地考述，並上溯至唐五代時期。在此基礎之上，歸納了唐宋揚州政區變動的特點及其趨勢。其次，從宏觀與微觀兩個角度分析了影響揚州政區變動的諸種因素。最後，探究政區變動對揚州經濟社會所造成的影響。晚唐五代以來，揚州政區幅員趨

勢縮小，最終揚州西、北、東三面數個屬縣曾先後析出。宋代揚州的政區變動受到中央強化集權以及經濟重心漸趨南移這兩個宏觀背景的影響，同時也與區域性的交通、經濟等條件的改變相關聯。而南宋時期，揚州成爲邊境地區，南北軍政局勢的變動，也對揚州及周邊行政區劃的調整有直接影響。揚州政區幅員的變動，屬縣析出及其行政等級的提升，消弱了其軍政地位，也對揚州經濟社會的發展造成負面的影響。所可注意者，揚州軍政地位的削弱與趙宋王朝防範地方勢力，強化中央集權的意志合拍，而政區變動也是宋代揚州較唐代揚州繁榮時期爲衰落的一個內在原因。

　　人口狀況是區域經濟社會發展以及城市屬性的一個重要指標。宋代揚州的人口狀況與唐代揚州繁榮時期的情形不同，北宋與南宋相比，也多有差異。本文對宋代揚州人口狀況的考察，一方面根據相關地理志書中的戶口數據，勾勒出兩宋時期揚州人口總數的變化狀態，另一方面對揚州的流動人口做整體的觀察。趙宋立國，結束晚唐五代以來的動亂局面，揚州在相對和平的環境下，其人口總數也呈不斷增長的趨勢。經過兩宋之際的戰亂，揚州人口劇減，但在南宋時期，揚州人口總數仍然呈增加的態勢，只不過整體上不及北宋時期而已。揚州人口總數呈增加的態勢，是當地經濟社會恢復發展的重要表徵；其人口總數在兩宋時期的差異，主要是受到軍政地理態勢變化的影響。同受地理因素的影響，兩宋時期揚州的人口流動也表現出不同的特點，其中北宋時期揚州的流動人口主要是民眾的遷進與徙出，官兵之調動則相對規模較小，次數也少；而南宋時期揚州的流動人口中，官兵的屯駐與遣出則數量更爲龐大，且更爲頻繁。這一現象是南宋時期揚州城軍事屬性凸顯的直接體現，與南宋時期揚州城池建設頻率的增高是一致的，兩者相輔相成。

　　田地經營狀況也是區域經濟社會發展水平的一個指標，而且與人口因素相關聯。關於宋代揚州田地經營與水利工程的討論，也著眼於地理因素，特別關注北宋與南宋時期的差異。兩宋時期，官方爲揚州的田地經營提供經濟、技術、制度等多個方面保障。這爲農田經營創造了良好的外部條件，也是揚州商業發展、人口增長、經濟恢復的一個基礎條件。但隨著兩宋之際政治格局的變動，在揚州從內地轉爲邊郡的背景下，揚州的農田經營方式出現了重要的轉變。北宋時期以民佃爲主的經營方式，在南宋時期轉變爲以官方主導的營田與屯田。這種轉變是在戰爭背景下民眾外遷、田地荒蕪的局面下出現的。而官方主導的營田與屯田，軍民雜用，一方面具有安輯流民的功效，另

一方面也可以提供一定的軍資補給。這是官方介入揚州等沿邊田地經營的目的所在。與農田經營緊密相關的是水利建設。兩宋時期揚州的水利工程雖然有地方守臣主動爲之者，但更多地是在官方的統一措置下完成的。相關舉措往往有具體的社會背景，以工代賑的舉措所在多有，未必即是直接針對水利而發。所可注意者，孝宗時期揚州農田水利方面的舉措顯得相對較多。這一點也應該放到「孝宗恢復」的背景下去理解。

宋代揚州的商業經濟也受到政區變動以及地理格局轉變的影響。一方面，政區調整對揚州市鎮數目的多少有直接的影響，而這一點又直接關涉到揚州的財政收入。另一方面，軍政地理格局的轉變，使得揚州的商業活動失去了相對安穩的社會環境，這一點又促使南宋時期官方在商業活動中出臺更多的調控政策。南宋商人在揚州社會秩序的恢復與重建過程中起到相當重要的作用，實是形勢使然。在官方調控的過程中，帝王的個人因素也起到相當重要的促進作用。在「孝宗恢復」的背景下，針對揚州的商業調控相對更爲頻繁。與外圍的市鎮分佈相對應，揚州城市內的商業分區也凸顯了宋代商業經濟發展的特點。與交通幹道緊密相連的現狀分佈以及以城門、橋樑爲據點的點狀分佈同時並存，是宋代揚州城市商業分區的突出特點，與市坊制背景下城市商業區的塊狀分佈多有差別。

綜合以上各個具體層面的認識，關於宋代揚州，有以下幾點值得鄭重指出：一、唐宋兩個時期的揚州，其所指已多有不同，在分析這兩個時期揚州經濟社會發展狀況的時候，應該注意其間的區分；二、宋代揚州經濟雖然相對於唐時揚州的繁盛爲衰落，但在兩宋時期，揚州也有恢復與發展的機會。這個過程不能籠統地用「衰落」二字概括。與此相關，宋代眞州地位的凸顯，有一個歷史的過程，並非一入宋便取代了揚州的經濟地位。實際上眞州作爲統縣政區的存在，只到眞宗朝才開始，通過本文的考察，其在人口、商業等方面的發展狀況，相當程度上並不如揚州，遑論取代揚州。三、在考察宋代揚州城市與經濟狀況的過程中，不但要注意唐宋兩個時期的之間的區別，更要關注北宋與南宋兩個時段的差異。從某種程度上來說，兩宋之際的軍政局勢的轉變，對揚州經濟社會的影響要更爲劇烈。換句話說，北宋與南宋時期揚州城市、經濟等方面的差異，較之唐宋（北宋）時期揚州城市、經濟等方面的差異要更大一些。

# 參考文獻

（按著者姓氏音序排列）

## （一）基礎文獻

1. 阿克當阿修，姚文田等纂：《（嘉慶）重修揚州府志》，日本早稻田大學藏嘉慶十五年刊本。

2. 成尋撰，王麗萍校點：《新校參天台五臺山記》，上海古籍出版社，2009年。

3. 陳鱣撰：《續唐書》，中華書局叢書集成初編本，1985年。

4. 陳智超輯：《宋會要輯稿補編》，全國圖書館文獻微縮復置中心影印本，1988年。

5. 陳振孫撰：《直齋書錄解題》，上海古籍出版社，2015年。

6. 陳造撰：《江湖長翁集》，文淵閣《四庫全書》本，臺灣商務印書館，1986年。

7. 陳亮撰，鄧廣銘點校：《陳亮集》（增訂本），中華書局，1987年。

8. 崔與之撰，張其凡、孫志章整理：《宋丞相崔清獻公全錄》，廣東人民出版社，2008年。

9. 東英壽考校，洪本建箋注：《新見歐陽修九十六篇書簡箋注》，上海古籍出版社，2014年。

10. 方濬頤修，晏端書、錢振倫等纂：《（同治）續纂揚州府志》，日本早稻田大學藏同治十三年刊本。

11. 范成大纂修，汪泰亨等增訂：《吳郡志》，《宋元方志叢刊》影印民國十五年吳興張氏擇是居叢書景宋刻本，中華書局，1990年。

12. 國家圖書館善本金石組編：《宋代石刻文獻全編》，北京圖書館出版社，2003年。

13. 顧祖禹撰，賀次君、施和金點校：《讀史方輿紀要》，中華書局，2005 年。

14. 洪邁撰，何卓點校：《夷堅志》，中華書局，1981 年。

15. 洪邁撰，孔凡禮整理：《容齋隨筆》，收入上海師範大學古籍整理研究所編：《全宋筆記》第五編第五冊，大象出版社，2012 年。

16. 洪邁撰，孔凡禮整理：《容齋續筆》，收入上海師範大學古籍整理研究所編：《全宋筆記》第五編第五冊，大象出版社，2012 年。

17. 洪汝奎等修，徐成黻等纂：《（光緒）增修甘泉縣志》，《中國地方志集成》（江蘇府縣志）第 43～44 冊，江蘇古籍出版社，1991 年。

18. 韓元吉撰：《南澗甲乙集》，文淵閣《四庫全書》本，臺灣商務印書館，1986 年。

19. 黃以周輯，顧吉辰點校：《續資治通鑒長編拾補》，中華書局，2004 年。

20. 黃淮、楊士奇編：《歷代名臣奏議》，上海古籍出版社，1989 年。

21. 黃庭堅撰：鄭永曉纂輯：《黃庭堅全集》，江西人民出版社，2001 年。

22. 胡寅撰，容肇祖點校：《斐然集》，中華書局，1993 年。

23. 江少虞編撰：《宋朝事實類苑》，上海古籍出版社，1981 年。

24. 李燾撰，上海師範大學古籍整理研究所、華東師範大學古籍整理研究所點校：《續資治通鑒長編》，中華書局，2004 年。

25. 李心傳撰：《建炎以來繫年要錄》，中華書局，1988 年。

26. 李心傳撰，徐規點校：《建炎以來朝野雜記》，中華書局，2000 年。

27. 李埴撰，燕永成校正：《皇宋十朝綱要校正》，中華書局，2013 年。

28. 李吉甫撰，賀次君注解：《元和郡縣圖志》，中華書局，1983 年。

29. 李覯撰，王國軒點校：《李覯集》，中華書局，1981 年。

30. 李綱撰：《梁溪集》，文淵閣《四庫全書》本，臺灣商務印書館，1986 年。

31. 李如箎撰，程郁整理：《東園叢說》，收入上海師範大學古籍整理研究所編：《全宋筆記》第五編第十冊，大象出版社，2012 年。

32. 李壁撰，張劍光整理：《中興戰功錄》，收入上海師範大學古籍整理研究所編：《全宋筆記》第六編第九冊，大象出版社，2013 年。

33. 樂史撰，王文楚點校：《太平寰宇記》，中華書局，2008 年。

34. 陸心源撰：《宋史翼》，中華書局，1991 年。

35. 劉昫等撰：《舊唐書》，中華書局，1975 年。

36. 劉時舉撰，王瑞來點校：《續宋中興編年資治通鑒》，中華書局，2014 年。

37. 劉一清撰：《錢塘遺事》，文淵閣《四庫全書》本，臺灣商務印書館，1986 年。

38. 劉摯撰，陳曉平、裴汝誠點校：《忠肅集》，中華書局，2002 年。

39. 劉克莊著，辛更儒箋校：《劉克莊集箋校》，中華書局，2011 年。

40. 呂中撰，張其凡、白曉霞整理：《類編皇朝大事記講義 類編皇朝中興大事記講義》，上海人民出版社，2013 年。

41. 羅大經撰、王瑞來點校：《鶴林玉露》，中華書局，1983 年。

42. 樓鑰著：《攻媿集》，文淵閣《四庫全書》本，臺灣商務印書館，1986 年。

43. 龍袞撰，張劍光整理：《江南野史》，收入上海師範大學古籍整理研究所編：《全宋筆記》第一編第三冊，大象出版社，2003 年。

44. 馬端臨撰，上海師範大學古籍整理研究所、華東師範大學古籍整理研究所點校：《文獻通考》，中華書局，2011 年。

45. 馬光祖修，周應合纂：《景定建康志》，《宋元方志叢刊》影印嘉慶六年金陵孫忠愍祠本，中華書局，1990 年。

46. 馬蓉、陳抗等點校：《永樂大典方志輯佚》，中華書局，2004 年。

47. 孟元老撰，伊永文箋注：《東京夢華錄箋注》，中華書局，2006 年。

48. 梅堯臣著，朱東潤編校：《梅堯臣集編年校注》，上海古籍出版社，2006 年。

49. 歐陽修、宋祁撰：《新唐書》，中華書局，1975 年。

50. 歐陽修撰，李逸安點校：《歐陽修全集》，中華書局，2001 年。

51. 歐陽修撰，洪本健校箋：《歐陽修詩文集校箋》，上海古籍出版社，2009 年。

52. 彭百川撰：《太平治跡統類》，江蘇廣陵古籍刻印社，1990 年。

53. 彭大翼撰：《山堂肆考》，文淵閣《四庫全書》本，臺灣商務印書館，1986 年。

54. 秦觀撰，徐培均箋注：《淮海集箋注》，上海古籍出版，2000 年。

55. 蘇舜欽撰，沈文倬點校：《蘇舜欽集》，上海古籍出版社，2011 年。

56. 蘇頌撰，王同策等點校：《蘇魏文公集》，中華書局，2004 年。

57. 蘇軾撰，孔凡禮注解：《蘇軾文集》，中華書局，2004 年。

58. 蘇軾撰，王文誥輯注：《蘇軾詩集》，中華書局，1982 年。

59. 蘇轍撰，曾棗莊、馬德福點校：《欒城集》，上海古籍出版社，2009 年。

60. 司馬光撰，李之亮箋注：《司馬溫公集編年箋注》，巴蜀書社，2008 年。

61. 司馬光編著：《資治通鑒》，中華書局，2011 年。

62. 司馬光撰，鄧廣銘、張希清整理：《涑水記聞》，收入上海師範大學古籍整理研究所編：《全宋筆記》第一編第七冊，大象出版社，2003 年。

63. 石介撰，陳植鍔點校：《徂徠石先生文集》，中華書局，1984 年。

64. 史彌堅修，盧憲纂：《嘉定鎮江志》，《宋元方志叢刊》影印道光二十二年丹徒包氏刻本，中華書局，1990 年。

65. 史能之纂修：《咸淳毗陵志》，《宋元方志叢刊》影印嘉慶二十五年趙懷玉刻李兆洛校本，中華書局，1990 年。

66. 申嘉瑞修，李文、陳國光等纂：《（隆慶）儀眞縣志》，上海古籍書店 1963 年影印隆慶元年刻本。

67. 盛如梓撰：《庶齋老學叢談》，中華書局，1985 年。

68. 沈括著，胡道靜校證：《夢溪筆談校證》，上海人民出版社，2011 年。

69. 脫脫等撰：《宋史》，中華書局，1977 年。

70. 脫因修，俞希魯纂：《至順鎮江志》，《宋元方志叢刊》影印道光二十二年丹徒包氏刻本，中華書局，1990 年。

71. 王應麟撰：《玉海》，江蘇古籍出版社、上海書店，1987 年。

72. 王存撰，王文楚、魏嵩山點校：《元豐九域志》，中華書局，1984 年。

73. 王象之撰，李勇先點校：《輿地紀勝》，四川大學出版社，2005 年。

74. 王禹偁：《小畜集》，文淵閣《四庫全書》本，臺灣商務印書館，1986 年。

75. 王安石撰：《臨川先生文集》，中華書局，1959 年。

76. 王安石撰，李璧箋注，高克勤點校：《王荊文公詩箋注》，上海古籍出版社，2010 年。

77. 王令撰，沈文倬校點：《王令集》，上海古籍出版社，2011 年。

78. 王明清撰，戴建國、趙龍整理：《玉照新志》，收入上海師範大學古籍整理研究所編：《全宋筆記》第六編第二冊，大象出版社，2013 年。

79. 王明清撰，燕永成整理：《揮麈錄餘話》，收入上海師範大學古籍整理研究所編：《全宋筆記》第六編第二冊，大象出版社，2013 年。

80. 王辟之撰，金圓整理：《澠水燕談錄》，收入上海師範大學古籍整理研究所編：《全宋筆記》第二編第四冊，大象出版社，2006 年。

81. 吳廷燮撰：《南宋制撫年表》，中華書局，1984 年。

82. 吳潛撰：《許國公奏議》，文淵閣《四庫全書》本，臺灣商務印書館，1986 年。

83. 文天祥撰，雄飛等點校：《文天祥全集》，江西人民出版社，1987 年。

84. 薛居正等撰：《舊五代史》，中華書局，2015 年。

85. 薛季宣撰：《浪語集》，文淵閣《四庫全書》本，臺灣商務印書館，1986 年。

86. 徐子明撰、王瑞來校補：《宋宰輔編年錄校補》，中華書局，1986 年。

87. 徐松輯，劉琳等點校：《宋會要輯稿》，上海古籍出版社，2014 年。

88. 徐夢莘撰：《三朝北盟彙編》，上海古籍出版社，2008 年。

89. 徐鉉撰：《騎省集》，文淵閣《四庫全書》本，臺灣商務印書館，1986 年。

90. 夏竦撰：《文莊集》，文淵閣《四庫全書》本，臺灣商務印書館，1986 年。

91. 熊克撰，顧吉辰、郭淳一點校：《中興小記》，福建人民出版社，1985 年。

92. 楊仲良撰：《皇宋通鑒長編紀事本末》，江蘇古籍出版社影印清抄本，1988 年。楊洵修，徐鑾等纂：《（萬曆）揚州府志》，書目文獻出版社，1999 年。

93. 楊宜侖修，夏之蓉、沈之本纂：《（嘉慶）高郵州志》，《中國地方志集成》（江蘇府縣志）第 46～47 冊，江蘇古籍出版社，1991 年。

94. 葉適著，劉公純等點校：《葉適集》，中華書局，1961 年。

95. 袁燮撰：《絜齋集》，文淵閣《四庫全書》本，臺灣商務印書館，1986 年。

96. 佚名撰，王瑞來點校：《宋季三朝政要鑒證》，中華書局，2010 年。

97. 佚名編，汝企和點校：《續編兩朝綱目備要》，中華書局，1995 年。

98. 佚名撰，汪聖鐸點校：《宋史全文》，中華書局，2016 年。

99. 佚名編，馬義祖整理：《宋大詔令集》，中華書局，1962 年。

100. 佚名撰：《翰院新書·前集》，文淵閣《四庫全書》本，臺灣商務印書館，1986 年。

101. 佚名纂修：《無錫志》，《宋元方志叢刊》影印文淵閣《四庫全書》本，中華書局，1990 年。

102. 佚名撰：《中興禦侮錄》，收入上海師範大學古籍整理研究所編：《全宋筆記》第五編第一冊，大象出版社，2012 年。

103. （舊題）宇文懋昭撰、崔文印校證：《大金國志校證》，中華書局，1986 年。

104. 葉紹翁撰，張劍光、周紹華整理：《四朝聞見錄》，收入上海師範大學古籍整理研究所編：《全宋筆記》第六編第九冊，大象出版社，2013 年。

105. 岳珂撰、吳企明點校：《桯史》，中華書局，1981 年。

106. 趙汝愚編，北京大學中古史研究中心點校：《宋朝諸臣奏議》，上海古籍出版社，1999 年。

107. 章如愚撰：《群書考索》，廣陵書社，2008 年。

108. 祝穆撰，祝洙增訂，施和金點校：《方輿勝覽》，中華書局，2003 年。

109. 朱懷幹修，盛儀纂：《（嘉靖）惟揚志》，上海古籍書店 1963 年影印天一閣藏本。

110. 朱長文纂修：《吳郡圖經》，《宋元方志叢刊》影印民國十三年烏程蔣氏景宋刻本，中華書局 1990 年。

111. 趙之璧編纂：《平山堂圖志》，臺北成文出版社 1983 年影印光緒九年歐陽利見重刊本。

112. 曾鞏撰，陳杏珍、晁繼周點校：《曾鞏集》，中華書局，1984 年。

113. 張鉉纂修：《至正金陵新志》，《宋元方志叢刊》影印文淵閣《四庫全書》本，中華書局，1990 年。

114. 張方平撰，鄭涵點校：《張方平集》，中州古籍出版社，2000 年。

115. 張耒撰，李逸安校注：《張耒集》，中華書局，1990 年。

116. 周紹良主編：《全唐文新編》，吉林文史出版社，2000 年。

117. 眞德秀撰：《西山先生眞文忠公文集》，文淵閣《四庫全書》本，臺灣商務印書館，1986 年。

118. 周必大撰：《文忠集》，文淵閣《四庫全書》本，臺灣商務印書館，1986 年。

119. 朱熹撰：《晦庵先生朱文公文集》，《朱子全書》，上海古籍出版社、安徽教育出版社，2010 年。

120. 鄭興裔撰：《鄭忠肅公奏議遺集》，上海古籍出版社，1987 年。

121. 章炳文撰，儲玲玲整理：《搜神秘覽》，收入上海師範大學古籍整理研究所編：《全宋筆記》第三編第三冊，大象出版社，2008 年。

122. 莊綽撰，夏廣興整理：《雞肋編》，收入上海師範大學古籍整理研究所編：《全宋筆記》第四編第七冊，大象出版社，2008 年。

123. 周煇撰，劉永翔、許丹整理：《清波雜志》，收入上海師範大學古籍整理研究所編：《全宋筆記》第五編第九冊，大象出版社，2012 年。

124. 張端義撰，許沛藻、劉宇整理：《貴耳集》，收入上海師範大學古籍整理研究所編：《全宋筆記》第六編第十冊，大象出版社，2013 年。

## （二）考古資料

1. 中國社會科學院考古研究所等：《揚州城考古工作簡報》，《考古》1990 年第 1 期。

2. 中國社會科學院考古研究所等：《揚州宋三城的勘探與試掘》，《考古》1990 年第 7 期。

3. 中國社會科學院考古研究所等：《揚州宋大城西門發掘報告》，《考古學報》1999 年第 4 期。

4. 中國社會科學院考古研究所等：《江蘇揚州宋大城北門水門遺址發掘簡報》，《考古》2005 年第 12 期。

5. 中國社會科學院考古研究所等：《江蘇揚州市宋大城北門遺址的發掘》，《考古》2012 年第 10 期。

6. 中國社會科學院考古研究所等：《江蘇揚州城南門遺址發掘報告》,《考古學集刊》（第 19 集）,科學出版社,2013 年。

7. 中國社會科學院考古研究所等：《揚州唐宋城東門遺址的發掘》,《考古學集刊》（第 19 集）,科學出版社,2013 年。

8. 中國社會科學院考古研究所等：《江蘇揚州市宋寶祐城西城門外擋水壩遺跡的發掘》,《考古》2014 年 10 期。

9. 中國社會科學院考古研究所等：《揚州蜀崗古代城址北城牆東段發掘簡報》,《中國國家博物館館刊》2014 年第 12 期。

10. 中國社會科學院考古研究所等：《江蘇揚州市蜀崗古代城址西城壕 2013 年發掘簡報》,《考古》2015 年第 9 期。

11. 中國社會科學院考古研究所等：《江蘇揚州南宋寶祐城東城門北側城牆和東側城壕的發掘》,《中國國家博物館館刊》2015 年第 9 期。

12. 中國社會科學院考古研究所等編著：《揚州城：1987～1998 年考古發掘報告》,文物出版社,2010 年。

13. 中國社會科學院考古研究所等編著：《揚州蜀崗古代城址考古勘探報告》,科學出版社,2014 年。

14. 中國社會科學院考古研究所等編著：《揚州城遺址考古發掘報告：1999～2013》,科學出版社,2015 年。

## （三）研究著作

1. 安藤更生著,汪勃、劉妍譯：《唐宋時期揚州城之研究》,見《揚州城址研究資料選編》（內部資料）,2009 年。

2. 包偉民：《宋代地方財政史研究》,上海古籍出版社,2001 年。
   《宋代城市研究》,中華書局,2014 年。

3. 程存潔：《唐代城市史研究初編》,中華書局,2002 年。

4. 成一農：《古代城市形態研究方法新探》,社會科學文獻出版社,2009 年。

5. 戴裔煊：《宋代鈔鹽制度研究》,中華書局,1981 年。

6. 鄧小南：《課績・資格・考察——唐宋文官考核制度側談》,大象出版社,1997 年。

7. 鄧廣銘：《鄧廣銘治史叢稿》,北京大學出版社,2010 年。

8. 傅宗文：《宋代草市鎮研究》,福建人民出版社,1989 年。

9. 范學輝：《宋代三衙官軍制度研究》,中華書局,2015 年。

10. 龔延明：《宋史職官志補正》,中華書局,2009 年。

11. 郭聲波：《中國行政區劃通史・唐代卷》,復旦大學出版社,2012 年。

12. 郭正忠：《宋代鹽業經濟史》,人民出版社,1990 年。

13. 黃寬重：《南宋時代抗金的義軍》，聯經出版事業公司，1988 年。

《南宋地方武力──地方軍與民間自衛武力的探討》，國家圖書館出版，2009 年。

《南宋軍政文獻探索》，新文豐出版社公司，1990 年。

14. 黃純豔：《宋代茶法研究》，雲南大學出版社，2002 年。

《宋代財政史》，雲南大學出版社，2014 年。

15. 久保田和男：《宋代開封研究》（郭萬平譯），上海古籍出版社，2010 年。

16. 賈志揚：《天皇貴胄：宋代宗室史》（趙冬梅譯），江蘇人民出版社，2005 年。

17. 姜錫東：《宋代商人和商人資本》，中華書局，2002 年。

18. 加藤繁：《中國經濟史考證》（吳傑譯），中華書局，2012 年。

19. 井上徹、楊振紅編：《中日學者論中國古代城市社會》，三秦出版社，2007 年。

20. 李曉傑：《中國行政區劃通史·五代十國卷》，復旦大學出版社，2014 年。

21. 李昌憲：《中國行政區劃通史·宋西夏卷》，復旦大學出版社，2007 年。

22. 李華瑞：《宋代酒的生產與征榷》，河北大學出版社，1995 年。

23. 李廷先：《唐代揚州史考》，江蘇古籍出版社，1992 年。

24. 李春棠：《坊牆倒塌以後：宋代城市生活長卷》，湖南人民出版社，1993 年。

25. 李景壽：《宋代商稅問題研究》，雲南大學出版社，2005 年。

26. 李之亮：《宋兩淮大郡守臣易替考》，巴蜀書社，2001 年。

27. 梁太濟、包偉民：《宋史食貨志補正》，中華書局，2008 年。

28. 梁方仲：《中國歷代戶口、田地、田賦統計》，中華書局，2008 年。

29. 梁庚堯：《宋代社會經濟史論集》，允晨文化出版有限公司，1997 年。

《南宋的農村經濟》，新星出版社，2006 年。

30. 龍登高：《宋代東南市場研究》，雲南大學出版社，1994 年。

31. 劉子健：《兩宋史研究彙編》，聯經出版事業公司，1987 年。

32. 寧欣：《唐宋都城社會機構研究》，商務印書館，2009 年。

33. 聶崇岐：《宋史叢考》，中華書局，1980 年。

34. 彭信威：《中國貨幣史》，上海人民出版社，2007 年。

35. 全漢昇：《中國經濟史研究》，中華書局，2011 年。

《唐宋帝國與運河》，中央研究院歷史語言研究所，1995 年。

36. 施堅雅：《中華帝國晚期的城市》（葉光庭等譯），中華書局，2000 年。

37. 孫國棟：《唐宋史論叢》，上海古籍出版社，2010 年。

38. 寺地遵：《南宋初期的政治史研究》（劉靜貞等譯），稻香出版社，1995年。

39. 斯波義信：《宋代商業史研究》（莊景輝譯），稻香出版社，1997 年。
《中國都市史》（布和譯），北京大學出版社，2013 年。
《宋代江南經濟史研究》（何忠禮等譯），江蘇人民出版社，2012年。

40. 吳松弟：《中國移民史》（第三卷），福建人民出版社，1997 年。
《中國移民史》（第四卷），福建人民出版社，1997 年。
《中國人口史》（第三卷），復旦大學出版社，2000 年。
《北方移民與南宋社會變遷》，文津出版社，1993 年。

41. 汪聖鐸：《兩宋財政史》，中華書局，1995 年。

42. 王曾瑜：《宋代兵制初探》，中華書局，1983 年。
《宋朝階級結構》（增訂本）中國人民大學出版社，2010 年。

43. 王振忠：《明清徽商與淮揚社會變遷》（修訂版），生活・讀書・新知三聯書店，2014 年。

44. 余英時：《朱熹的歷史世界──宋代士大夫政治文化的研究》，生活・讀書・新知三聯書店，2004 年。

45. 楊聯陞：《國史探微》，中信出版社，2015 年。

46. 楊寬：《中國古代都城制度史》，上海人民出版社，2006 年。

47. 周振鶴：《中國地方行政制度史》，上海人民出版社，2014 年。
《中國行政區劃通史・總論》，復旦大學出版社，2009 年。

48. 周寶珠：《宋代東京研究》，河南大學出版社，1992 年。

49. 中村圭爾、辛德勇編：《中日古代城市研究》，中國社會科學出版社，2004年。

## （四）期刊論文

1. 卞孝萱：《唐代揚州手工業與出土文物》，《文物》1977 年第 9 期。

2. 包偉民：《唐宋城市研究的學術史批判》，《人文雜誌》2013 年 1 期。

3. 常振江等：《略論唐代揚州繁榮的社會基礎》，《揚州師院學報》1981 年第 2 期。

4. 成一農：《「中世紀城市革命」的再思考》，《清華大學學報（哲學社會科學版）》2007 年第 2 期。

5. 崔銘：《雅興、豪情與生命的喟歎——平山堂之於揚州的意義》，《揚州大學學報》（人文社會科學版）2012 年第 1 期。

6. 程宇靜：《揚州平山堂歷史興廢考述》，《揚州大學學報》（人文社會科學版）2014 年第 3 期。

7. 程傑：《揚州梅花名勝考》，《鹽城師範學院學報》（人文社會科學版）2008 年第 2 期。

8. 陳雙印：《五代時期的揚州城考》，《中國歷史地理論叢》2005 年第 3 輯。

9. 陳曉燕：《宋詩所見揚州經濟現象及其成因探析》，《中國城市經濟》2011 年第 27 期。

10. 陳明光：《宋朝逃田產權制度與地方政府管理職能變遷》，《文史哲》2005 年 1 期。

11. 戴建國：《宋代籍帳制度探析——以戶口統計為中心》，《歷史研究》2007 年第 3 期。

12. 杜瑜：《揚州周圍歷史地理變遷對揚州興盛的影響》，《江蘇省考古學會 1983 年考古論文選》1983 年自刊本。

13. 丁家桐：《大宋文治鑄造揚州》，《揚州日報》2010 年 5 月 6 日第 T01 版。

14. 丁文嬌、宋東霞：《論宋代揚州城市經濟的起伏》，《合作經濟與科技》2014 年第 16 期。

15. 傅衣凌：《宋元之際江淮海商考》，《財政知識》第 4 卷第 1 期，1943 年，《傅衣凌治史五十年文編》，中華書局，2007 年。

16. 郭正忠：《唐宋四類城市的規模、布局與管理》，《中國歷史博物館館刊》1987 年第 10 期。

17. 耿鑒庭：《揚州城磚文中的韓世忠抗金部隊番號》，《文物》1959 年第 5 期。

　　　　《揚州南宋城磚裏的抗金抗元部隊番號》，《文物》1962 年第 11 期。

　　　　《從揚州的南宋城磚磚窯談到唐代大雲寺的寺址》，《文物》1963 年第 9 期。

18. 韓茂利：《唐宋之際揚州經濟興衰的地理背景》，《中國歷史地理論叢》1987 年第 1 期。

19. 黃寬重：《宋代城郭的防禦設施及材料》，《大陸雜誌》第 81 卷第 2 期。

20. 胡小偉：《試論宋代的『江湖社會』》，收入張其凡、范立舟主編：《宋代歷史文化研究》（續編），人民出版社，2003 年。

21. 蔣忠義等：《近年揚州城址的考古收穫與研究》，《東南文化》1992 年第 2 期。

22. 蔣忠義:《隋唐宋明揚州城復原與研究》,中國社會科學院考古研究所:《中國考古學論叢》,科學出版社,1993 年。

23. 紀仲慶:《揚州古城址變遷初探》,《文物》1979 年第 9 期。

24. 林承坤:《長江和大運河的演變與揚州港的興衰》,《海交史研究》1986 年第 1 期。

25. 李伯先:《唐代揚州的城市建設》,《南京工業學院學報》1979 年第 3 期。

26. 李孝聰:《公元十至十二世紀華北平原北部亞區交通與城市地理的研究》,《歷史地理》第 9 輯,上海人民出版社 1991 年。

　　《唐宋運河城市城址選擇與城市形態研究》,《環境變遷研究》第四輯,北京古籍出版社 1993 年。

27. 李久海:《論揚州宋三城的布局與防禦設施》,《東南文化》2000 年第 11 期。

28. 李景壽:《宋代商稅問題研究綜述》,《中國史研究動態》1999 年第 9 期。

29. 李裕群:《隋唐時代的揚州城》,《考古》2003 年第 3 期。

30. 李清凌:《關於宋代營田的幾個問題》,《西北師院學報》(社會科學版)1985 年第 3 期。

31. 酈家駒:《論南宋的屯田與營田》,《宋遼金史論叢》第 1 輯,中華書局,1985 年。

32. 廖咸惠:《唐宋時期南方后土信仰的演變──以揚州后土崇拜爲例》,〈臺灣〉《漢學研究》第 14 卷第 2 期,1996 年 12 月。

33. 梁庚堯:《南宋官户與士人的城居》,(臺北)《新史學》第 1 卷第 2 期,《城市與鄉村》,中國大百科全書出版社,2005 年。

　　《從南北到東西──宋代眞州轉運地位的轉變》,《臺大歷史學報》2013 年第 52 期。

34. 柳立言:《南宋政治初探:高宗陰影下的孝宗》,《中央研究院歷史語言研究所集刊》1986 年第 57 本第 3 分,收入《宋史研究集》(第十九輯),(臺北)國立編譯館,1989 年。

35. 劉譜:《南宋兩淮地區的地理環境與宋金戰爭》,《宋史研究論叢》2011 年 12 月。

36. 米壽江:《揚州早期的穆斯林與伊斯蘭教東傳》,《世界宗教研究》1999 年第 2 期。

37. 全漢昇:《唐宋時代揚州經濟景況的繁榮與衰落》,《歷史語言研究所集刊》1943 年第 11 本。

38. 曲英傑:《揚州古城考》,《中國史研究》2003 年第 2 期。

39. 靳生禾、師道剛：《中國古代地理文獻中的等地芻議》，《歷史地理》第10輯，上海人民出版社，1992年。

40. 蘇芳於：《不負廣陵春：物種爭議與書寫演變下的宋代瓊花論述》，（臺灣）《東華中國文學研究》2006年9月。

41. 田漢雲、蔣鴻青：《人文景觀的形成與文化精神的傳承——試論揚州古蹟平山堂》，《揚州文學》2007年第6期。

42. 王濤：《唐宋之際南方城市網絡的形成與繁盛》，《中國經濟史研究》2008年1期。

43. 王勤金：《揚州古城南門遺址的發現與發掘述要》，《揚州師院學報》（社會科學版）1986年第2期。

44. 王曾瑜：《也談揚州城磚中的南宋番號》，《宋遼金史論叢》第一輯，中華書局，1985年。

　　《南宋後期揚州屯駐大軍番號和今存南宋揚州城磚文考釋》，《劉子健博士頌壽紀念宋史研究論集》，（日本）同朋社，1989年。

45. 王曾瑜、王茂華：《古代揚州的城市變遷》，《揚州文化研究論叢》（第12輯），廣陵書社，2013年。

46. 王曾瑜、王茂華、王嘉川：《古代揚州的經濟社會發展考述》，《揚州文化研究論叢》（第13輯）廣陵書社，2014年。

47. 王瑞來：《鏡古孰非殷監呈——〈錢塘遺事〉考述》，《四川師範大學學報》（社會科學版）2003年第4期。

48. 吳濰嘉：《揚州瓊花文化探析》，《文學教育》2013年1月。

49. 吳松弟、王列輝：《唐朝至近代長江三角洲港口體系的變遷軌跡》，《復旦學報》（社會科學版）2007年第2期。

50. 西崗弘晃：《宋代揚州的城市水利》，原載《中國近世社會的都市與文化》，東京大學人文科學研究所1984年；呂娟的中譯本，見《城市發展研究》1996年第1期。

51. 汪勃：《揚州城遺址唐宋城磚銘文內容之研究》，收入《江淮文化論叢》，文物出版社，2011年。

　　《揚州城遺址唐宋城時期用磚規格之研究》，收入《江淮文化論叢》（第二輯），文物出版社，2013年。

　　《淺談揚州宋代平山堂城與堡城的連結》，收入《江淮文化論叢》（第二輯），文物出版社，2013年。

52. 汪勃、王小迎：《揚州南宋堡城和寶祐城的發掘與研究》，《中國國家博物館館刊》，2015年第9期。

53. 謝元魯：《論「揚一益二」》，《唐史論叢》（第3輯）1987年第2期。

54. 邢東升：《宋初淮南之戰地理新解》，《歷史教學》2009 年第 2 期。

55. 嚴耕望：《唐代揚州南通大江三渠道》，《新亞學報》1994 年第 17 卷。

56. 嚴浩偉：《唐詩宋詞中的揚州城市意象》，《安徽文學》2008 年第 2 期。

57. 周寶珠：《宋代城市行政管理制度初探》，中國社會科學院歷史研究所宋遼金元研究室編《宋遼金史論叢》第一輯，中華書局，1985 年。

58. 周運中：《港口體系變遷與唐宋揚州盛衰》，《中國社會經濟史研究》2010 年第 1 期。

## （五）學位論文

### 博士論文

1. 黃登峰：《宋代城池建設研究》，河北大學 2007 年博士學位論文。

### 碩士論文

1. 劉妍：《隋——宋揚州城防若干復原問題探討》，東南大學 2009 年碩士學位論文。

# 附錄一：宋代揚州的政區變動與經濟衰落

## 一、引言：關於宋代揚州衰落的四種解釋

　　在揚州的發展歷史中，唐代是一個輝煌的時期。但隨著唐末五代的動亂，揚州的經濟社會受到嚴重的衝擊。儘管五代南唐時期，揚州曾有恢復的機會，然而時間短暫，且程度有限。趙宋開寶八年（975），南唐歸順趙宋，當時的揚州已是殘破不堪。後主李煜曾有「吳苑宮闈今冷落，廣陵臺殿已荒涼」〔註1〕之句。這雖是亡國之詞，但確實也有現實的背景。北宋中期的歐陽修有「揚州無復似當年」〔註2〕之歎，歐公心存對照的「當年」，自然是揚州繁盛的中晚唐時期。可見入宋後，經過近百年的發展，揚州的社會經濟仍然不及唐時盛況。不但如此，在整個北宋時期相對安靜的環境裏，揚州的發展也一直未曾趕上唐代的繁榮。南宋洪邁針對揚州的盛衰，說「本朝承平百七十年，尚不能及唐之什一，今日眞可酸鼻也。」〔註3〕所謂「本朝」，即北宋，「今日」則指洪邁（1123～1202）所處的南宋時期。顯然，在洪邁眼中，揚州城市的發展，不但北宋不及唐代，南宋更是不及北宋了。

---

〔註1〕 龍袞撰，張劍光整理：《江南野史》卷三「後主」，上海師範大學古籍整理研究所編：《全宋筆記》第1編第3冊，大象出版社，2003年，第173頁。

〔註2〕 歐陽修撰，洪本建校箋：《歐陽修詩文集校箋》卷十三《竹西亭》，上海古籍出版社，2009年，第394頁。

〔註3〕 洪邁撰，孔凡禮整理：《容齋隨筆》卷九「唐揚州之盛」條，上海師範大學古籍整理研究所編：《全宋筆記》第5編第5冊，大象出版社，2012年，第126頁。

　　宋代揚州不是沒有安穩的社會環境，爲何在時人眼中，其城市經濟與社會竟是如此衰落的景象呢？今人對此從多個方面給出了解釋，大體可以歸納爲以下四種說法：一、戰爭說。這一種說法特別強調戰爭對揚州的破壞作用。事實上宋人對此已有認識，洪邁就曾注意到唐末五代戰亂對揚州經濟社會的破壞〔註4〕。今人則進一步強調宋金、宋元戰爭對揚州的負面影響。〔註5〕二、眞州取代說。該說認爲宋代揚州衰落，主要是由於以往促進揚州繁榮的有利條件，特別是港口優勢，被眞州所取代，從而造成宋代揚州的衰落；戰爭非宋代揚州衰落的根本原因。〔註6〕三、港口體系說。該說以爲宋代揚州的衰落，眞州一港並沒有決定性的影響。認爲與唐代揚州一港獨大的局面不同，宋代長江口不但舊港如潤州、江寧、江陰有新發展，新港如眞州、通州、青龍也次第出現，從而分擔了揚州原有的貿易職能，所以唐宋之際長江三角洲港口體系的變遷，才是宋代揚州衰落的最關鍵原因。〔註7〕四、經濟重心南移說。該說對強調港口因素的說法提出了反駁，將城市經濟的盛衰放到唐宋之際經濟重心南移這一經濟格局變遷的大背景下進行考察。認爲唐代揚州的繁榮與經濟重心的南移息息相關；至宋代，經濟重心的南移基本完成，南盛北衰的經濟地理格局已經形成。隨著東南經濟區的全面發展，市舶司等機構的據點向南轉移，揚州失去了通海的機會，揚州的商業流動性也大爲降低。在這些因素的共同影響下，揚州隨之失去了以往經濟中心的地位。〔註8〕

---

〔註4〕　洪邁撰，孔凡禮整理：《容齋隨筆》卷九「唐揚州之盛」條，第126頁。

〔註5〕　陳曉燕：《宋詩所見揚州經濟現象及其成因探析》，《中國城市經濟》2011年第27期，第229～230頁。

〔註6〕　此說由全漢昇先生發其端，謝元魯、西崗弘晃等學者有進一步發揮。詳見全漢昇：《唐宋時代揚州經濟景況的繁榮與衰落》，《歷史語言研究所集刊》第11本，1943年，第149～176頁。謝元魯：《論「揚一益二」》，《唐史論叢》1987年第2期，第231～273頁。西崗弘晃：《宋代揚州的城市水利》，原載《中國近世社會的都市與文化》，東京大學人文科學研究所，1984年：呂娟的中譯本，見《城市發展研究》1996年第1期，第48～50頁。需要注意的是，以上三人雖都強調眞州取代揚州的港口地位，但對戰爭因素的強調程度則不盡相同。相較之下，謝氏最關注戰爭因素對揚州社會經濟的影響，全氏次之，西崗弘晃則未考慮戰爭因素。

〔註7〕　周運中：《港口體系變遷與唐宋揚州盛衰》，《中國社會經濟史研究》2010年第1期，第73～78頁。

〔註8〕　韓茂利：《唐宋之際揚州經濟興衰的地理背景》，《中國歷史地理論叢》1987年第1期，第109～117頁。

　　以上諸說中，「戰爭說」由來已久。但是戰爭只是歷史演進中的變態，整個兩宋時期，揚州區域的常態仍然是安靜和平的，故此說只能部分解釋北宋初期、兩宋之交或者南宋末期揚州的衰落現象，卻不足以解釋整個兩宋時期的揚州相對於唐代鼎盛時期的衰落。全漢昇先生的「真州取代說」，是近人關於宋代揚州衰落的最早論述，開創之功不可沒，且有重要影響﹝註9﹞。然而，一方面真州地位的凸顯有一個歷史過程，另一方面宋代揚州地位的削弱，真州以外的其他統縣政區也有影響作用，不容忽視。所以周運中先生的「港口體系說」，跳出區域史研究的某些局限，從更大的地域範圍內把握宋代揚州的經濟狀況，對以往的研究是一次重要的推進。但「港口體系說」與其說是解釋了局部區域的衰落，不如說是描述了整體區域的發展；由於對唐宋時期揚州內在的變化關注不夠，所以其針對前者的有效性要弱於後者。韓茂莉先生從經濟重心南移的角度進行分析，揭示了城市經濟變遷的宏觀背景，但卻忽視了具體個案之間的差異性。因為若依此說，則與揚州地理位置相近的城市，在兩宋時期也應該呈現經濟衰落的景象；這就無法解釋宋代類似真州這樣城市的突出發展。毋庸置疑，以上諸說都在不同程度上具有一定的合理性，但都不能完全有效地解釋宋代揚州的衰落，甚至沒有抓住這種衰落的關鍵因素。不過以上諸說雖各有側重，但卻有一個相同的特點，即戰爭、港口、交通、經濟重心等因素，都是關注外在因素對宋代揚州城市經濟的影響，相對忽略了晚唐以降揚州自身所發生的內在變化。無論如何，唐人筆下的揚州與宋人言說中的揚州，其所指畢竟已多有不同；唐宋時期揚州行政區劃的差異即是一項重要的內容。討論前後不同時期名稱相同而所指已異的實體，不能不注意此間的區分。基於以上對研究現狀的反思，筆者擬在前賢的基礎之上，從地方行政區劃的角度，對宋代揚州城市經濟的衰落再做探討，希望對以往的研究能有所補充。

---

﹝註9﹞　梁庚堯先生在宋代揚州衰落這一點上，基本觀點與全漢昇先生一致，他最近對宋代真州的社會經濟狀況及其地位有更深入的研究，與宋代揚州息息相關。在一定程度上，甚至可以看成是對宋代揚州研究的直接延伸，故而對認識宋代揚州可以起到有很好的參照作用。詳參梁庚堯：《從南北到東西——宋代真州轉運地位的轉變》，（臺北）《臺大歷史學報》第 52 期，2013 年 12 月，第 53～143 頁。

## 二、宋代揚州政區變動的類型與特點

關於宋代揚州的政區沿革，李昌憲先生已有比較詳細地梳理〔註10〕，但對此間揚州行政區劃變動的基本類型與整體趨勢卻沒有歸納總結，更未將這種變動放到較長時段的歷史中進行觀察。由於這一問題對解釋宋代揚州的經濟狀況有重要意義，故此節主要措意於此。需要特別說明的是，由於涉及較長時段的比較，所以接下來對揚州政區變動過程的考述，偶而也上溯至五代甚至唐代，但不會超過揚州鼎盛的中晚唐時期。

宋初樂史在《太平寰宇記》中記，揚州「元領縣七。今三：江都，廣陵，六合。四縣割出：高郵，天長、海陵，永貞。」〔註11〕《太平寰宇記》所記，主要是北宋太平興國後期的行政區劃〔註12〕，事實上整個兩宋時期，揚州領縣數目的常態是兩到三個，再未達到七。據《舊唐書‧地理志三》，揚州「舊領縣四：江都、六合、海陵、高郵……天寶領縣七」，分別爲江都、江陽、六合、海陵、高郵、揚子、天長。其中天長縣下附注曰：「天寶元年，割江都、六合、高郵三縣地置千秋縣。天寶七載，改爲天長。」〔註13〕所以樂史所謂「元領縣七」，當是李唐天寶元年（742）以後的事。這也是唐代揚州經濟發展趨於鼎盛時的統縣數目，此後至唐末，其數未變〔註14〕。五代十國時期，雖曾一度有增，〔註15〕但爲時甚短。結合《太平寰宇記》與《舊唐書》所記，可知晚唐五代以至宋初，隨著行政區劃的調整，揚州領縣之數，有大幅地消減。這種變化始於何時？政區變動又有何基本類型與整體特點？此皆直接關係宋代揚州政區與經濟之大者，不可不論。茲先條分縷析，之後再作綜論。

揚州的統縣在兩宋時期有變與不變兩類，上述《太平寰宇記》所列七個縣級政區，其領地在兩宋時期一直屬揚州而不變者，有江都與廣陵兩縣。其

---

〔註10〕 周振鶴主編，李昌憲著：《中國行政區劃通史‧宋西夏卷》，復旦大學出版社，2007年。

〔註11〕 樂史撰，王文楚等點校：《太平寰宇記》卷一百二十三《江南道一》「揚州條」，中華書局，2007年，第2442頁。

〔註12〕 關於這一點，參看王文楚先生爲點校本《太平寰宇記》所作之前言，第1～11頁。

〔註13〕 劉昫撰：《舊唐書》卷四十《地理三》，中華書局，1975年，第1572頁。

〔註14〕 周振鶴主編，郭聲波著：《中國行政區劃通史‧唐代卷》，復旦大學出版社，2012年，第420～421頁。

〔註15〕 吳武義元年（919），改稱揚州爲江都府，之後析海陵縣置海陵制置院，海陵制置院即隸江都府。此時江都府（揚州）領七縣一院。

中江都是宋代揚州治所，這是沿襲唐五代的舊例。〔註16〕廣陵本李唐之江陽縣，南唐昇元元年（937）改江陽爲廣陵，〔註17〕至宋太宗太平興國年間仍隸揚州。〔註18〕宋神宗熙寧五年（1072），省廣陵縣入江都。〔註19〕此舉在客觀上造成揚州統縣數目減少，但入江都後，廣陵其地仍屬揚州，所以其對宋代揚州的政區幅員並無實質性的影響。《宋史・地理志四》記南渡後，揚州增縣二，廣陵爲其一，則廣陵此後又從江都析出，但仍隸揚州。

　　宋代揚州統縣之變者，情況較爲複雜，大致可歸納爲四種不同的類型。第一類是從揚州析出而再未回隸。如海陵在唐代爲揚州一穩定之屬縣，隨著南唐昇元元年（937）置泰州，海陵從揚州析出，爲泰州一屬縣，入宋以後，再未回隸揚州。第二類是由縣級政區直接升爲統縣政區。如高郵在晚唐五代時期，爲揚州屬縣。入宋後，於「開寶四年（971）建爲軍，仍以縣隸焉，直屬京師。」〔註20〕此後高郵的行政等級隨政局波動而間有變化，或回隸揚州，或升爲統縣政區。但整體來說，其作爲統縣政區的存在時間要長於作爲揚州屬縣的時間。〔註21〕與高郵類似的還有天長。天長（初名千秋）在李唐天寶以後，亦是揚州屬縣。南唐昇元六年（942），以天長縣置建武軍；中興元年（後周顯德五年，958）正月，升建武軍爲雄州；同年二月，後周平定江淮，降雄州爲天長軍。〔註22〕宋太宗至道

〔註16〕　周振鶴主編，李曉傑著：《中國行政區劃通史・五代十國卷》，復旦大學出版社，2014 年，第 654～656 頁。

〔註17〕　陳鱣：《續唐書》卷十六《地理志》「東都江都府」條，中華書局叢書集成初編本，1985 年，第 150 頁。又參《文獻通考》卷三百一十八《輿地考四》，中華書局，2011 年，第 8661 頁。

〔註18〕　樂史撰，王文楚點校：《太平寰宇記》卷一百二十三「揚州」條，第 2447 頁。

〔註19〕　脫脫等：《宋史》卷八十八《地理志四》，中華書局，1977 年，第 2178 頁。

〔註20〕　樂史撰，王文楚點校：《太平寰宇記》卷一百三十「高郵軍」條，第 2570 頁。

〔註21〕　參周振鶴主編，李昌憲著：《中國行政區劃通史・宋西夏卷》，第 388、519 頁。按，紹興五年七月升高郵爲軍額以後，曾一度又降軍爲縣。關於這一次降高郵軍爲縣的具體時間，見存文獻並無明確之記載，今人的研究也未能確切地指出。陸耀遹纂《金石續編》卷十八有《王佐榜進士提名碑》，係《宋紹興十八年進士提名小記》其「第二甲」之秦淵，「第四甲」之江獻可下均有「揚州高郵縣」之注文，據此可知，在紹興十八年以前，高郵軍已降爲縣，隸屬揚州。《提名記》詳見國家圖書館善本金石組編：《宋代石刻文獻全編》（三），北京圖書館出版社，2003 年，第 699、700 頁。

〔註22〕　徐松輯，劉琳等點校：《宋會要輯稿》方域六之一〇，上海古籍出版社，2014 年，第 9385 頁；《文獻通考》卷三百一十八《輿地考四》，第 8661 頁。按：《太平寰宇記》卷一百三十「天長軍」條，以爲後周升建武軍爲雄州，宋平江南，降雄州爲天長軍，誤。李曉傑先生在「吳國轄境政區沿革」之「建武軍」條

二年（996）廢天長軍爲縣，以縣隸揚州。〔註23〕但宋室南渡後，又起變更。「建炎元年（1127）升爲軍，四年廢爲縣〔註24〕。紹興十一年（1141）復升爲軍；十二年復爲縣，隸盱眙軍。」〔註25〕可見南宋時期的大部分時間，天長非揚州屬縣。第三類是數個析出政區重組爲新的統縣政區。此以建安軍（眞州）的設置爲典型。宋太祖乾德二年（964）以揚州永貞縣之迎鑾鎮置建安軍。眞宗大中祥符六年（1013），進一步升建安軍爲眞州。永貞與六合則先後從揚州析出，成爲建安軍（眞州）的重要屬縣。其中永貞縣係宋太宗雍熙二年（985），割隸建安軍。後以仁宗諱，復改永貞爲揚子〔註26〕，在北宋時期是眞州治所。南宋時期雖幾度變更〔註27〕，但再未回隸揚州。六合在晚唐五代至宋太宗至道二年（996）以前，一直隸屬揚州。〔註28〕至道二年，割隸建安軍。〔註29〕第四類是割其他縣級政區來屬揚州。泰興是宋室南渡後揚州的一增縣。《宋史·地理志》記其紹興五年（1135）從泰州析出，來屬揚州。實際上在紹興五年以前，泰興縣已曾一度撥隸揚州。《宋會要輯稿》記建炎四年五月改高郵軍爲承州，割泰州興化縣以屬，之後緊接著補

中徵引了《太平寰宇記》之文，與其考述有牴牾，卻未加辯證，顯有疏忽。詳見前引李書第 659 頁。

〔註23〕 《宋會要輯稿》方域六之一八又記廢天長軍爲縣在至道三年，當誤。見《宋會要輯稿》第 9389 頁。

〔註24〕 改天長軍爲縣，在建炎四年九月，見《宋會要輯稿》方域六之一五，第 9388 頁。《宋史》卷八十八《地理志四》以天長「紹興元年爲縣」，誤。詳見《宋史》第 2181 頁。

〔註25〕 徐松輯，劉琳等點校：《宋會要輯稿》方域六之一○，第 9385 頁。按：《宋史》卷八十八《地理志四》以天長紹興「十三年，復爲縣」，誤。因紹興十二年，天長縣隸盱眙軍。見《宋會要輯稿》方域六之一五，第 9387 頁。

〔註26〕 盛儀：《嘉靖惟揚志》卷二「建革志」記「改永貞爲永正，避仁廟諱。」上海古籍書店 1963 年影印寧波天一閣藏明嘉靖殘本。今人聶崇岐在《〈宋史〉地理志考異》一文中也有提及，見《宋史叢考》（下），中華書局，1980 年，第 524 頁。

〔註27〕 脫脫等：《宋史》卷八十八《地理志四》，第 2181 頁。

〔註28〕 歐陽修：《新五代史》卷六十《職方考第三》記南唐「以六合爲雄州」，中華書局，1974 年，第 744 頁。李曉傑據《資治通鑒》卷兩百九十四，顯德五年正月條所載「唐以天長爲雄州」，認爲「六合未曾割隸雄州」，《新五代史》「所載不確」。按，南唐時期六合未曾割隸雄州，不誤。然《新五代史》中「爲」字當理解爲「升」，而非「割」。《新五代史》原文爲「六合、天長。故屬揚州。南唐以天長爲軍，以六合爲雄州。」南唐在昇元六年昇天長縣爲建武軍（詳下），所以歐公原意當是南唐升六合爲雄州。然而事實上，雄州乃改建武軍所得之稱謂，非升六合而置。所以歐陽修之說固然有誤，今人的理解也有偏差。

〔註29〕 徐松輯，劉琳等點校：《宋會要輯稿》方域六之一三，第 9387 頁。

充到：「其揚州泰興縣舊屬泰州，卻依舊撥還。」據此可知，建炎四年五月前，泰興縣是隸屬揚州的。若接受《宋史》所謂泰興爲南渡後揚州增縣之一的說法，則南宋時期泰興最初撥隸揚州當在建炎年間，而非《宋史》所謂紹興五年。不過紹興五年以後，泰興之歸屬仍多有變動，在泰州與揚州之間反覆交換。〔註30〕

宋代揚州的政區變動及其類型已考述如上，這些變動所反映出的整體特點也需要稍作總結。一、兩宋時期，揚州統縣數目明顯減少。這一趨勢並非始於趙宋建國，實則自五代十國時期已經開始。天長縣在五代十國時期便已升爲統縣政區，海陵縣割隸泰州也發生在南唐時期。二、宋初太祖、太宗、眞宗三朝，沿襲了五代以來政區調整的趨向，揚州政區幅員進一步縮小。太祖朝以揚州之高郵建軍，直隸京師，以揚州永貞縣之迎鑾鎮置建安軍；太宗朝，先後割揚州永貞縣、六合縣隸建安軍；眞宗朝以建安軍爲眞州，最終將揚州統縣數目減少到三個左右。即便南宋時期有個別縣級政區來屬揚州，仍無法從根本上改變宋代揚州統縣數目減少及政區幅員縮小的整體趨勢。宋代揚州政區規模的大體格局基本定型於北宋眞宗時期。三、與揚州統縣數目減少相關，以析出政區重組統縣政區，使得部分從揚州析出縣鎮之行政等級提升。高郵、天長分別建軍；揚州永貞縣之迎鑾鎮先是建軍，之後又改爲州，成爲與揚州同等級的統縣政區。綜合以上三點，可知宋代揚州所指已與唐代揚州大有不同，在這樣的背景下討論唐宋時期的揚州盛衰，不能不關注行政區劃這一內在因素。宋代揚州政區變動的具體表現大致如上所考，接下來將結合相關具體的政區，對宋代揚州政區變動的成因作進一步地考察，藉此展示其對揚州城市經濟的影響。

## 三、宋代揚州政區變動的原因及影響

宋代揚州的政區變動，主要表現爲統縣數目減少與政區幅員縮小。政區變動的原因及其影響何在，需要結合具體的實例進行分析。眞州是對宋代揚州影響重大的一個政區，其在唐代本是揚州統縣揚子縣轄下之白沙鎮。順義四年（924），「吳主如白沙觀樓船，更命白沙爲迎鑾鎮。」〔註31〕入宋以後，該地行政等級提升，宋太祖乾德二年（964），以迎鑾鎮爲建安軍，以往揚州

---

〔註30〕 脫脫等：《宋史》卷八十八《地理志四》，第 2178 頁。

〔註31〕 司馬光編著，胡三省音注：《資治通鑑》卷二百七十三《後唐紀二》「同光二年十月壬午條」，中華書局，1956 年，第 8926 頁。

轄下之鎮，最終轉變成爲與揚州同等級的地方政區。這一舉措在相當程度上奠定了宋代建安軍（眞州）政區地位的基礎，以後太宗、眞宗朝析揚州統縣以屬及改軍爲州的舉措，則是進一步地鞏固；但這些舉措愈加表明了對眞州地位的重視。眞州之地由鎮到州的轉變，原因是多方面的，大體可以從三個方面說明之。

首先，當地經濟社會的發展是最基礎而重要的內在因素。唐代宗朝劉晏推行鹽法時，曾在白沙鎮置巡院，爲揚州兩所巡院之一，負責食鹽相關事務〔註32〕。唐穆宗時也有類似的舉措〔註33〕。可見該地在經濟上的重要性在唐代已有凸顯。入宋以後，宋廷在乾德二年「以迎鑾鎮爲建安軍」，隨即在其地「置場榷茶」，是爲當時淮南地區唯一的榷場（另外三處分別設在京師、漢陽與蘄口），負責江南茶務〔註34〕。至道元年（995），江淮發運使置局淮南，治所即設在眞州，此舉進一步堅實了建安軍（眞州）在經濟上的優勢。歐陽修在皇祐三年（1051）所作《眞州東園記》中說：「眞爲州，當東南之水會，故爲江淮、兩浙、荊湖發運使之治所」〔註35〕，即是就此而言。榷場、發運司等經濟性機構的設置，表明宋廷對建安軍（眞州）地位的看重；與此同時，也使建安軍（眞州）成爲商人、貨物的聚集、中轉地。這爲當地經濟社會的發展，提供了重要的場域條件。關於兩宋時期眞州其地在經濟發展與經濟地位方面的具體表現，最近梁庚堯先生在其長文中有比較詳細的論述〔註36〕，可以參看。這裡需要特別指出的是，梁先生之文在於考察宋代眞州在轉運方面的重要地位，本文則主要是強調眞州的突出發展對鄰近的揚州地位的削弱。之所以稱之爲削弱，是因爲眞州之設立，是割揚州之地而爲之。安史之亂以後，中原殘破，京師經濟供給多仰仗江南。唐代宗時，劉晏在改善漕運的過程中，有「江南之運，積揚州」〔註37〕之規劃。類似的記載不少，權德輿記揚州「控

---

〔註32〕 歐陽修、宋祁撰：《新唐書》卷五十四《食貨志》，中華書局，1975年，第1378頁。

〔註33〕 穆宗長慶元年三月，鹽鐵使王播奏：「揚州、白沙兩處納榷場，請依舊爲院。」獲准。見《舊唐書》卷四十八《食貨志》，第2018～2109頁。

〔註34〕 李燾撰：《續資治通鑒長編》卷五「乾德二年八月辛酉條」，中華書局，2004年，第131頁。

〔註35〕 歐陽修撰，洪本建校箋：《歐陽修詩文集校箋》卷四十《眞州東園記》，第1029頁。

〔註36〕 詳參梁庚堯：《從南北到東西——宋代眞州轉運地位的轉變》，（臺北）《臺大歷史學報》第52期，2013年12月，第53～143頁。

〔註37〕 歐陽修、宋祁撰：《新唐書》卷五十三《食貨志》，第1368頁。

荊衡以沿泛，通夷夏之貨賄。四會五達，此爲咽頤。」〔註38〕王溥記「廣陵
當南北大衝，百貨所積。多以軍儲貨販，列置邸肆。」〔註39〕凡此之類，皆
說明中晚唐時期，揚州在物資轉運環節的中心位置。然而至於宋代，揚州雖
然仍具備一定的漕運功能，但如上所述，已有相當部分被眞州分割。所以我
們必須記住眞州是從揚州分割出去的政區，才能更好地解釋宋代揚州城市經
濟的現狀。因爲若無此行政區劃上的調整，當眞州其地仍隸屬揚州時，其經
濟社會的發展雖然對揚州州城盛衰有一定的影響，但就整個揚州行政區域而
言，卻反而表明了該區發展出現新的活力，形成了新的經濟中心。或者只能
說宋代揚州區域內部發展的不平衡，而不能籠統地說宋代揚州已經衰落。就
這一點而言，眞州其地經濟的發展對揚州的影響至少不會像通常認爲的那麼
大。若著眼於財政方面，對這一點可以有更具體的認識。宋代縣級行政單位
尚未形成獨立的地方財政管理層級，其管理在很大程度上依賴於本州。統縣
政區有權將屬縣的相關經費收歸本部；而且實際上在兩稅的收納方面，也有
直接輸往州的可能。在這樣的情況下，縣級政區對所屬州統縣政區的財政方
面是有一定的反哺作用的。〔註40〕所以當眞州之地作爲揚州轄區時，對揚州
經濟也當有類似的效果。從揚州析出的其他政區，雖然經濟上的地位各有輕
重，但同樣也應該注意到這一層面。此可見政區因素在討論宋代揚州經濟衰
落過程中的重要性。

　　其次，良好的水運交通條件，是眞州之地成爲重要的轉運中心，在經濟
上有顯著的發展的必要基礎。胡三省謂：「迎鑾鎮，本唐之白沙也。吳主楊
溥至白沙，閱舟師，徐溫自金陵來見，因以白沙爲迎鑾。」〔註41〕此雖是記
更名經過，但楊溥於白沙鎮會見自金陵而來的徐溫，已足見白沙之地在長江

〔註38〕　權德輿：《大唐銀青光祿大夫檢校司徒同中書門下平章事太清宮及度支諸道鹽
　　　　　鐵轉運等使崇文館大學士上柱國岐國公社公淮南遺愛碑銘（並序）》，見周紹
　　　　　良主編：《全唐文新編》（第3部第1冊）卷496，吉林文史出版社，2000年，
　　　　　第5859頁。
〔註39〕　王溥：《唐會要》卷八十六《市》，上海古籍出版社，2006年，第1874頁。
〔註40〕　此處關於宋代縣級政區的財政制度，參看包偉民：《宋代地方財政史》第二章
　　　　　「屬縣財政」，上海古籍出版社，2001年，第65～75頁。
〔註41〕　司馬光編著，胡三省音注：《資治通鑑》卷二百九十四《後周紀五》顯德五年
　　　　　三月辛卯條，第9580頁。按：黃裳《新定九域志》（古蹟）卷五眞州條，記
　　　　　「迎鑾鎮……偽唐置」，與《宋史·地理四》所謂「南唐改（白沙鎮）爲迎鑾
　　　　　鎮」同誤。引文分見王存撰，王文楚等點校《元豐九域志》（下）之「附錄」，
　　　　　第613頁；《宋史》卷八十八《地理四》，第2181頁。

一線的交通優勢。宋初樂史謂迎鑾鎭是「揚州大江入京口之岸」〔註42〕，也點明了這一點。事實上，當時此處不但是東西向長江沿線的重要港口，同時也是南北向運河沿線的交通樞紐。這一點只需與當時運河揚州段的狀況稍作對比，即可看出。《舊唐書‧高駢附秦彥傳》記，揚州「自（畢）師鐸、秦彥之後，孫儒、（楊）行密繼踵相攻。四、五年間，連兵不息。廬舍焚蕩、民戶喪亡，廣陵之雄富掃地矣。」〔註43〕這是描述戰爭因素對揚州城市經濟社會的影響；實際上運河航道狀況的惡化，對宋代揚州的影響更爲長遠。運河揚州瓜洲段，在宋代已不如隋唐時期暢通。〔註44〕眞宗天禧四年（1018）江淮發運使賈宗建言重開揚州古運河，此雖是爲解決漕運曲折之流弊問題〔註45〕，卻也從一個側面反映出當時揚州運河的荒廢狀況。其時，江南往北的漕船，相當部分行至眞州，經眞揚運河北上至揚楚運河，之後入淮河。史載「建安北至淮澨，總五堰，運舟十綱上下，其重載者，皆卸糧而過，舟壞糧失，率常有之，綱卒傍緣爲奸，多所侵盜。（喬）維岳乃命創二斗門於西河第三堰，二門相踰五十步，覆以夏屋，設懸門蓄水，俟故沙湖平，乃泄之。建橫橋於岸，築土累石，以固其趾。自是，盡革其弊，而運舟往來無滯矣。」〔註46〕喬維岳治理建安軍至淮河之間的運河，在宋太宗雍熙元年（984）以前，此年二月他便被任命爲淮南轉運使。透過喬氏治理建安軍往北運河的舉措，可以看到其地的水運交通較之揚州，更早得到了宋廷的重視，且航道的整治維修也及時有效。南宋人樓鑰說，北宋時期，「眞之爲州未遠也……而實當江淮之要會。大漕建臺，江湖米運，轉輸京師，歲以千萬計。維揚、楚、泗俱稱繁盛，而以眞爲首。」〔註47〕所謂「大漕建臺，江湖米運」，正是眞州在漕運交通方面優勢的具體反映。眞州「繁盛之首」的地位，與此是分不開的。

---

〔註42〕 樂史撰，王文楚等點校：《太平寰宇記》卷一百三十《淮南道八》「建安軍」條，第2573頁。

〔註43〕 劉昫撰：《舊唐書》卷一百八十二《高駢附秦彥傳》，第4716頁。

〔註44〕 日本人西岡弘晃在《宋代揚州的城市水利》一文中，對此有簡要的論述，可參看。見《城市發展研究》1996年第1期。大體來說，宋代運河揚州段狀況的惡化，是由人爲與自然因素共同造成的，人爲因素大致包括戰爭與城市生活垃圾的排放，自然因素主要指的是長江下游航道變動導致的揚州運河水位下降。

〔註45〕 李燾：《續資治通鑒長編》卷九十三「天禧三年六月辛卯條」，第2149頁。

〔註46〕 李燾：《續資治通鑒長編》卷二十五「雍熙元年二月壬午條」，第573～574頁。

〔註47〕 樓鑰：《攻媿集》卷五十四《眞州修城記》，文淵閣《四庫全書》本，臺灣商務印書館，1986年，第1153冊，第7頁。

再次，眞州的設置不能忽視政治因素的影響。趙宋政權在結束五代以來的混亂局面後，爲避免王朝短命的命運，採取了不少加強中央集權、消弱地方勢力的舉措。研究者多引用趙普對太祖說的一番話，說「唐季以來，戰鬥不息，國家不安者，其故非他，節鎮太重、君弱臣強而已矣。今所以治之，無他奇巧也。惟稍奪其權、制其錢穀、收其精兵，則天下自安矣。」〔註48〕認爲宋廷針對地方而採取的集權措施，主要從「稍奪其權、制其錢穀、收其精兵」三個方面展開。〔註49〕這三個方面所包含的具體內容是多樣的，而且隨著時間的推移，又有新的變化。以往的研究關注到職官、經濟、軍事、政區地理等因素，但對此間政區地理變動的關注仍嫌不夠。雖然罷去藩鎮支郡被研究者當成宋廷消弱地方權力的重點之一，但這只是宋廷針對所謂「（準）高層政區」的政策，而像宋代府、州、軍、監之類的「統縣政區」〔註50〕卻同樣不可忽視。

據今人的統計，歷代每單位統縣政區所轄縣級政區平均數，北宋爲 3.5 個，小於之前的隋唐時期與之後的元代，是中國古代統縣政區轄縣數目的第二個波谷時段，兩宋時期，有將近十分之一的州只轄有一縣之地。〔註51〕若考慮到行政區劃變動中的政治主導性〔註52〕，則宋代統縣政區地域縮小的現狀，當與其時宋廷試圖強化中央集權的政治需求當有直接的關聯；因爲如此以來，地方作亂的土地、人口（兵甲），乃至於財政資本，都被釜底抽薪式地剝奪了〔註53〕。揚州作爲晚唐淮南節度的根據地，五代十國時期，又先後作爲首都（吳）與陪

---

〔註48〕 司馬光撰，鄧廣銘、張希清整理：《涑水記聞》卷一，上海師範大學古籍整理研究所編：《全宋筆記》第 1 編第 7 冊，大象出版社，2003 年，第 13 頁。

〔註49〕 比較有代表性的論述，可以參看聶崇岐：《論宋太祖收兵權》，《宋史叢考》（上），第 263～282 頁。鄧廣銘：《論趙匡胤》，《鄧廣銘治史叢稿》，北京大學出版社，2010 年，第 258～268 頁。

〔註50〕 這裡的「（準）高層政區」與「統縣政區」的概念，借用的是周振鶴先生的界定，見《中國行政區劃通史·總論》，復旦大學出版社，2009 年，第 9～10 頁。

〔註51〕 第一個波谷出現在魏晉南北朝時期，但當時並非爲消減地方權力，而主要是出於分官設職的需求。參《中國行政區劃通史·總論》，第 71～72 頁。關於兩宋不同時段的揚州統縣與數目，李昌憲先生有比較具體的統計，其中太平興國四年（4，此爲個數，下同）、咸平二年（3）、天禧四年（3）、元豐八年（3）、宣和五年（2）、紹興十二年（4＋1）、嘉定元年（3）、端平元年（2）、咸淳九年（2），大體與上述平均值相接近。詳《中國行政區劃通史·宋西夏卷》第二編「宋代省地各斷代年限的地方行政區劃」。

〔註52〕 周振鶴：《中國行政區劃通史·總論》第六章，第 152～160 頁。

〔註53〕 聶崇岐：《論宋太祖收兵權》，《宋史叢考》（上），第 275 頁。

都（南唐），其地位可見一斑；而且宋初李重進也曾一度據城為亂，所以宋廷定會引以為戒。在宏觀背景與現實事例的共同影響下，揚州政區面積的縮小是很容易理解的。而且真州之地有如上文所述的良好經濟與交通條件，所以宋廷設置統縣政區是水到渠成之事；這與揚州政區的縮小，實是一體之兩面。

以上結合宋代真州的實例，考察了揚州政區分化的原因及其對揚州的消弱作用。但如論文第一節所考述，宋代從揚州分割出去的政區，不止於真州。其他政區的變動，同樣不可忽視。揚州東部的海陵縣，在五代南唐時期，即已割隸新設泰州，入宋以後再未回隸揚州。五代宋初的徐鉉，在《唐故泰州刺史陶公墓誌銘》中，曾謂海陵為「甸服之地，邦賦最優。」〔註54〕徐氏乃揚州當地人，其對鄰近地區的認知當為可信，可知該地經濟在五代時期，表現已比較突出。而晚唐五代時期，此地又吸收了北方與周邊地區的不少移民，〔註55〕開發程度自然進一步加深。所以泰州之設，將揚州一重要經濟地帶割出，無疑對揚州的經濟有消弱作用。

與海陵縣的析出受經濟因素影響稍有不同，天長軍與高郵軍的設置則多了一層軍事因素。入宋後，在揚州西北部有天長軍，此地在唐五代時期，政區等級頗有提升，北宋時期太宗至道二年（996）廢軍為縣以後，一直為揚州屬縣。但南宋建炎元年（1127）和紹興十一年（1141）兩度升格為統縣政區。江淮地區是南宋與金對峙的前沿地帶，戰略地位可想而知。宋廷升縣為軍的兩個年份，都是宋金關係緊張時節，所以這種舉措，當主要是出於邊境軍事防禦的需求。當宋金議和達成以後，這種需求的程度降低，故而紹興十二年降軍為縣。但這並不意味著淮東地區戰略地位的下降，雖然建炎四年（1130）降天長軍為縣，但同時也升高郵軍為承州；兩者當是平衡之舉。無論如何，天長軍的設置與否，受軍事因素的影響，並直接關係到宋代揚州的政區幅員與經濟社會。〔註56〕

---

〔註54〕 徐鉉：《騎省集》卷十五《唐故泰州刺史陶公墓誌銘》，文淵閣《四庫全書》本，臺灣商務印書館，1986 年，第 1085 冊，第 116 頁。

〔註55〕 吳松弟：《中國移民史‧隋唐五代時期》，福建人民出版社，1997 年，第 284〜290 頁。

〔註56〕 周振鶴先生在分析軍事因素對行政區劃的影響時，說「在軍事因素的作用下，政區的幅員、形狀、邊界等方面都有特殊的表現。……軍事行動和軍事征服以後，政區的劃分往往與軍事行動過程和軍事區域密切相關」（《中國行政區劃通史‧總論》，第 116 頁）。實際上，據本文的實例，除幅員、形狀、邊界以外，政區等級也往往受到軍事因素的影響。

　　高郵軍的興廢，除北宋神宗、哲宗兩朝因政爭先後反覆以外，宋太祖開寶年間以高郵建軍，直隸京師，顯然是爲消弱揚州勢力，以便加強對地方的控制，是所謂遏制地方擾亂的一類舉措。〔註57〕高郵軍在南宋時期的興廢狀況，與天長軍的情形類似，都受到宋金軍事態勢的影響。建炎二年（1128），兩浙路轉運提刑司據江陰縣父老胡崇狀文，以高郵軍人口尚不及江陰戶口之半卻已復軍爲例，請復置江陰軍。〔註58〕這種類比雖然是以戶口爲依據，但卻突出了戶口之外的其他因素對高郵軍建置的重要影響。這一因素主要即是軍事因素。高郵由於地處揚州正北，在宋金對峙中，更處前沿。宋孝宗曾說：「若把定高郵，不放糧船過來，則虜不能久留淮上，自當引去也。」〔註59〕此足見高郵戰略地位之重要，所以建炎四年宋廷改高郵軍爲承州，提高其軍政地位，不是沒有理由的。雖然紹興年間高郵軍的興廢又幾經反覆，但整個南宋時期，乃至通觀全部兩宋時期，高郵軍作爲統縣政區的存在時間仍長於廢罷時間，此間軍、政動態是重要的影響因素。但除此之外也還有一定的經濟、交通條件爲支撐。高宗紹興三十一年（1161）四月升高郵縣爲軍時，權發遣淮南路轉運副使楊杭言：「揚州高郵縣元係軍額，昨緣兵火，一時權宜爲縣。今來戶口在淮東最爲盛處，第去揚州遼遠，民戶輸納不便。兼縣界所管運河堤岸接連，湖濼深遠，豪右狠通姦利，慮致引惹生事，乞依舊改爲高郵軍。」〔註60〕楊氏的言論雖然簡短，包含的信息卻很豐富，從中可以看出：（一）高郵行政等級的升降，不但與軍事動態相關聯，而且也受到經濟狀況的影響，而其等級的升降又直接影響到揚州的財政收入。（二）南宋時期，高郵的人口與賦稅，曾至爲繁盛，排在淮東地區前列，這是高郵保留軍額的一個重要基礎條件。（三）與經濟相關，高郵「運河堤岸接連，湖濼深遠」，其水運交通也非常便利，所以往往成爲豪右作奸犯科的場所。此三點雖是南宋時期的狀況，但仍可從中看出影響政區分化的基本因素及政區分割對揚州經濟的影響，因此可以與前面以眞州、天長、海陵爲例的討論互補。

　　以上所論，集中在從揚州析出之政區，事實上換一個角度，透過揚州的

〔註57〕　聶崇岐：《宋代州府軍監之分析》，《宋史叢考》（上），第71頁。

〔註58〕　詳見繆荃孫纂《江陰縣續志》卷二十一《金石記》之《建炎（二年）復軍指揮》，國家圖書館善本金石組編：《宋代石刻文獻全編》（二），第182～183頁。

〔註59〕　徐松輯，劉琳等點校：《宋會要輯稿》兵二九之一八～一九，第9246頁。

〔註60〕　徐松輯，劉琳等點校：《宋會要輯稿》方域六之九，第9384頁。

新增屬縣，同樣可以考察政區變動對宋代揚州經濟的影響。紹興五年（1135）三月八日，經揚州知州葉煥建言，宋廷詔令泰州泰興縣並柴墟鎮及遵化鄉撥隸揚州。葉氏言：「前任守臣湯東野、宋孝先在任已得指揮，將泰興縣並柴墟鎮、遵化一鄉，撥隸揚州，因虜人侵犯，權隸泰州。上件縣鎮鄉不經虜人入境，即有稅入可助揚州經費，乞還隸揚州。」〔註61〕此段引文一方面爲南宋時期的軍事活動影響揚州地區的政區變動又添一例；另一方面也再次表明政區變動對揚州的財政經濟有直接地影響。此處「泰興縣並柴墟鎮、遵化一鄉」的併入，可以增加揚州經費；相反，眞州、高郵軍、天長縣、海陵縣的設置與析出，同樣可以消弱揚州的經濟地位，影響其經濟發展。這是可想而知的。

　　根據前文結合實例的分析，可知影響宋代揚州政區變動的因素是多方面的，涉及經濟、政治、軍事、交通、港口等內容〔註62〕，而政區分化的調整，也反過來對揚州經濟產生消弱作用。以往關於宋代揚州轉向衰落的研究，多從其中經濟、港口、戰爭（軍事）等某一個具體的方面入手，認爲在某一因素的影響下，直接導致了宋代揚州的衰落。如此或可將某些具體問題論述得更深入，但對於認識宋代揚州的衰落這一點來說，卻顯得頗爲不足。第一，不夠全面。以上各種因素雖可獨立進行分析，但事實上卻相互關聯，共同對城市經濟產生影響。只有統合起來觀察，才能對當時揚州經濟的變動有更準確的認識。不但如此，前人的研究往往忽視了宋廷強化中央集權這一政治因素對揚州經濟社會的影響。而若考慮到這一點，宋代揚州的相對衰落，在一定程度上可以說是在所難免。第二，忽視了政區變動這一因素。本文開始在反思研究現狀時指出，以往關於唐宋時期揚州盛衰轉變的研究，多關注外在因素，而相對忽視了揚州自身內在的變化。此內在的變化，即是揚州政區的變動。一方面，經濟、軍事、政治等因素會影響到揚州的行政區劃，另一方面行政區劃的變動又反過來影響到揚州的經濟盛衰與地位。從這裡可以看出政區因素在分析唐宋時期揚州盛衰過程中的特殊性，它與經濟、軍事、政治、交通等因素並非處於同一個層次。這正是本文所著重強調的。

---

〔註61〕　徐松輯，劉琳等點校：《宋會要輯稿》方域六之一三，第9386頁。

〔註62〕　今人認爲，在經濟重心南移的背景下，政區密度有從南稀北秘到南秘北稀的轉變。這是宏觀的論斷，本文則是具體的實證。若如上說，則宋代揚州行政揚州轄下的析出與升級，以及揚州自身政區幅員的減小，正是體現了這一轉變趨勢。見周振鶴：《中國地方行政制度史》第十章第三節「南方和北方政區分佈密度的逆轉」，上海人民出版社，2014年，第288～292頁。

## 結語

唐宋時期，揚州經濟之盛衰變遷，關涉的內容卻是多個方面的。如經濟重心之轉移、港口交通之變遷、軍事戰爭之影響，政區地理之分化等等。本文對前賢留意較少的行政區劃特別予以關注。唐宋時期揚州政區之所以發生重大的變化，有宏觀的歷史背景也有區域性的現實條件，兩類因素對宋代揚州經濟乃至於軍政地位都有一定的消弱作用。

從宏觀層面講，安史亂後，地方藩鎮勢力影響巨大，對中央政權多有威脅，皇權方面遂多有強化中央集權的意向。所以趙宋政權建立以後，在這方面採取了相當多的措施，調整行政區劃便是其中一個重要方面。在行政區劃的變動中，統縣政區幅員之縮減，又是一項重要內容。宋代揚州政區幅員的縮小，在當時並非特例，它是強幹弱枝的立國態勢下，宋廷加強對地方控制的客觀要求，正體現了趙宋政權刻意分化唐末以來地方藩鎮的政治考量。需要注意的是，揚州政區幅員的縮小，在唐末五代已見趨勢，並非始於宋代，不過隨著時間的推移，這些析出政區，或行政等級直接提升，或隸屬新設政區，最終在北宋真宗朝形成相對穩定的格局。梳理清這一點之後，可知以往的研究不但對政區地理的關注不夠，而且往往也缺少歷史的眼光，即只將研究時段局限於宋代，不能從較長時段的歷史變遷中，考察宋代揚州的相對衰落。

從區域性的現實條件來看，影響宋代揚州政區變動的因素是多方面的。其中有經濟因素，如唐末以來揚州轄下政區經濟實力的提升，像真州、高郵軍的設置、海陵縣的析出（泰州之設置）均與此有關，而真州更是官方重要經濟機構如榷場，發運司的設置地。有交通因素，如運河航道的變化，這為真州、高郵提供了重要的交通條件，港口優勢成為當地經濟重要的拉動力量。有軍事因素，如高郵軍、天長軍的興廢與宋金軍事動態緊密相關。影響不同政區的主要因素或各有側重，但整體來說，這些因素是相互關聯的，共同促成了揚州政區幅員的縮減，並最終對揚州經濟社會的發展造成影響。

總結地說，宋代揚州統縣數目的減少，以及析出政區行政等級的上升，一方面與析出政區自身的經濟、交通等條件密切相關，另一方面也符合趙宋王朝加強中央集權的整體意向，是宋廷重內輕外、加強對地方控制的一種重要表現。雖然宋代揚州不及唐代揚州之繁華，但從另一個角度說，這一現象

恰恰是趙宋王朝在加強中央集權，消弱地方勢力方面的一個很好的例證。晚
唐五代至兩宋時期，隨著揚州轄下政區的相繼析出，宋代揚州與唐代鼎盛時
期的揚州相比，其政區幅員大爲縮小，地域面積只是唐代揚州西、北、東三
面部分切割之後的剩餘。而析出政區在經濟、交通、軍事等方面多有一定的
優勢，從而消弱了揚州的地位，揚州經濟的發展也隨之受到影響。特別需要
指出的是，這些因素必須通過行政區劃的調整這一步，當眞州、高郵軍等政
區從揚州割離出去之後，才能夠成對揚州地位的削弱；政區因素的特殊性即
表現在這裡。考察宋代揚州經濟的衰落，若只從港口、交通、戰爭、經濟重
心等外在因素進行解釋，則都遺漏了一個重要環節。

# 附錄二：宋孝宗朝揚州城池建設考——
## 兼論地方視野下的「孝宗恢復」

## 引言

　　元人劉一清說，南宋「高宗之朝，有恢復之臣，而無恢復之君。孝宗之朝，有恢復之君，而無恢復之臣；故其出師才遇少衄，滿朝爭論其非。屈己請和而不能遂孝宗之志。」〔註1〕劉一清對南宋高、孝兩朝軍政的整體態勢，有比較準確地把握。針對南宋的「恢復」問題，他特別強調當時君臣遇合與否，著眼點主要側重在中央而非地方。所謂孝宗時期「出師才遇少衄，滿朝爭論其非」，說的就是彼時的中央輿論。劉氏著眼於中央的傾向，也體現在今人的論著當中。〔註2〕通過這些論著，對孝宗朝關於「恢復」的話題，如何在士大夫群體中展開，如何影響當時上層的人事變動與政治運作等問題，會有比較清楚地認識。但所謂「恢復」，絕非僅僅是「坐而言」，最後必須上升到「起而行」的階段；否則「恢復」就沒有任何實際的意義可言，也不會是孝宗所期待的最後狀態。所以僅憑藉這些集中在上層或者中央的論述，尚不足

---

〔註1〕　劉一清：《錢塘遺事》卷2，「孝宗恢復」條，臺北：商務印書館影印文淵閣《四庫全書》本，第408冊，1986年，第973頁。

〔註2〕　比較有代表性的著作，如余英時：《朱熹的歷史世》，北京：生活・讀書・新知三聯書店，2004年。日本學者寺地遵的《南宋初期的政治史研究》（劉靜貞等譯），臺灣：稻香出版社，1995年。柳立言的《南宋政治初探：高宗陰影下的孝宗》，原刊《中央研究院歷史語言研究所集刊》第57本第3分，1986年。後收入《宋史研究集》（第十九輯），臺北：國立編譯館，1989年，第203～256頁。

以全面認識「孝宗恢復」。劉一清「出師才遇少魝」的說法，雖然已經涉及具體的行動，可惜在他的言說中，這只是誘因，並非最後想要強調的重點。試想，若南宋朝廷出師大捷，也就無所謂滿朝爭論；故而要討論「孝宗恢復」，彼時地方社會的軍政動態不能置之不論。這是「恢復」至關重要的一環，直接關涉到「恢復」的成敗與否。茲以宋金對峙的江淮重鎮揚州爲例，在詳細考察孝宗時期揚州城池建設的基礎上，從地方視野中，觀察孝宗時期的軍政動態，探究「孝宗恢復」背景下中央與地方的互動關聯。希冀彌補以往研究中的一些偏差，進而對「孝宗恢復」有更爲全面地認識。其中不當之處，尚請方家指正。

## 一、「內地修城」：揚州州城之修補

靖康亂後，趙構即位於南京應天府。當時金兵壓境，南京並非常駐之地。在宋室南遷的規劃中，揚州是重要的備選之地。如此以來，當時的揚州城已非一般意義上的地方州城，故其城池建設勢必加強。史載建炎元年（1127）五月丁巳，宋廷「詔成都、京兆、襄陽、荊南、江寧府、鄧、揚二州儲資糧，修城壘，以備巡幸。」〔註3〕這是針對地方一些重要政區的詔令，可見在軍政動態遽變之下，宋廷對地方城池建設的重視。單獨針對揚州的詔令出現在四個月後，建炎元年九月，趙構命當時的揚州守臣呂頤浩修城池〔註4〕；高宗隨後於十月幸淮甸，癸未日「至揚州，駐蹕州治。」〔註5〕見存史料中未見關於此次揚州城池修築的詳細規劃，然建炎二年十月，「言者論：維揚之城，可攀援上下，其濠池可步而往來。乃詔揚州修城濬濠。」〔註6〕從揚州城牆「可攀援上下，其濠池可步而往來」的言說來看，呂頤浩任內的揚州城池建設，並未取得實際的成效。儘管建炎二年續有修城之詔〔註7〕，亦無實質性的效果，

〔註3〕 脫脫等：《宋史》卷24，北京：中華書局，1977年，第445頁·
〔註4〕 李心傳：《建炎以來繫年要錄》卷9，建炎元年九月甲午條，北京：中華書局，1988，第214頁。
〔註5〕 李心傳：《建炎以來繫年要錄》卷10，建炎元年十月癸未條，第236頁。
〔註6〕 李心傳：《建炎以來繫年要錄》卷18，建炎二年十月甲寅條，第357頁。
〔註7〕 明清人修方志時，往往認爲建炎二年（1128）揚州修城是郭棣（1132～1192）任內之事。如天一閣藏明代《嘉靖惟揚志》（上海古籍書店1963年影印天一閣藏本）卷10「軍政·城池·宋大城」條，記「宋建炎二年命揚州增修城壁，知揚州郭棣築」，《乾隆江南通志》（商務印書館1987年影印文淵閣《四庫全書》本）卷33《輿地志》記「建炎三年，郭棣知揚州，以故城憑高臨下，四面險固。即遺址建築，謂之大城。」實際上只從年歲上著眼，這已是不可能的事。

因同年十二月，吏部侍郎劉珏在言「備敵之計」時，有「維揚城池未修」〔註8〕之語。近年來發掘的考古資料，大體上也證實了這一點。高宗駐蹕揚州，為時甚短。建炎三年二月，金兵南下，焚揚州，高宗便倉惶渡江了。待金人撤離，宋廷收復的揚州城，已遭焚毀。〔註9〕稍後高宗在臨安落下腳跟，偏安和議，高宗朝再未有修築揚州城池的舉措。

與高宗傾向於議和的政治取向不同，南宋孝宗則以「恢復」而著稱，日本學者寺地遵曾認為，相較於高宗朝，孝宗朝有另一種「體制」之形成。就城池建設而言，孝宗時期的表現確實更具積極性，而淮甸地區尤為顯著。隆興元年（1163），孝宗「詔修真州六合城。以九月二十二日興役，十一月九日畢。北城創立，餘增修。」〔註10〕真州位於揚州西南，緊靠長江，在唐代本是隸屬揚州揚子縣的白沙鎮，進入宋代以後，該地有突出的發展，經濟地位甚至超過了鄰近的揚州。〔註11〕孝宗在即位之初即修真州六合城，不到兩個月即完工，且北城為新創。這是在宋金交戰期間完成的工程；城建與軍事之間的關聯顯而易見。但與真州相比，孝宗朝揚州的城池建設表現更為突出，《宋會要輯稿》記：

> 乾道三年（1167）五月二十三日，詔修揚州城。先是，主管殿前司公事王琪言：「揚州為淮東重城，地面狹隘，壕塹水淺，四外平陸地無險，乞貼築城壁，開掘舊壕。」從之。其後琪奏修城磚灰，葉顒因言：「揚州修城，工役甚大，議者以為恐勞動兵眾，未甚有益，且致敵人言。」上曰：「內地修城，何預邊頭？且誓書所不載。萬一

李心傳《建炎以來繫年要錄》建炎二年四月丙戌條，有「中大夫黃願直龍圖閣，知揚州」之記載，黃願至建炎三年二月方才「落職」，所以建炎二年十月知揚州者乃黃願而非郭棣。《嘉靖惟揚志》所記當誤，《乾隆江南通志》以為建城在建炎三年，更是一誤再誤。郭棣雖有修築揚州城池之舉，事在孝宗朝，詳見下文。

〔註8〕 脫脫等：《宋史》卷378《劉珏傳》，第11667頁。

〔註9〕 李心傳：《建炎以來繫年要錄》卷20，建炎三年二月戊辰條，第403頁。時人趙鼎在《揚州竹西亭》中，有「路入揚州秋草殘……黃葉西風薄暮寒」之詠。據此，大致可以想像戰後揚州城的荒涼。

〔註10〕 徐松輯，劉琳等點校：《宋會要輯稿》方域9之4，上海：上海古籍出版社，2014年，第9448頁。

〔註11〕 全漢昇：《唐宋時代揚州經濟景況的繁榮與衰落》，見《歷史語言研究所集刊》，1942年第11集，第149～176頁。梁庚堯：《從南北到東西──宋代真州轉運地位的轉變》，見《臺大歷史學報》，2013年第52卷，第53～143頁。

今冬有警，悔又無及。朝廷作事，安能盡卹浮議，不至張皇可也。」
〔註12〕

乾道三年的詔令，是孝宗朝第一次揚州修城之舉。這段文字包含的內容很重要，但對一些細節交代得不夠清楚，需要略加考述，以見孝宗朝揚州修城的深層蘊意。

首先是乾道三年揚州修城的背景。揚州修城除與孝宗意主恢復的政治取向有重要的關聯外，揚州城不足以據守的現實，也是重要因素。前文已提到高宗朝的揚州城池建設並不樂觀，以下這段記載提供了具體的實例：

> （紹興）三十一年，金主亮調軍六十萬，自將南來，彌望數十里，不斷如銀壁，中外大震。時宿將無在者，乃以（劉）錡爲江、淮、浙西制置使，節制逐路軍馬。八月，錡引兵屯揚州，建大將旗鼓，軍容甚肅，觀者歎息。以兵駐清河口，金人以氈裹船載糧而來，錡使善沒者鑿沉其舟。錡自楚州退軍召伯鎮，金人攻眞州，錡引兵還揚州，帥劉澤以城不可守，請退軍瓜洲。〔註13〕

劉澤以揚州不可守，揚州城池本身的敗壞是不可忽視的因素。這是孝宗朝揚州城池建設的現實背景，上引王琪所謂「地面狹隘，壕塹水淺，四外平陸地無險」，則描述的更爲具體。

其次是王琪按視淮南的舉措。乾道三年，王琪之所以針對揚州城池現狀發言，是因爲孝宗曾專門派其赴淮東調查城牆狀況，其關於「貼築城壁，開掘舊壕」的建言，正是發生在「被旨按視兩淮城壁」之後。《宋史·陳俊卿傳》有「殿前指揮使王琪被旨按視兩淮城壁還」之句，所指便是。所可注意者，王琪此次按視察淮南，外廷實不知曉。所以當揚州修城完事，外廷獲悉之後，時爲吏部尚書的陳俊卿，以爲如此程序不合常制。請問於孝宗，方知「未嘗有是命」。陳俊卿遂言：「若詐傳上旨，非小故」，甚至建議要誅殺王琪。在外廷的壓力之下，王琪最終落得「削秩罷官」的結局。〔註14〕《宋史·陳俊卿傳》當本自朱熹《少師觀文殿大學士致仕魏國公贈太師諡正獻陳公行狀》〔註15〕，陳氏的答語，《行狀》所記更易讓人想見當時君臣對話的情景，原話爲「若

---

〔註12〕 徐松輯，劉琳等點校：《宋會要輯稿》方域9之1，第9447頁。

〔註13〕 脫脫等：《宋史》卷366《劉錡傳》，第11406～11407頁。

〔註14〕 脫脫等：《宋史》卷383《陳俊卿傳》，第11787頁。

〔註15〕 朱熹：《晦庵先生朱文公文集》卷96，上海：上海古籍出版社，2010年，第4445～4484頁。

爾，即琪爲詐傳聖旨，此非小利害也」。事實上，當時禁中密旨直下諸軍，不爲外廷所知者，所在多有。朱熹在《行狀》中交代完王琪之事後，緊接著便引述了禁官張方的案例，不是沒有原因的。所以筆者認爲陳俊卿不是不知孝宗是在故意撒謊，他的話只是爲了化解無法對質所引起的尷尬。說是給孝宗一個臺階，也非過分。王琪最後得以削官而活口，顯然是得到了孝宗的庇護。總而言之，從孝宗私下遣人按視揚州城的舉動來看，足見他對邊境事態的關注，而更深層次的原因，當是「恢復」的意念在作祟。

　　復次，葉顒與孝宗之間的對話，同樣值得注意。據《宋史》葉顒本傳，他在高宗召見之時，曾論及「國仇未復，中原之民日企鑾輿之返」；紹興末年宋金交惡之際，亦有「恢復莫先於將相，故相張浚久謫無恙，是天留以相陛下也」之語；在孝宗朝則拜參知政事兼同知樞密院事。可見他並非一味主和之人，且得到了孝宗的賞識。但葉顒亦非急功近利者〔註16〕，畢竟此時上距隆興和議只有三四年的時間。上面引文中他借「議者」之言，表達了怕邊境修城動靜過大，致使金人生疑的擔憂；其實這與他批評武臣梁俊彥請稅沙田、蘆場是「言利求進」、「爲國生事」〔註17〕的邏輯是一樣的。明白了葉氏言說的邏輯背景，我們才能對孝宗的答話有更好地理解。孝宗從三個方面對葉顒的說法進行了反駁：一、揚州爲「內地」而非「邊頭」；二、和議之內容並未涉及揚州修城；三、朝廷作事實際上不能「盡徇浮議」。不能不說孝宗的回答相當巧妙，足以塞言者之口。但是揚州雖非最「邊頭」，卻也不能與「內地」等同；後來寧宗朝武將趙範謂揚州乃「國之北門，一以統淮，一以蔽江，一以守運河」〔註18〕，其軍事地位可見一斑。孝宗的話不過是藉口而已。無論如何，通過孝宗與葉顒之間的對話，我們再次看到孝宗對揚州軍政的重視。儘管此時和議已成數年，就孝宗本人而言，對揚州舊城池的修築，可以說是他希冀實現「恢復」之志的一個具體的表現。孝宗以下兩種舉動，更是凸顯了揚州城池建設在其關於「恢復」之規劃中的重要性。一、當揚州守臣赴任

〔註16〕　關於這一點，上面提到的陳俊卿葉顒類似。紹興末金兵南下時，陳俊卿得張浚賞識而被舉薦，後張浚因符離之敗而削官，陳以大局爲重，勸說孝宗，張遂得以復職。事見《宋史》二人本傳。所以陳俊卿亦非一味求和之人。筆者認爲，符離之敗不斷對孝宗恢復之志是一重創，同時也使當時一些主戰派人士，在心理上有微妙的調試。陳俊卿、葉顒等人此時對修城的態度，可以說明一些問題。

〔註17〕　脫脫等：《宋史》卷384《葉顒傳》，第11819～11822頁。

〔註18〕　脫脫等：《宋史》卷417《趙葵傳》，第12508頁。

臨行之際，孝宗特意叮囑揚州修城之事。乾道三年（1167）五月詔修揚州城之後，六月「詔尚書戶部郎中莫濛除知徽猷閣、知揚州。」〔註19〕莫濛行前「陛辭，上（按：指孝宗）以城圮，命蒙增築。蒙至州，規度城闉，分授諸將各刻姓名甃堞間，縣重賞激勸，閱數月告成。」〔註20〕可見揚州修城確是頭等大事，以至於孝宗要特意叮囑其事；而「數月告成」的結果，表明吳氏並未辜負孝宗的期望。二、在揚州修城期間，孝宗本人對當時社會輿論也相當關注。乾道三年七月十八日，諫議大夫陳良祐奏事，孝宗有「外問有何所聞」之問，於是君臣間有如下一段對話：

> 良祐奏：「民間傳邊事動，因論邊事，多是兩下說成。為備雖不可已，要不可招敵人之疑。惟當愛惜民財，休養士卒，一有警急，則富者輸財，勇者出力。如近日修揚州城，眾論以為無益。」上曰：「正欲為備，如何無益？」良祐奏：「揚州僻在一隅，萬一虜人衝突，兵不能守，則是為虜人築也。目今遣二三萬人過江，則虜中間探，卻恐使成邊釁。」上曰：「若臨淮則不可，在內地亦何害？」良祐奏：「更願陛下審思之。今日為備之要者，無過選擇將帥，收蓄錢糧，愛民養士，勿妄用其財，勿妄使其力。如此而後可。」上曰：「卿言甚是。」〔註21〕

陳良祐「眾論以為無益」的答語，表明當時揚州修城，非上述葉顒一人意見不同，持修城無益觀念的人並不少見，孝宗的答語卻與前引答葉顒之語完全一致。對話雖以「卿言甚是」而結束，孝宗本身的想法卻並未改變，揚州城的修築仍照常進行。

乾道三年（1167）莫濛任內修補揚州州城（即今所謂宋大城），主要集中在當時揚州城牆內圍、壕溝及炮臺。除此之外，在修城期間，關於修城的資金、材料、人力來源以及修城人員的疾病護理等相關問題，見存文獻亦有記載，然此係後勤補助事項，此處暫不詳具。惟藉此可見宋廷對於修城有相當全面地統籌安排。關於當時城牆的修築，乾道五年四月權主管殿前司公事王逵的一段言說值得注意，他說：

> 揚州城壁周圍一十七里零一百七十二步，計三千一百四十六

---

〔註19〕 徐松輯，劉琳等點校：《宋會要輯稿》選舉 34 之 20，第 5919 頁。
〔註20〕 脫脫等：《宋史》卷 390《莫濛傳》，第 11957 頁。
〔註21〕 徐松輯，劉琳等點校：《宋會要輯稿》兵 29 之 18，第 9246 頁。

丈。昨止係沿城裏周圍作臥牛勢幫築增闊，開展濠河，將挑撅到土末添築砲臺。緣工役有不如法去處，萬一有警，誠難坐守。所有城身外表磚瓦，今相度，欲乞差委統制官路海量帶白直鞍馬前去，再行子細相驗。如有不禁攻擊，摧缺磚爛去處，打量高低闊狹丈尺，計料合用磚灰應幹物料、人工數目，彩畫圖本，逐一貼說前來，容臣重別參酌奏聞，乞賜處分施行。〔註22〕

此言獲准，其「昨止係」云云，指的便是乾道三年修城之內容。不過乾道三年針對城牆內側的修城，在時人眼中尚有不足之處。當時的臣僚認為此舉尚不完備，恐難應付城防需求，所以乾道五年，對城牆外圍有進一步地維修。王逵所謂將揚州「城身外表磚瓦……再行子細相驗」，便是孝宗朝第二次揚州修城之具體請求。據今人的考古發掘，南宋時期，宋廷針對揚州州城（今所謂宋大城）西門有「加厚加固城牆、改造城門和甕城」等重要舉措。尤可注意者，當時州城西牆的加固，是「在原來城牆的內側，緊貼城壁向東加厚城牆 1.5 米」〔註23〕。就州城西牆而言，此「內側向東」加固的方案，恰好與前引王逵所謂「沿城裏周圍作臥牛勢幫築增闊」是一致的。考古報告並未就加厚的 1.5 做文化層區分，所以這 1.5 米很可能就是孝宗乾道三年莫濛任內修城時所加。至於揚州州城的其他牆面的修築，見存文獻與考古發掘所能提供的材料都相當有限。唯乾道三年閏七月十九日，「宰執進呈殿前司申，與鎮江軍分認南北修揚州城，因奏南北分，恐不均平。上曰：『北邊乃受敵處。』（蔣）芾奏曰：『不如令東西分。』上曰：『好。』」〔註24〕我們只能據此推知，由於軍事原因，宋大城南北兩面城牆牆體設計是不盡一致的，所以揚州州城各面城牆牆體結構容有不同，不能與西牆一概而論。考古人員在宋大城北門遺址發掘中，發現「鎮江前軍」、「鎮江中軍」、「鎮江右軍」〔註25〕，而宋大城西門甕城內壁，則出土了帶有「鎮江府官磚」字樣的南宋時期城磚，這在一定程度上說明了當時宋廷的規劃得到了切實的執行，可以幫助認識當時州城的城牆建設狀況。

---

〔註22〕 徐松輯，劉琳等點校：《宋會要輯稿》兵 29 之 21～22，第 9248 頁。

〔註23〕 中國社會科學院考古研究所等：《揚州宋大城西門發掘報告》，《考古學報》1999年第 4 期，第 495 頁。

〔註24〕 徐松輯，劉琳等點校：《宋會要輯稿》兵 29 之 18～19，第 9246 頁。

〔註25〕 中國社會科學院考古研究所等：《江蘇揚州市宋大城北門遺址的發掘》，《考古》2012 年第 10 期，第 25～51 頁。

## 二、堡寨城與夾城：揚州新城之創建

　　孝宗朝第三次大規模的修揚州城，在淳熙初年。不過這一次與之前不同，乃是創建新城。所謂堡寨城（寶祐城之前身）、宋夾城的興建，即在此間。淳熙元年（1174）八月二十七日，在樞密院奏請之下，孝宗「詔揚州屯戍統制官，自今兼提督修城，遇有城壁損缺，與同提督兵官措置，疾速修整，依例交替。」〔註26〕從修城之事特令屯戍統制官參與主持，以及一旦發現損壞便「疾速修整」等規定來看，揚州的城防建設，在改元淳熙之際，再次受到宋廷的特別關注。翌年七月，揚州守臣郭棣的奏請修城，宋廷遂：

> 詔殿前司選差統制官一員、軍兵一千人，修揚州城壁，依古城
> 舊基幫築堡寨。〔註27〕

詔令中之「古城」，即揚州蜀崗上的唐代子城。又宋人岳珂（1183～1243）《桯史》記：

> 淳熙乙未（二年，1175），郭棣帥淮東，築維揚城。又旁築一城
> 曰堡寨，地皆砥平，相去餘數里。〔註28〕

以上兩處所說的「堡寨」，即所謂「堡寨城」。寶祐二年（1254）以後，又有寶祐城之稱謂。岳珂雖記有堡寨城的修築背景，他的重點卻是懷疑堡寨城所能起到的作用，故最後有「雖牽制之勢，亦不相及，竟不曉何謂。猶不若石城之得失相半也」之語。但這與本文論旨無關，故一筆帶過不提。所可注意者，堡寨城大體是在唐代子城遺址上建立起來的，規模卻大為縮小。考古發掘表明，「堡寨城的西、南城垣及北城垣的大部分都沿用了唐代子城城垣，經修葺增築而成。」其中南、北牆之長度分別為 1300 米與 1100 米，西牆長度則與唐代子城西牆幾近一致，約 1200 米。堡寨城只有東牆是宋代新築，其「夯土殘存厚達 4 米，基牆寬 14 米。」牆基相較於堡城西牆與南牆牆基要窄，後兩者分別為 28 米及 18 米。東牆南北走向，大體將唐代子城一分為二，堡寨城即處唐子城西部位置。

　　堡寨城修建完成之後，與宋大城南北相對，據考古發掘，兩城之間相距1200 米左右。《輿地紀勝》記堡寨城「與昔塘（即揚州州城）南北對峙，中夾

---

〔註26〕　徐松輯，劉琳等點校：《宋會要輯稿》方域9之2，第9448頁。

〔註27〕　徐松輯，劉琳等點校：《宋會要輯稿》方域19之32，第9668頁。

〔註28〕　岳珂撰，吳企明點校：《桯史》卷1，「石城堡寨」條，北京：中華書局，1981年，第4～5頁。

通道，疏兩濠相通」〔註29〕，此所謂疏濠即夾城也。嘉定中守揚州的崔與之在《揚州重修城壕記》中記，堡寨城與宋大城「相去兩里，屬以夾城，如蜂腰。」〔註30〕凡此之類，只是道出了夾城在堡寨城與州城之間的連接作用，對於夾城的具體形制並沒有直接地交代。今只能從相關考古報告中，對此略窺一二。據考古發掘，夾城平面大體為南北長、東西窄的長方形，其四周壕溝寬 100 米左右。夾城城牆主要是由從蜀崗運來之黃黏土夯築而成，從已探明的部分來看，夯土牆寬 5.3 米。其中東、西、南、北城牆分別為長約 900、950、380、450 米，所以夾城城北略寬。夾城有城門有 4，門道寬 5 米，長 10.5米。其中北門正對堡寨城南門，東、西門外還有甕城痕跡。夾城內有十字型街道，南北街寬約 8 米，東西街寬約 5 米。〔註31〕這裡需要注意的是，上述夯土牆寬 5.3 米，應該最接近孝宗時期夾城城牆的厚度，待嘉定中崔與之修城，於夾城城牆外包磚，則城牆厚度增至 6 米餘。

關於堡寨城與夾城的修建，有一點需要特加考辨，即堡寨城與夾城之創建，由郭棣主持，事在孝宗朝。宋以後的地理志書往往繫此事於高宗紹興年間，今人在整理考古資料的過程中，對相關文獻也未詳加考辨，以致於出現同樣的錯誤。最早出現這種錯誤的或是清人顧祖禹，他在《讀史方輿紀要》中記，「宋紹興中，郭棣知揚州，以為故城憑高臨下，四面險固，（李）重進始夷之，而改卜今城，相距二十里。處勢卑漊，寇來襲瞰，易如鼓掌，請即遺址建築。許之。」〔註32〕今人在整理考古資料時，對此未加考辨，往往沿襲這一錯誤，如蔣忠義等據《甘泉縣志》所引《宋朝言行錄》，認為夾城為紹興年間郭棣所建〔註33〕，而中國社會科學院考古研究所等單位編著的《揚州

---

〔註29〕 王象之：《輿地紀勝》卷 37，「新舊城」條，北京：中華書局，1992 年，第 1574頁。

〔註30〕 崔與之撰，張其凡等整理：《宋丞相崔清獻公全錄》卷 1《揚州重修城壕記》，廣州：廣東人民出版社，2008 年，第 5 頁。

〔註31〕 以上相關考古資料，參紀仲慶：《揚州古城址變遷初探》，《文物》1979 第 9 期，第 43～56 頁；俞永炳、李久海：《江蘇揚州宋三城的勘探與試掘》，《考古》1990 年第 7 期，第 608～613 頁；中國社會科學院考古研究所、南京博物院、揚州市文物考古研究所：《揚州城：1987～1998 年考古發掘報告》，北京：文物出版社，2010 年，第 42～64 頁。

〔註32〕 顧祖禹撰，賀次君、施和金點校：《讀史方輿紀要》卷 23，「廣陵城」條，北京：中華書局，2005 年，第 1115 頁。

〔註33〕 蔣忠義等：《近年揚州城址的考古收穫與研究》，《東南文化》1992 年第 2 期，第 152 頁。

城：1987～1998 年考古發掘報告》一書，則據王象之《輿地紀勝》卷三十七揚州「新舊城」條，也認為堡寨城為紹興年間知揚州郭棣築。〔註34〕今檢吳廷燮《南宋制撫年表》及李之亮《宋兩淮大郡守臣易替考》，知郭棣知揚州在孝宗淳熙年間，而高宗朝揚州守臣並無郭棣之人。〔註35〕又檢王象之《輿地紀勝》卷三十七揚州「新舊城」條，所記為「郭棣知揚州」云云，注曰「見《言行錄》」，並無「紹興中」這一時間界定。光緒《增修甘泉縣志》卷二「城池」條，所謂「紹興中，郭知揚州」云云，很可能即從顧祖禹書轉手而來，皆係後人增誤。且縣志同條又記：「中夾甬道，疏兩濠，緩急足以轉餉，謂之大城」〔註36〕，此處若非修志之人將宋大城與夾城混為一談，便是「大」、「夾」因形近而訛，二者必居其一；「大城」應為「夾城」。今人由於對郭棣知揚州的時間未加考辯，在整理考古資料的過程中，誤信《甘泉縣志》所記，以至於對《輿地紀勝》的理解反而出現偏差。故其論斷，不足為據，實應修正。

堡寨城與夾城的修築時間，至關重要，因其關涉到當時的軍政動態，故詳加考辨如上。在弄清楚孝宗朝第三次建設揚州城的內容、時間及參與人物以後，我們要進一步追問其背後的原因所在；即淳熙初年，孝宗為何要如此大規模的開啟揚州城池建設呢？孝宗時人閭蒼舒有一首七言詩，名《贈郡帥郭侯》。作為當時人的見解，這首詩為我們提供了第一手材料，恰好可以解決這個問題，值得引在這裡，詩曰：

> 東南形勝惟揚州，介江負淮作襟喉。
> 有國以來幾百戰，弔古千載空悠悠。
> 哀哉荒主與蕩子，鈍盡鐵劍崇倡優。
> 迷樓九曲爛如畫，珠簾十里半上鉤。
> 當年二十四橋月，曾照三十六宮秋。
> 平山堂上一長歎，但有衰草埋荒丘。

〔註34〕 中國社會科學院考古研究所、南京博物院、揚州市文物考古研究所《揚州城：1987～1998 年考古發掘報告》，第 48～50 頁。

〔註35〕 吳廷燮撰，張忱石點校：《南宋制撫年表》卷上，北京：中華書局，1984 年，第 463～468 頁。李之亮：《宋兩淮大郡守臣易替考》，成都：巴蜀書社，2001 年，第 26～37 頁。

〔註36〕 洪汝奎、徐成勳：《光緒增修甘泉縣志》卷2，「城池」條，臺北：成文出版社，1983 年，第 293 頁。

> 歐仙蘇仙不可喚，江南江北無風流。
> 何人復誦廣陵散，黯然悲恨不可收。
> 只今英主正用武，增五萬竈屯貔貅。
> 金城堅築壯營壘，綺段細錯良田疇。
> 神謨廟算萬全舉，天時既至須人謀。
> 將軍山西名將種，家聲直到青海頭。
> 男兒有死必報國，正當爲上分此憂。
> 勉旃速辦古人事，貂蟬本自出兜鍪。〔註37〕

孝宗朝，揚州郡帥姓郭者，唯郭棣一人，所以可以斷定此詩歌作於郭棣任職揚州時。詩中最值得注意的，是「只今英主正用武，增五萬竈屯貔貅。金城堅築壯營壘，綺段細錯良田疇。神謨廟算萬全舉，天時既至須人謀」這幾句。「英主」當然非孝宗莫屬，「正用武」是「恢復之志」的顯露，而「金城堅築壯營壘」則正是郭棣築城之事。所可注意者，閻蒼舒注意到，只有通過中央與地方的有效互動，也就是「萬全舉」必須與「人謀」，「恢復」最終才可能由志向變爲實現。這此詩是寫給郭棣的，意思當然是說，郭棣是可共與謀事，能爲孝宗「分憂」的能臣。所以回到上面的問題，淳熙初年大規模的揚州城建舉措，實是孝宗意欲實踐「恢復」之志最爲直接的表徵；當時的見證者對此已有清晰地認識。這首詩也清楚地表明，「恢復」不僅僅表現在中央的人事任用等方面，更需要地方在軍政方面予以有效地配合。這正好提醒我們，在討論「孝宗恢復」時，對地方動態的關注，不可或缺。

今人的研究也有類似的結論。宋人羅大經說「孝宗幼年，規恢之志甚銳，而卒不得逞者，非特當時謀臣猛將凋喪略盡，財屈兵弱，未可展布，亦以德壽聖志主於安靜，不忍違也。厥後蓄積稍羨，又嘗有意用兵」〔註38〕。余英時通過考察孝宗朝君臣關於財政狀況的言說，指出「蓄積稍羨，又嘗有意用兵」，「只能是淳熙初年的事」〔註39〕。現在有上面閻蒼舒之詩爲證，更爲這一論斷添一有力證據；南宋揚州城建與孝宗實踐其恢復之志，之間顯然有直

〔註37〕 北京大學古文獻研究所編：《全宋詩》（第43冊）卷2338，北京：北京大學出版社，1998年，第26877頁。

〔註38〕 羅大經撰，王瑞來點校：《鶴林玉露》（丙編）卷4，「中興講和」條，北京：中華書局，1983年，第302頁。

〔註39〕 余英時：《朱熹的歷史世界》第七章「黨政與士大夫的分化」，第352～354頁。

接的關聯。事實上堡寨城與夾城的修築，使得揚州形成北、中、南三城相連的布局。其中堡寨城地勢最高，與夾城一起，主要用途在於軍事方面；這一點很清楚地體現在當時郭棣的意識中。據《輿地紀勝》揚州「新舊城」條，郭棣認爲揚州城的現狀是，「處勢卑漈，遭敵襲瞰，則爲在股掌中。敵亮之來，厥咎可監，請即遺址建築」之記載。郭棣顯然是從軍事方面著想的，他從當時揚州的城防現狀，以及紹興末年揚州城陷的歷史教訓兩個方面說事，在歷史與現實兩個方面因素的作用下，請創新城；建城的軍事意識相當明顯。今人利用考古資料進行的研究，也大致認同這一點。〔註40〕堡寨城與夾城的修建，不但是孝宗朝政治動向的直接體現，也對南宋後期揚州的軍事防禦，奠定了良好的基礎。

## 三、孝宗「末年之政」與揚州城池建設

孝宗淳熙八年（1181）閏三月「庚寅，修揚州城」，〔註41〕這是孝宗朝第四次詔修築揚州城。關於這一次修城的詳細情況，傳世文獻幾無記載，考古發掘也未能提供相關證據，故具體情況，不得而詳。史載淳熙八年正月「揚州火」〔註42〕，揚州火災能入載史書，表明此次災異影響甚大，且一個月後，即有揚州修城之舉，故頗爲懷疑此次修城係由揚州火災所致。然針對「修揚州城」並無具體的限定，則此次修城或爲全面整修，其背後仍有待發之覆；火災當只是導火線而已。由於史料的限制，接下來的討論不能直接切入，只能旁敲側擊，希冀能窺測到揚州修城與當時政治局勢之間的一些關聯。

淳熙八年揚州修城之時，揚州守臣爲鄭良嗣。鄭氏守揚州的時間在淳熙七年（1180）十月至淳熙十一年（1184）正月期間，爲孝宗朝知揚州爲時最長者。所可注意者，鄭氏的赴任揚州的時間恰與王淮除相相先後〔註43〕，而王淮也是孝宗朝任相最久之人。中央與地方的人事任用之間有沒有一定的關聯呢？今人的研究指出，淳熙八年王淮上臺的背景，是高宗與孝宗就「安靜」

---

〔註40〕 李久海：《論揚州宋三城的布局和防禦設施》，《東南文化》2000 年第 11 期，第 56～59 頁。

〔註41〕 脫脫等：《宋史》卷 35《孝宗本紀》，第 675 頁。

〔註42〕 馬端臨撰，上海師範大學古籍研究所、華東師範大學古籍研究所點校：《文獻通考》卷 298《物異考四》，北京：中華書局，2011 年，第 8126 頁。

〔註43〕 徐子明撰，王瑞來校補：《宋宰輔編年錄校補》卷 18，北京：中華書局，1986 年，第 1245～1246 頁。

與「恢復」達成妥協，確定了一個修正版的「國是」。在這個「國是」構架下，孝宗暫時擱置了他關於恢復的衝動，而王淮執政更多地體現著高宗關於「安靜」、「和議」的需求。〔註 44〕就揚州的城防建設而言，見存文獻確實未見孝宗朝此後再有任何修城舉動。那麼鄭良嗣是不是爲了維持「安靜」而特意安排的人選呢？尤其需要指出的是，當淳熙十一年正月鄭良嗣離任揚州，轉「秘閣修撰」之時，官方給出的原因是「守邊累年，安靜不擾」〔註 45〕。這究竟是實在的讚譽抑或背後另有深意？茲結合鄭氏的身份背景以及鄭氏前後揚州守臣的人選特點，對上述問題略作推論。

鄭良嗣任職揚州，始於淳熙七年十月二十四日，前文提到的郭棣卸任揚州守臣在淳熙六年五月。在其間一年多時間裏，揚州守臣有三次更換，先後爲徐子寅、薛居實和王佐。其中徐子寅在任職揚州以前，已得孝宗賞識，特別是徐氏關於兩淮營田、屯田的言論，孝宗聞之「大悅」，以爲「備邊之至計。」其揚州之任，更得孝宗御筆賜書。薛居實對淮東情狀也甚爲熟悉，因奏陳邊事而深得孝宗嘉許，故有揚州之任命。〔註 46〕王佐在秦檜當政時期已顯正直個性，孝宗曾以爲「守臣連坐，未有佐比，且數思其才。」〔註 47〕以上是鄭良嗣之前的揚州守臣。鄭良嗣的下任是張杓，乃張浚之子，張栻之弟。其才能早已爲孝宗所聞，《宋史》張浚附傳載張杓「方年少，已有能稱。浙西使者薦所部吏而不及杓，孝宗特令再薦。召對，差知袁州，戢豪彊，弭盜賊。」後來張杓在湖北任上奏事，孝宗「大喜，諭輔臣曰：『張浚有子如此。』」可以看出，作爲抗金名將之子以及理學大家之弟，張杓實乃孝宗器重之人。〔註48〕張杓的繼任者爲高藥。疑爲宋人所撰的《翰院新書·前集》卷二十三「司農寺」條有「親擢高藥」一目，注曰「周益公（必大）集，高藥，字仲一，

〔註44〕 余英時：《朱熹的歷史世界》，北京：生活·讀書·新知三聯書店，2004 年。
〔註45〕 徐松輯，劉琳等點校：《宋會要輯稿》職官 62 之 24～25，第 4734 頁。
〔註46〕 徐子寅、薛居實的事蹟，分見樓鑰：《攻媿集》卷 91《直秘閣廣東提刑徐公行狀》；卷 90《直秘閣知揚州薛公行狀》，臺北：商務印書館影印文淵閣《四庫全書》本第 1153 冊，1986 年，第 406～411、393～396 頁。
〔註47〕 陸心源：《宋史翼》卷 13《王佐傳》，北京：中華書局，1991 年，第 141 頁。
〔註48〕 以上引文見《宋史》卷 361《張浚傳附張杓傳》，第 11311～11312 頁。另，張浚附傳還記「（張）杓天分高爽，吏材敏給，遇事不凝滯，多隨宜變通，所至以治辦稱。南渡以來，論尹京者，以杓爲首。」而《大清一統志》卷三百十三綿州人物條記，「孝宗觀湖，杓以彈壓伏謁道左，孝宗止輦問勞，賜以酒炙。」凡此之類，皆可見張杓之才及孝宗對他的器重。

上親擢爲司農少卿，倉庾地卑，君始梁空敷板，米以不腐。」〔註49〕檢周必
大《文忠集》，有慶元六年（1200）所撰《淮西帥高君（夔）神道碑》，裏面
提到高夔之父高溥，以紹興末年宋金講和而「憂憤以沒」；而孝宗皇帝「未嘗
一日忘北向，以君（按：指高夔）數畫安邊闊國之策，由是倚爲長城」〔註50〕。
除此之外，在高夔知廬州之敕書中，有「以爾習熟淮甸，有志事功，故因以
遷焉。內有以固吾圉，外有以宣王靈」〔註51〕之語。此雖是勉勵之辭，但必
有其針對性，故而也值得注意。高夔之後，孝宗末年的揚州守臣，還有趙子
濛、雄飛、鄭興裔三人。他們也同樣都是孝宗賞識、信賴之人。趙子濛是宋
太祖六世孫，孝宗對宗室的認同感與任用率，較宋代其他帝王更爲突出，早
已爲學人所指出〔註52〕；雄飛是孝宗欽點的三路帥臣之一〔註53〕；鄭興裔則
是顯肅皇后外家三世孫。孝宗「善其數論事」，對他本人有「識時務，習吏事」
的評價，也有「行當用卿」之許。《宋史》本傳更對其有「以材名結主知，中
興外族之賢，未有其比」〔註54〕的評價。

　　上文對孝宗朝揚州守臣的考察，主要用意並非是突出守臣個人的品行與
才能，而是要強調揚州守臣多有得到孝宗的直接肯定，皆孝宗賞識、信賴之
人。他們可視爲前引閣蒼舒詩中所謂能爲孝宗「分憂」的一類，而非屬王淮
一系。〔註55〕基於這一特點，筆者推測鄭良嗣也應該歸爲能爲孝宗「分憂」

〔註49〕　佚名：《翰院新書·前集》卷 23，「司農寺·親擢高夔」條，臺北：商務印書
　　　　館影印文淵閣《四庫全書》本第 949 冊，1986 年，第 185 頁；彭大翼：《山堂
　　　　肆考》卷 52，「主上親擢」條，臺北：商務印書館影印文淵閣《四庫全書》本
　　　　第 975 冊，1986 年，第 72 頁。
〔註50〕　周必大：《文忠集》卷 65《淮西帥高君（夔）神道碑》，臺北：商務印書館影
　　　　印文淵閣《四庫全書》本第 1147 冊，1986 年，第 689 頁。
〔註51〕　樓鑰：《攻媿集》卷 34，臺北：商務印書館影印文淵閣《四庫全書》本第 1152
　　　　冊，1986 年，第 662 頁。
〔註52〕　賈志揚著，趙冬梅譯：《天皇貴胄：宋代宗室史》，南京：江蘇人民出版社，
　　　　2005 年，第 175～185 頁。
〔註53〕　周必大：《文忠集》卷 145《論密院經除文臣帥》，臺北：商務印書館影印文淵
　　　　閣《四庫全書》本第 1148 冊，1986 年，第 581～582 頁。
〔註54〕　脫脫等：《宋史》卷 465《鄭興裔傳》，第 13593～13595 頁。
〔註55〕　這裡另有一問題需稍作說明，即孝宗朝揚州守臣的任職時間各有長短，這裡
　　　　面的原因是多樣的。舉例來說，徐子寅是另有高就，故而換以他人；薛居實
　　　　是卒於任上，故一王佐替之；錢之望則是孝宗直接任命；而制度上的職官選
　　　　任程序也應該起到一定的作用。無論如何，就本文而言，主要強調的是揚州
　　　　守臣爲孝宗親信之人，至於任職時間，並非要點所在。

的人物之列。由於傳世文獻不見鄭氏的傳記資料，這一推測並不能完全坐實，但若再結合鄭氏的身份背景，則這一推測雖不中亦不遠。鄭良嗣之父鄭剛中曾因得罪秦檜而遭消官，最終被構陷、迫害致死；鄭良嗣也因此受到牽連，遭「追毀出身以來告敕文字，除名勒停，永不收敘。」〔註 56〕，所以其在政治取向上與秦檜及高宗所主張的議和當有別。鄭氏在孝宗朝再被起用，在任職揚州以前，曾數任地方要員，先後為浙東提舉〔註 57〕、福建提刑〔註 58〕，就很能說明問題。明白了鄭良嗣的身份背景及孝宗朝揚州守臣的人選特點，則鄭氏任內於揚州修城，便容易理解了；此舉也應該視為「恢復」背景下，地方上的實際舉措。

鄭良嗣於揚州修城雖是個案，卻有重要的指示意義。淳熙八年王淮主政，以維持「安靜」為首要宗旨，在中央人事任用方面，多有安插王淮一系的人物。但藉鄭氏揚州修城之個案，可知在地方上，孝宗卻仍然有謀求「恢復」的積極準備，並未完全「擱置」他的志向。中央與地方在一定程度上並未保持相同的步調。以往的研究認為孝宗的「末年之政」，始於淳熙十四年十月高宗去世之後。這一說法似乎只能適用於當時中央的人事變動與政治布局；在地方上，淳熙十四年（1187）高宗去世以及王淮罷政以前，就已經存在相關軍事舉措，揚州城建只是一個具體的實例而已。實際上地方上這一潛在態勢基本貫穿孝宗一朝，所謂「末年之政」則只是更為明顯地慎重其事，將「恢復」的政治取向，放到更高的「國是」層面。總而言之，通過對淳熙八年以後揚州城建以及人事變動的考察，可知只關注中央層面的動態，尚不足以準確地把握孝宗的「末年之政」，更不能全面地認識「孝宗恢復」的歷史過程。淳熙年間鄭良嗣接任揚州，為時甚長且主持修城，其間包含著孝宗的政治考量，通過對這一段史實的考察，為認識「孝宗恢復」及其「末年之政」提供了一個很好的視角。

孝宗的晚年部署與光宗一朝緊密相連，所以光宗朝的揚州城池建設，也應該放到「末年之政」的背景下進行分析。史載紹熙三年（1192）七月

---

〔註 56〕 徐松輯，劉琳等點校：《宋會要輯稿》職官 70 之 33，第 4933 頁。
〔註 57〕 張淏：《寶慶會稽續志》卷 2，「提舉題名」條，收入《宋元方志叢刊》（第 7 冊），北京：中華書局，1990 年，第 7118 頁。
〔註 58〕 梁克家：《淳熙三山志》卷 25，「提刑司官」條，收入《宋元方志叢刊》（第 8 冊），北京：中華書局，1990 年，第 8004 頁。

「壬辰，修揚州城。」〔註 59〕關於這一次修城，同樣沒有留下任何詳細記錄，所以接下來的分析亦依前例，從當時的揚州守臣入手。紹熙三年守揚州者爲錢之望，據葉適《華文閣待制知廬州錢公墓誌銘》，錢之望在「揚州三年〔註 60〕，及前後反覆爲上言，大抵以屯田、民兵、萬弩手、山水寨爲進戰退守之要。始未皆守一說，思慮皆執一意，非若他視時上下，隨世改易，揣摩而投合之也。」錢之望爲孝宗乾道五年進士，可知錢氏不但在光宗朝言「進戰退守之要」，其在之前的孝宗朝也多留意屯田、民兵、萬弩手、山水寨之類的軍事諸事。據葉適所記，孝宗曾讓當時尚處太子位的光宗「熟看」錢之望關於「三邊戰守事」的奏疏，並特意叮囑太子：「和親久，材無所施，更無事，當遂委靡。朕思之懍然，太子宜常在念。錢某可使帥揚州。」〔註 61〕此舉足見錢氏的議論與孝宗的「恢復之志」是合拍的，故而孝宗在內禪之前會特意安排錢之望的揚州之任。而事實上，光宗朝（1190～1194）的揚州守臣一直是錢之望，未曾更替。明乎此，則光宗朝的揚州修城，顯然是孝宗意志主導下的舉措，與淳熙八年的揚州修城是類同的。余英時先生曾說，光宗一朝與孝宗的晚年部署「同始同終」〔註 62〕，此間揚州守臣的任用與城牆建設的展開，便提供了一個具體的實例，應視爲孝宗「末年之政」在地方上的積極表現。

## 結語：地方視野中的「孝宗恢復」

以上大體以時間爲序，考察了南宋孝宗時期揚州的幾次城池建設。在釐清城池建設之人物、內容的同時，主要強調了「孝宗恢復」與揚州城池建設之間的關聯。孝宗一向被認爲是南宋大有爲的一個皇帝，他的「恢復之志」，「不以群議而少移」〔註 63〕。此爲南宋呂中在評論隆興和議時說的話。呂中的話說在理宗朝，作爲當時指導學生科舉考試的參考資料，這應該是對孝宗

〔註 59〕 脫脫等：《宋史》卷 36《光宗本紀》，第 703 頁。
〔註 60〕 據李之亮考證，錢之望守揚州有四五年的時間，基本上貫穿光宗一朝。陳亮所記當誤。詳見李之亮《宋兩淮大郡守臣易替考》，第 36～37 頁。
〔註 61〕 葉適撰，劉公純等點校：《葉適集》卷 18《華文閣待制知廬州錢公墓誌銘》，中華書局，1961 年，第 341～347 頁。
〔註 62〕 余英時：《朱熹的歷史世界》第十二章「皇權與皇極」，第 769 頁。
〔註 63〕 呂中撰，張其凡、白曉霞整理：《類編皇朝中興大事記講義》卷 20，「孝宗皇帝・和議」條，上海：上海人民出版社，2014 年，第 738 頁。

朝的一個整體論斷，且爲時人普遍接受。以往的研究者多強調孝宗有「恢復之志」對當時中央的人事變動與政治運作，有比較深入的研究，但缺少對謀求「恢復」的具體行動的考察，其中特別對地方的實際舉措少有留意，對宋金對峙區域的軍事舉動更是著墨甚少。本文著眼於地方，通過對南宋孝宗朝揚州城池建設的個案考察，在釐清基本史實之外，主要想強調以下幾個方面：

一、「孝宗恢復」不僅僅只體現在中央之人事變動與政治運作上，在地方上也有實際的舉措。所謂「恢復」，最終必須要落實到實際的行動上來，否則就沒有多少實際意義可言。從這個角度來說，地方上的軍政動態是認識「孝宗恢復」不可忽視的一環，而宋金對峙的邊境地區則尤其需要關注。通過對揚州個案的考察，可知孝宗朝地方政區著實有積極的準備舉措，作爲對中央政策的因應。孝宗朝對地方城池建設表現之積極，相對於北宋時期對地方城池修築整體上的消極態度，形成明顯的反差。這受到南北政治形勢大變化的影響，但孝宗的個人因素同樣不可忽視；他的「恢復情節」是一股重要的推動力。孝宗時期揚州的城池建設，無論在規模還是次數上，都超過之前的宋代其他時期，並且爲南宋後期揚州的城防奠定了重要的基礎，與孝宗的政治取向有直接的關聯。

二、針對「恢復」，地方與中央互動的舉措，有合拍也有脫節。所謂合拍，如上一點所強調，即中央與地方同時有相應的舉措。關於脫節，即「孝宗恢復」儘管在中央層面曾有受阻，但地方上的各類預備舉措並未因此而完全停止。通過本文對孝宗朝揚州的個案考察，可知「恢復」不但在地方上有實際的舉措，而且連續性更強。一方面城池建設能逐步展開與鞏固；另一方面，相較於中央執宰及大臣隨「國是」的變動而更替，地方上的人事任用，更能長久地保持一貫的特點；揚州守令任用多是孝宗特別器重且在對金政策取向上與他同調的精幹之人，便是最好的說明。凡此之類，表明通過對地方軍政動態的考察，不但可以彌補以往研究中側重在中央的缺陷，而且也能夠糾正由此缺陷所造成的認識偏見。均有助於我們對「孝宗恢復」作更爲全面的認識。孝宗恢復之志在中央雖無法全面展開，但在地方上卻有更大的施展空間。彼時中央與地方的互動關係以及差異，於此可見一斑。

三、朱熹等人所謂孝宗「末年之政」，主要是從中央層面著眼的說法。所謂「末年之政」，強調的是淳熙十四年以後中央層面的人事調動與政治部署與王淮執政時期的對比。此間，孝宗招納大批理學型士大夫入朝，他們針對內

外政策的態度更爲積極，與王淮乃至高宗朝的保守態度形成對比。但若著眼於地方，則孝宗末年較之以往並無太大的反差，毋寧是堅持一貫的立場。就揚州而言，所謂「末年之政」的用人態度和舉措，早在淳熙十四年高宗逝世及王淮罷政以前便已體現出來。揚州人事任用及軍政方面的積極舉措，基本貫穿孝宗一朝，無需等到末年才體現出來。

最後需要說明的是，以上的推論是基於對孝宗朝揚州城池建設的考察，但揚州畢竟只是南宋時期的邊境城市之一，而且當時揚州與「恢復」相關的舉措，也不止於城池建設這一個方面。所以要想全面瞭解南宋孝宗時期的地方軍政及其與「恢復」之關係，需要對更多的地方區域的軍政動態作系統分析，然後將不同區域的具體情形統合起來觀察，呈現整體的形態。這是全面認識「孝宗恢復」不可缺少的環節。從這個意義上說，本文的考察只是其中的一個部分而已，「孝宗恢復」時期的地方軍政，還有待進一步深入研究。

# 附錄三：南宋揚州蜀崗上城池建設新考

## 引言

　　北宋時期的揚州城池，以五代後周小城爲基礎，與中晚唐相比，規模大爲縮小。隨著宋室南渡，揚州轉成邊郡，城池建設受到重視，最終形成了三城格局。南宋時期揚州的城池規模與布局，不但與北宋有別，與唐代以及明清時期相比，也多有不同，是揚州城池建設史中一個比較特殊的階段。今人對兩宋時期揚州的歷次城池建設事件，乃至於唐宋明清時期揚州城池的沿革關係關注較多，相關問題似乎已經大體探明。〔註1〕但若仔細研讀相關現有研究及考古報告，可知其間不乏疏漏之處，特別是對南宋揚州蜀崗上城池建設的認識相當混亂。究其原因，主要是考古及研究人員過於依賴明清地理志書

〔註 1〕　這方面的研究以及考古報考很多。比較有代表性的論文，有紀仲慶《揚州古城址變遷初探》(《文物》1979 年第 9 期)；蔣忠義《隋唐宋明揚州城復原與研究》(收入中國社會科學院考古研究所編《中國考古學論叢》，科學出版社，1993 年)；李久海《論揚州宋三城的布局與防禦設施》(《東南文化》2000 年第 11 期)。考古報告往往針對局部的發掘，相對分散。中國社會科學院考古研究所等單位編著的《揚州城：1987～1998 年考古發掘報告》(文物出版社，2010 年)及《揚州蜀崗古代城址考古勘探報告》(科學出版社，2014 年)兩書，是對相關考古資料的總結。新近的考古報告及研究，有中國社會科學院考古研究所等單位整理的《江蘇揚州市宋寶祐城西城門外擋水壩遺跡的發掘》(《考古》2014 年 10 期)；《揚州蜀崗古代城址北城牆東段發掘簡報》(《中國國家博物館館刊》2014 年第 12 期)；《江蘇揚州市蜀崗古代城址西城壕 2013 年發掘簡報》，(《考古》2015 年第 9 期)；《江蘇揚州南宋寶祐城東城門北側城牆和東側城壕的發掘》(《中國國家博物館館刊》2015 年第 9 期)；汪勃、王小迎《揚州南宋堡城和寶祐城的發掘與研究》(《中國國家博物館館刊》(2015 年第 9 期)。

中關於宋代揚州城池建設的記載，沒有追溯宋元時人關於揚州城池建設的更早記錄；而由此得出的錯誤認識，對新的考古發掘的解讀，也經常起到誤導作用。除此之外，新近刊發的關於揚州蜀崗上舊城北牆東部位置的考古報告，又提醒我們重新審視以往對南宋寶祐城及其與堡寨城關係的認識。〔註2〕職是之故，本文詳細梳理宋至明清時期關於揚州城池的官私記載，參之以考古資料，對南宋揚州蜀崗上的城池建設再做考察，以期對宋代揚州的城池建設有更準確地認識。南宋揚州蜀崗上先後築有堡寨城、寶祐城以及所謂平山堂城，本文的討論便以這三個具體的城池為主體，逐個展開。

## 一、修築堡寨城的時間、人物及背景

唐代揚州子城，在晚唐五代的戰亂中遭到嚴重的破壞。後周顯德四年（957，南唐保大十五年）攻佔揚州時，南唐李璟「遣兵驅擄揚州士庶渡江，焚其州郭而去。」〔註3〕這是揚州城在入宋之前遭受的最後一次人為破壞。稍後後周措置揚州城，只是以蜀崗下羅城東南部位為依託，蜀崗上的子城則被廢棄。《資治通鑒》記周世宗至揚州，「命韓令坤發丁夫萬餘，築故城之東南隅為小城以治之。」〔註4〕此「小城」即今所謂周小城。後周隨即被趙宋取代，宋代揚州州城即在周小城的基礎上修繕而成。揚州城池的規模與布局，在北宋時期並無大的變化，而隨著時間的推移，蜀崗上的舊城更是進一步荒廢，到南宋孝宗淳熙二年（1175），才依蜀崗上古城舊基，修築了堡寨城。關於此事，宋代私人與官方皆有明確記載。如岳珂（1183～1243）《桯史》卷一有言：

> 淳熙乙未，郭棣帥淮東，築維揚城。又旁築一城曰堡寨，地皆砥平，相去餘數里。〔註5〕

---

〔註2〕 參前揭《揚州蜀崗古代城址北城牆東段發掘簡報》及《揚州南宋堡城和寶祐城的發掘與研究》一文。其中汪勃、王小迎對考古新發掘有所解釋，但只是提出了幾種可能性，措辭含混，而且並未跳出以往認識的窠臼。關於這一點，下文還會有分析。

〔註3〕 薛居正等：《舊五代史》卷一一七《周書八·世宗本紀第四》，中華書局，1976年，第1564頁。另，《資治通鑒》（中華書局，2011年）卷二百九十三周世宗顯德三年十二月庚午條，記「唐人悉焚揚州官府民居，驅其人南渡江。」（第9708頁）可互參。

〔註4〕 司馬光編著：《資治通鑒》卷二百九十四，世宗顯德五年正月戊午條，第9711頁。

〔註5〕 岳珂撰、吳企明點校：《桯史》卷一「石城堡寨」條，中華書局，1981年，第4～5頁。按，岳珂雖記有堡寨城的修築時間及人物，但他的重點是懷疑堡寨

這是私人方面的記載。淳熙乙未即淳熙二年，岳珂所記，時間、主事者以及城名，皆很明確。又《宋會要輯稿》方域一九之三二「幫築堡寨」條記：

　　淳熙二年七月二十一日，詔殿前司選差統制官一員、軍兵一千

人，修揚州城壁，依古城舊基幫築堡寨。從知揚州郭棣請也。〔註6〕

這是官方記錄，時間較岳珂所記更爲具體。詔令中之「古城」，即唐代揚州子城。「依古城舊基幫築」，暗示著淳熙之前古城的荒廢。又《桯史》卷十五「郭倪自比諸葛亮」條，有「郭棣帥淮東，實築兩城，倪從焉」之語，此「兩城」即堡寨城與夾城〔註7〕。這也提示著郭棣有築城之舉，可與以上兩條記載互參。

　　郭棣築堡寨城，事在孝宗淳熙間，宋代官、私記載，彰彰明甚。但是相關考古報告及研究論文，每每將此事繫於高宗朝紹興年間，即便最近公佈的關於南宋揚州寶祐城的考古報告，也仍然認爲紹興間有郭棣築城之舉。〔註8〕

---

　　　　城的作用，故最後有「雖牽制之勢，亦不相及，竟不曉何謂。猶不若石城之得失相半也」之語。不過這與本文論旨無涉，故不予深究。

〔註6〕　徐松輯，劉琳等點校：《宋會要輯稿》方域十九之三二，上海古籍出版社，2014年，第9668頁。同書食貨六二之六五又記淳熙四年正月，淮東總領錢良臣有「揚州近於古城舊基添築堡寨」（第7585頁）之言，當指淳熙二年之事。這也是孝宗朝修築堡寨城的一條官方記錄。

〔註7〕　按，夾城位於蜀崗之下，非本文考論的重點；因其與下文略有所涉，故補注如下：堡寨城修成之後，與宋大城南北相對，兩城之間相距1200米左右，夾城即位於其間。嘉定中守揚州的崔與之說「夾城，如蜂腰」（崔與之撰，張其凡、孫志章整理：《宋丞相崔清獻公全錄》卷之一《言行錄上·揚州重修城壕記》，廣東人民出版社，2008年，第5頁。）王象之記堡寨城與宋大城「南北對峙，中夾通道，疏兩壕相通，轉餉緩急，足以相赴。」（《輿地紀勝》卷三十七揚州「新舊城」條，中華書局，1992年，第1574頁。）此可見夾城的功用與特點。據今人考古發掘，夾城平面大體爲南北長、東西窄的長方形，其四周壕溝寬100米左右。夾城城牆主要是由從蜀崗運來之黃黏土夯築而成，從已探明的部分來看，夯土牆寬5.3米。其中東、西、南、北城牆分別爲長約900、950、380、450米，所以夾城城北略寬。夾城城門有4，門道寬5米，長10.5米。其中北門正對堡寨城南門，東、西門外還有甕城痕跡。夾城內有十字型街道，南北街寬約8米，東西街寬約5米。以上考古數據，參考了中國社會科學院考古研究所、南京博物院、揚州市文物考古研究所編著的《揚州城：1987～1998年考古發掘報告》第三章「蜀崗下城址的考古勘探」，第51頁；中國社會科學院考古研究所、南京博物院、揚州市文化局、揚州城考古隊：《揚州宋三城的勘探與試掘》，《考古》1990年第7期，第611頁。

〔註8〕　關於考古報告，有代表性的例子，如前面提到的《揚州城：1987～1998年考古發掘報告》及《揚州蜀崗古代城址考古勘探報告》兩書。前者是對2010年以前揚州城考古資料的總結，書中認爲「紹興中（1131～1162年），知揚州郭棣……在蜀崗故城城址上修築堡寨城」（第49～50頁）；後者是對2011至2013

可見此說影響之長遠，故而對此需要稍作辨析。檢視關於宋代揚州城池建設的相關考古報告以及研究論文，可知今人對堡寨城修築時間的誤解，其來有自，因為明清時期對此事的認識已有偏差。〔註9〕最早將堡寨城的修築時間繫於高宗紹興年間的當是清人顧祖禹（1631～1692）。他在《讀史方輿紀要》中記，「宋紹興中，郭棣知揚州，以為故城憑高臨下，四面險固，（李）重進始夷之，而改卜今城，相距二十里。處勢卑渫，寇來襲瞰，易如鼓掌，請即遺址建築。許之。」〔註10〕許鳴磐《方輿考證》卷四十六「廣陵故城」條，嘉慶《大清一統志》卷九十七《揚州府二・廣陵故城》、光緒《增修甘泉縣志》卷二《城池志》皆同之。今人在整理考古資料的過程中，對這些地理志書中的記載未曾詳加考辨，遂沿襲了同樣的錯誤。如蔣忠義等據光緒《增修甘泉縣志》，認為夾城為紹興年間郭棣所建〔註11〕，而《揚州城：1987～1998 年考古發掘報告》則據南宋王象之《輿地紀勝》卷三十七揚州「新舊城」條，認為堡寨城為紹

年間揚州蜀崗上古城發掘的整理，認為「南宋初年郭棣築堡城，或叫堡砦（寨）城」（第 187 頁），雖未指出具體時間，但意在高宗朝則無疑。今人的研究，如蔣忠義等《近年揚州城址的考古收穫與研究》（見《東南文化》1992 年第 2 期）一文；又，蔣先生在《隋唐宋明揚州城的復原與研究》一文中，說「紹興年間（公元 1131～1162），修築了堡城，與大城南北對峙。」（見前揭《中國考古學論叢》第 447 頁）依然沿襲了以前的錯誤。《中國國家博物館館刊》2015 年第 9 期所刊《江蘇揚州南宋寶祐城東城門北側城牆和東側城壕的發掘》及汪勃、王小迎的《揚州南宋堡城和寶祐城的發掘與研究》，是關於揚州城池建設的最新考古報告以及研究論文，但也認為堡寨城是紹興間郭棣所築，凡此之類，足見「宋高宗紹興間郭棣於揚州築堡寨城」這種認識影響持久。

〔註9〕 如明嘉靖《惟揚志》卷十《軍政志・城池》無堡寨城條目，且「寶祐城」條對堡寨城也沒有補敘。該書同卷「夾城」條附注：「在府城西北四里，以新、寶二城相連，故曰夾城。」此「新城」只能理解為蜀崗下的揚州州城，但宋代文獻中一般不稱揚州州城為「新城」，明人的說法不知所本為何。不但如此，這條注文也容易讓人誤以為夾城是在寶祐城修築以後才出現的，而實際上夾城的修築與堡寨城同時先後，遠在寶祐城之前。所以嘉靖《惟揚志》中缺載堡寨城，實在是一個比較嚴重的疏忽，一定程度上也反映出修志之人對堡寨城認識的模糊。另可注意者，同卷「揚州大城」條下記有「宋建炎二年命揚州增修城壁，知揚州郭棣築」一句，這就更將揚州州城的修築時間、人物一概弄錯。凡此之類，皆可見此志中關於揚州城池建設的記載，疏漏甚多，需要仔細辨別。

〔註10〕 顧祖禹撰，賀次君、施和金點校：《讀史方輿紀要》卷二十三《南直五・揚州府・廣陵城》，中華書局，2005 年，第 1115 頁。按，顧氏堡寨城與宋大城「相距二十里」的說法，已被考古發掘證明有誤，實際距離與崔與之所記相近。

〔註11〕 蔣忠義等：《近年揚州城址的考古收穫與研究》，見《東南文化》1992 年第 2 期，第 152 頁；《隋唐宋明揚州城的復原與研究》，《中國考古學論叢》，第 447 頁。

興年間知揚州郭棣築。〔註12〕今檢吳廷燮《南宋制撫年表》和李之亮《宋兩淮大郡守臣易替考》〔註13〕，知郭棣知揚州在孝宗淳熙年間，而高宗朝揚州守臣並無名郭棣者。更重要的是，南宋王象之《輿地紀勝》卷三十七揚州「新舊城」條，所記為「郭棣知揚州」云云，並無「紹興中」這一時間界定。前引顧祖禹《讀史方輿紀要》所記「宋紹興中，郭棣知揚州」，其「紹興中」三字實為誤增，許鳴磐《方輿考證》、嘉慶《大清一統志》及光緒《增修甘泉縣志》等輾轉沿襲，同誤。且以上明清地志書皆有「中夾甬道，疏兩濠……謂之大城」〔註14〕之句，而宋大城是揚州州城的別稱，所以引文中「大城」實應為「夾城」。其「大」、「夾」或因形近而訛，但諸書似不可同時於同一處出現訛誤，故其間必有因襲之關係，反映出後人曾將宋大城與夾城也混為一談。〔註15〕總而言之，今人在整理考古資料的過程中，由於對郭棣知揚州的時間未加考辨，誤信相關地志書所記，以至於對南宋時期《輿地紀勝》的理解也出現偏差。至於將堡寨城的修建時間推後，認為「堡城建於南宋寶祐間，先稱堡砦城，簡稱堡城」〔註16〕，同樣未得其實。

---

〔註12〕 中國社會科學院考古研究所、南京博物院、揚州市文物考古研究所編著：《揚州城：1987～1998年考古發掘報告》，第48～50頁。

〔註13〕 並參吳廷燮《南宋制撫年表》，中華書局，1984年，第463～468頁；李之亮：《宋兩淮大郡守臣易替考》，巴蜀書社，2001年，第26～37頁。

〔註14〕 可參洪汝奎等修，徐成黻等撰：(光緒)《增修甘泉縣志》，(臺北)成文出版社1983年影印本，第293頁。

〔註15〕 除此之外，乾隆《江南通志》卷三十三《輿地志・揚州府》記：「建炎三年，郭棣知揚州，以故城憑高臨下，四面險固，即遺址建築，謂之大城。」這段文字中，時間、人物、事件，無一能與史實對應。建炎三年揚州無築城之舉，其時揚州守臣亦非郭棣。所謂「故城憑高臨下，四面險固」，指的是蜀崗上的古城，「大城」則是蜀崗下的揚州州城，兩者所指顯然有別。同書同卷「寶祐城」條又記：「宋寶祐四年敕大使賈似道築……夾城在西北四里，亦是時築。」這又是對夾城修築時間及方位的錯誤認識。凡此之類，皆可見方志中關於揚州城池建設記載的混亂。引文見(臺灣)商務印書館1987年影印文淵閣《四庫全書》本，第508冊，第97～98頁。

〔註16〕 汪勃：《揚州城遺址唐宋城磚文內容之研究》，收入《江淮文化論叢》，文物出版社，2011年，第156頁。按，汪勃在前文中又有「夾城始建於南宋紹興年間」的觀點，並誤。不但如此，在汪勃關於揚州城的系列文章中，這一認識反覆出現，如《揚州城遺址唐宋城時期用磚規格之研究》、《揚州城遺址蜀崗上城垣蠡測》兩文中即有類似的說法。其中最後一文更是說：「南宋初年『郭棣築堡城』，即北宋初期已有堡(寨\砦)城，可稱為堡(寨\砦)城時期。」可謂一錯再錯。統觀此諸種說法，可見今人對於堡寨城認識的模糊。汪勃的後兩文並收入《江淮文化論叢》(第二輯)，文物出版社，2013年。

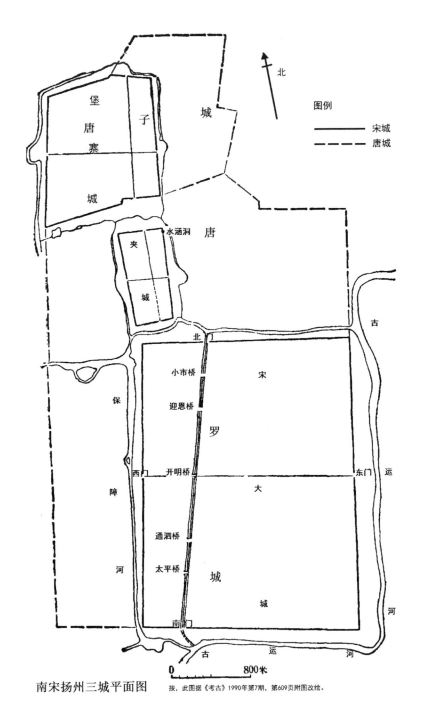

南宋揚州三城平面圖　　按，此圖據《考古》1990年第7期，第609頁附圖改繪。

　　考訂揚州堡寨城、夾城的修築時間，意義不止於準確認識宋代揚州城池建設這一具體事件，其對考察南宋高宗、孝宗兩朝的軍政動態也有很好的指

示作用。宋高宗在臨安站穩腳跟以後，大體來說，議和是處理宋金關係的整體基調；孝宗則更具恢復北方失地的意向，史書上所謂「孝宗恢復」便是基於這一動向而言的。這種對待北境政權的不同政治取向，在南宋時期邊境的城池建設上直接體現出來。就見存文獻來看，高宗朝淮東揚州的城池建設只是在建炎初年以及紹興末年宋金交惡的背景下才受到特別的關注。其中建炎初年有針對較大區域的城池而言且包含揚州者，如建炎五年丁巳「詔成都、京兆、襄陽、荊南、江寧府，鄧、揚二州儲資糧修城壘，以備巡幸」〔註17〕；也有專門針對揚州者，如同年九月「命揚州守臣呂頤浩修城池。」〔註18〕紹興末年，宋廷臣僚在「料理江淮」的言論中，特別提及「增城濬隍，以立守備」，高宗爲此曾下「手詔」，令揚州守臣向子固及其他淮南官僚「相度以聞」〔註19〕。這些出現在駐蹕揚州以及紹興末年宋金交惡時期的事例，皆是戰爭背景下的被動與權宜之舉；而且一方面這些修城舉措都集中在蜀崗下的揚州州城（即所謂宋大城），另一方面修城的實際成效也相當有限。〔註20〕相較之下，孝宗朝揚州的城池建設無論在次數還是規模方面，都超過趙宋其他各朝，在整個兩宋時期都佔有最突出的地位，主動而爲的意態也更明顯。上文提到的淳熙間郭棣於揚州修築堡寨城的舉措，是入宋以後宋廷首次經營蜀崗上廢棄的舊城，而且已經是孝宗朝第三次修繕揚州城池。宋代揚州的「三城」（堡寨城、夾城、州城）格局即形成於此時，揚州作爲「複式城市」〔註21〕，也

〔註17〕 脫脫等：《宋史》卷二十四《高宗本紀一》，中華書局，1977年，第445頁。

〔註18〕 李心傳：《建炎以來繫年要錄》卷九，建炎元年九月甲午條，中華書局，1988年，第214頁。

〔註19〕 李心傳：《建炎以來繫年要錄》卷一百九十七，紹興三十二年二月庚子條，第3319～3320頁。

〔註20〕 建炎元年五月和九月有關於揚州修城的詔令，但同年十月臣僚言「維揚之城，可攀援上下，其濠池可步而往來」；十二月，吏部侍郎劉玨又言「維揚城池未修」。此足見建炎初年揚州城池建設的效果相當有限。紹興末年的揚州築城，「破錢二十萬緡」（見徐夢莘《三朝北盟會編》卷二百四十七，炎興下帙一百四十七，上海古籍出版社，2008年，第1174頁），但宋代文獻對此舉沒有詳細描述，明清地方志書也未提及，若再參以孝宗初年關於揚州城池現狀的描述，則可推知紹興末年揚州修城的效果當也不盡理想。

〔註21〕 章生道在探討19世紀的中國城市時，將「由兩個或兩個以上築有城牆的獨立部分組成的城市」稱爲「複式城市」，並分別以政治考量、行政隸屬、運河交通、政商分區、城址變動等五個方面的因素爲參考標準，將「複式城市」分爲五類。若將這個概念借用來分析宋代揚州，則揚州算得上是「複式城市」，但卻不能輕易歸類，因爲宋三城與運河交通、城址變動有重要關聯，在政商

是出現在此間。所以南宋高、孝兩朝在揚州城池建設上的反差是很明顯的。〔註22〕尤可注意者，郭棣在揚州築城，正是「孝宗恢復」背景下的軍事舉措，孝宗時人對此有很明白的表述，閻蒼舒曾有一首贈與當時揚州守臣郭棣的七言詩，其言有曰：

> 東南形勝惟揚州，介江負淮作襟喉。
>
> ……
>
> 只今英主正用武，增五萬竈屯貔貅。
>
> 金城堅築壯營壘，綺段細錯良田疇。
>
> 神謨廟算萬全舉，天時既至須人謀。
>
> 將軍山西名將種，家聲直到青海頭。
>
> 男兒有死必報國，正當爲上分此憂。
>
> 勉旃速辦古人事，貂蟬本自出兜鍪。〔註23〕

詩中最值得注意的，是「只今英主正用武，增五萬竈屯貔貅。金城堅築壯營壘，綺段細錯良田疇。神謨廟算萬全舉，天時既至須人謀」這幾句。「英主」自非孝宗莫屬，「正用武」是「恢復之志」的顯露，而「金城堅築壯營壘」所指正是郭棣築城之事。閻蒼舒注意到，只有通過中央與地方的有效互動，也就是「萬全舉」必須與「人謀」，「恢復」最終才可能由志向變爲實現。此詩是寫給郭棣的，意思當然是說，郭棣是可共與謀事，能爲孝宗「分憂」的能臣。要之，透過閻蒼舒的詩可知，淳熙初年大規模的揚州城建，確是孝宗意欲實踐「恢復」之志最爲直接的延伸。不但如此，這首詩也清楚地表明，「恢復」不僅僅表現在中央層面，更需要地方在軍政方面予以有效地配合。換句話說，南宋孝宗時期關於「恢復」的言說與行動，並非只體現在中央層面，

---

分區方面也有一定程度的體現；更重要的是其與章氏未涉及的軍事因素有直接關聯。章氏觀點見其《城市的形態與結構研究》一文，收入施堅雅主編，葉光庭等譯，陳橋驛校：《中華帝國晚期的城市》，中華書局，2000年，第84～111頁。

〔註22〕 南宋後期人張端義曾說，高宗、孝宗兩朝「獨注意揚、楚、廬、和、襄陽城壁而已」。這是整體的論斷，未必精準，而且就揚州而言，高宗朝對其城池經營並不突出。已見於上文考論。張端義之說出自《貴耳集》卷上（許沛藻、劉宇整理），見上海師範大學古籍整理研究所編：《全宋筆記》第六編第十冊，大象出版社，2013年，第293頁。

〔註23〕 閻蒼舒：《贈郡帥郭侯》，見北京大學古文獻研究所編《全宋詩》，北京大學出版社，1998年，第43冊，第26877頁。

在地方社會也有實際的展開。若關注到這一方面，我們對南宋「孝宗恢復」會有更完整地認識，能彌補以往研究中存在的一些偏差；而若將堡寨城的修築繫於高宗朝，以上這類記載便無從索解。對揚州堡寨城修築時間以及人物的考訂，其更深一層的意義即在於此。〔註24〕

## 二、寶祐城新探：考古發掘的啓示與賈似道的自敍

郭棣築堡寨城，係截取唐子城西部而爲。據考古發掘，堡寨城的西、南城垣及北城垣的大部分是在唐代子城舊基上修築而成，只有東牆完全是宋代新創，其四面城牆的總長約 5000 米〔註25〕，這個數據與文獻所載基本吻合。〔註26〕堡寨城修築以後，至理宗朝，經賈似道在其基礎之上的進一步修繕，遂改名稱爲寶祐城。寶祐城在明清方志如嘉靖《惟揚志》、嘉慶《重修揚州府志》所附宋三城圖中皆有注明。按今人的理解，寶祐城與堡寨城只是名稱上的不同，兩者城池範圍則一致。但新近發表的關於揚州蜀崗上北城牆東段的考古報告則提供了新的信息，再結合前人未曾注意到的傳世文獻，特別是修城主事者賈似道自己的言說，筆者認爲以往對寶祐城的認識尚有缺陷。寶祐城自賈似道修成以後，在晚宋至明清期間，其城池的實際範圍有一個演變過程。以下結合這兩方面的材料，對寶祐城的起初實況以及之後的演變作一考察。

---

〔註24〕　參何適：《南宋孝宗朝揚州城池建設考——兼論地方視野下的「孝宗恢復」》，《史林》2016 年第 2 期。大體來說，南宋「孝宗恢復」在地方社會特別是宋金邊境地帶也有實際的體現，但相關舉措與中央層面的人事任用與政策調整並非完全合拍。相較而言，孝宗時期地方社會軍政舉措的連續性更強一些，而宋代陳亮、朱熹等人所說的孝宗「末年之政」，更多只適用於中央層面。

〔註25〕　據考古發掘，堡寨城東、西、南、北四面城牆分別長 1200 米、1400 米、1300 米、1100 米，合爲 5000 米。唐子城南牆長 1900 米，西城牆長 1400 米，北城牆長 2050 米，東城牆長 1500 米。相關數據，參中國社會科學院考古研究所等：《江蘇揚州宋三城的勘探與試掘》，《考古》1990 年第 7 期，第 610 頁；《揚州城：1987～1998 年考古發掘報告》第三章「蜀崗下城址的考古勘探」，第 50 頁；《揚州城考古工作簡報》，《考古》1990 年第 1 期，第 36 頁。

〔註26〕　嘉定年間，崔與之在揚州修城時，曾明確指出揚州州城「西北曰堡寨城，周九里十六步，相去餘二里。」其「九里十六步」折合成現代的計量單位，約爲 5209 米。折合標準，參《揚州城：1987～1998 年考古發掘報告》第三章「蜀崗下城址的考古勘探」，第 48 頁。崔與之所記，參張其凡、孫志章整理《宋丞相崔清獻公全錄》卷之一《揚州重修城壕記》，廣東人民出版社，2008 年，第 5 頁。

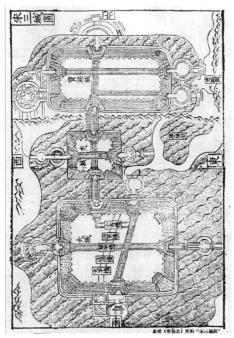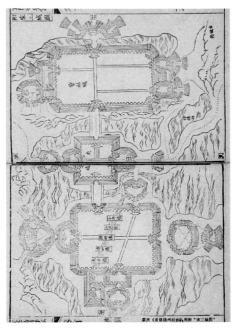

嘉靖《惟揚志》所附"宋三城圖"          嘉慶《重修揚州府志》所附"宋三城圖"

　　首先還是檢討一下今人探究寶祐城時的文獻依據。關於賈似道在揚州的修城舉措，《宋史·理宗本紀四》載寶祐三年（1255）二月己卯，「復廣陵堡城，賈似道以圖來上。」〔註27〕《宋季三朝政要》、《宋史全文》所記與此大體相同，惟前者將時間繫於淳祐三年三月，〔註28〕稍有疏忽。此「廣陵堡城」，通常被認爲是蜀崗上的堡寨城。宋元之際的盛如梓記：「揚州寶祐城，賈秋壑開閫日築……『舊名堡城，不當用即廢之名。今名寶祐城。』」〔註29〕據此，賈似道的修城之舉，爲堡寨城增添了新名；蓋堡寨城在晚宋時期的毀壞程度或比較嚴重，又因其於寶祐年間有補修，故名寶祐耳。盛如梓還記寶祐城「周三十六里」，這個說法已被考古發掘證實不符合寶祐城的實際情況。〔註30〕明修嘉靖《惟揚志》卷十《軍政志·城池》「寶祐城」條，對寶祐城的周長也有交代，其記：

〔註27〕　脫脫等：《宋史》卷四十四《理宗四》，第 854 頁。

〔註28〕　佚名撰，王瑞來箋證：《宋季三朝政要箋證》卷二，中華書局，2010 年，第 211 頁。

〔註29〕　盛如梓：《庶齋老學叢談》卷下，中華書局，1985 年，第 44 頁。按：其中內引號文字，爲盛如梓所引賈似道《申省狀》中語。

〔註30〕　中國社會科學院考古研究所等編著：《揚州城：1987～1998 年考古發掘報告》第三章「蜀崗下城址的考古勘探」，第 50 頁。

　　　　寶祐城，一名新城，俗呼爲堡城者非是。在府城西北七里江都
　　縣大儀鄉，周圍一千七百丈。遺址尚存。〔註31〕

引文中的「新城」需要先作說明。同是《軍政志・城池》，其「泰州城」條下附有「新城」一條，記「許堪別建，提刑丁公、提舉丘嶽、制置使趙葵主之。淳祐元年三月虜哨突至，以濠深不敢向，覘堡城」，此「新城」顯然別有所指；又據同書卷一所附「宋江都縣圖」，在堡寨城東北方向亦有「新城」。無論如何，這兩處「新城」皆與寶祐城無涉，所以「新城」與「堡城」不同明矣。除辨別「新城」之外，以上引文中更重要的信息是其提供的關於寶祐城城池規模的數據，「周圍一千七百丈」的說法是以明代度量計算，折合今約 5100米，數值與前面提到的堡寨城的規模也極爲相近。這是今人斷定堡寨城與寶祐城「名異實同」的唯一依據。以上是今人認識宋代寶祐城的諸種文獻基礎，其關於城池修築時間、名稱以及主事者的記載基本無誤，但關於寶祐城規模的記載值得重新審視。

　　首先，最近公佈的關於蜀崗上東部城牆的考古報告，提供了新的訊息。2013 年 4 月至 7 月，中國社會科學院考古研究所等多家單位，針對揚州蜀崗上古城北城牆東部相關位置開展了考古發掘工作。相關發掘情況見於前揭《揚州蜀崗古代城址北城牆東段發掘簡報》。據該《簡報》的披露，發掘的夯土遺跡中，在「唐代夯土牆體」之上有「宋代城牆夯土」。夯土分爲三處（考古標識爲夯 1A、夯 1B、夯 1C），分別位於探溝的中、南、北部。其中夯 1A 爲灰褐色，厚 1.75 米；夯 1B 爲黃褐色，厚 0.80～0.95 米；夯 1C 爲黃褐色，厚 0.05～0.25 米。在夯 1A 處發現唐代洪州窯青釉碗，在夯 1B 處發現唐、宋瓷器殘片，夯 1C 處僅出土兩塊殘磚。〔註32〕基於這些考古資料，我們大致可以得出以下兩點相互關聯的認識：一、由於三處夯土是水平分佈，且顏色相近，所以這層夯土應該是某一次修城的結果，而非多次。換句話說，就此發掘報告來看，此處東部城垣在宋代似乎只有一次修繕經歷。二、在宋代夯土層裏面發現唐代瓷器，而宋代瓷器偏少；又據該《簡報》，在「城牆上的地層堆積」裏面，有六朝、唐代及明清堆積層，但沒有兩宋堆積層。這一現象在相當程

〔註31〕　朱懷幹修、盛儀撰：（嘉靖）《惟揚志》卷十《軍政志・城池》，上海古籍書店
　　　　　1963 年影印天一閣藏嘉靖殘本。
〔註32〕　中國社會科學院考古研究所等：《揚州蜀崗古代城址北城牆東段發掘簡報》，
　　　　　《中國國家博物館館刊》2014 年第 12 期，第 27 頁。

度上說明，唐五代子城東段在宋代即便得到一定程度的修復，但在整個兩宋時期，主要還是處於荒廢的狀態。

　　唐子城北牆東段遺址在宋代既然有一次重新修繕的經歷，現在我們要追問這一次修繕可能發生在何時。見存文獻並沒有提供直接的證據，這裡用排除法，對此試作推斷。北宋時期，雖然揚州有幾次修城舉措，相關修城的言說與實際行動，都集中蜀崗下揚州州城，即所謂宋大城。南宋時期，自孝宗朝始重視對蜀崗上城池的經營，所以上述考古掘發出的北城牆東段的修繕舉措當出現在南宋孝宗朝或其後。通過崔與之關於城池修建的文字，可知他在嘉定間的修城舉措並未涉及蜀崗上的城池〔註33〕；而且他在描述宋三城的布局時，隻字未提蜀崗上城池東部，記堡寨城的周長也與考古勘測基本吻合。所以上述考古報告中的「宋代城牆夯土」不可能是郭棣至崔與之之間的歷次修城所為。南宋地理志書《方輿勝覽》之「淮東路‧揚州‧古蹟」條有「故城」一項，是就蜀崗上唐五代子城而言。該書原刻本成於宋理宗嘉熙年間（1237～1240）（參此書點校者施和金先生的整理《前言》），其時蜀崗上已築有堡寨城，而堡寨城只佔據唐代子城西部位置，所以此「古蹟故城」實際上只能算是唐子城東部城池。既為「古蹟」，就建築而言，則自應處於殘廢的狀態，如同條所附「隋宮」、「吹臺琴室」、「東府齋」、「二十四橋」等，在當時或「今亡其處」，或「不可得而考」〔註34〕。基於這一認識，可知南宋理宗嘉熙以前，蜀崗上古城東部城牆仍舊荒廢。所以綜合以上的推斷，可知在賈似道修城之前的揚州歷次修城舉措，均未涉及唐五代子城東部城牆遺址；而「宋代城牆夯土」的修者人選，便縮小為賈似道及其以後的揚州城池建設主持者。賈似道之後只有李庭芝在揚州有修城舉措，所以新發現的「宋代城牆夯土」實際上即是賈似道或李庭芝守揚州時所為。李庭芝的修城舉措，在《宋史‧李庭芝傳》傳裏明確交代了，是針對堡寨城西部的平山堂而發（詳下），所以李庭芝也應該排除在外。分析至此，我們通過排除法，推定考古發掘中的這層「宋代城牆夯土」最有可能是賈似道修城時所為。〔註35〕

〔註33〕　嘉定間崔與之的揚州築城，主要集中在宋大城城壕、夾城城牆、市河三個方面，並未涉及蜀崗上的堡寨城。參崔與之撰，張其凡、孫志章整理：《宋丞相崔清獻公全錄》卷之一《揚州重修城壕記》，第 5 頁。

〔註34〕　祝穆撰，祝洙增訂，施和金點校：《方輿勝覽》之「淮東路‧揚州‧山川」條，中華書局，2003 年，第 793～794 頁。

〔註35〕　這一新的考古發掘，已經引起汪勃、王小迎二人的注意。但他們是據此對郭

　　以上大致切斷了賈似道前後的歷次修城舉措與新發現的「宋代城牆夯土」之間的關聯；但此案至此尚不能了結，針對賈似道在蜀崗北牆東段「宋代城牆夯土」的形成過程中有實際作爲這一點，我們必須拿出更爲有力的證據。今人在關於揚州古城的考古報告和相關研究中，往往會徵引《庶齋老學叢談》卷中關於寶祐城周長的說法，並加以修正，而該書卷下還有一條關於寶祐城的記載卻未見有人提及。尤爲可貴的是，此條中摘引了賈似道關於寶祐城的自敘性文字，是關於寶祐城的第一手資料，值得認眞對待。上文曾引用此條部分文字，說明了改堡（寨）城爲寶祐城的原因。今再將全文抄錄如下，一方面是爲了引起相關研究者的注意，另一方面更是因爲此條記載爲推定賈似道修繕揚州蜀崗東部舊城提供了至爲重要的線索。《庶齋老學叢談》所記如下：

> 揚州寶祐城，賈秋壑開閫日築。不仰科降，於諸色窠名錢那（挪）辦。《申省狀》云：「計厥費，爲楮一千三百餘萬，米九萬伍千餘石。錢穀之問不及廟堂，皆某連歲銖粒撙節，迄濟斯用。」又云：「照得此城高深廣袤，無異一郡。舊名堡城，不當用旣廢之名。今名寶祐城。是役也，用軍三萬人，日羹飯三頓。支擔索扉屨等錢，番更將士，民不知役。五日小犒，十日中犒，一月大犒。有違令者，以軍法從事。重則處死，賞罰必信，無敢譁嘩。始於二年七月十五日，至三年正月二十日告成。」〔註36〕

盛如梓所引賈似道《申省狀》文，顯然是修城告成之後賈似道的總結報告。其中關於修城的經濟來源暫且不論，從對修城將士的犒賞以及紀律要求來

---

棟所築堡寨城的規模，而非去重審寶祐城的最初規模。他們認爲「若郭棟所修之堡寨城只是修繕了唐子城，則其周長當與唐子城相近；若其所修之城即後來的寶祐城，則在寶祐年之前唐子城西半就很可能已經有城。然而，從目前所知的文獻記載和考古發掘結果來看，堡寨（砦）城是修繕唐子城並繼續使用，還是取唐子城西半再築城，亦（按：當爲「抑」字）或是同時使用在唐子城西半所築之城和在其東半修繕之城，究竟如何還有待後續發掘研究。」這段文字比較繁瑣而邏輯稍嫌混亂，不過其並未將北牆東段發現的「宋代城牆夯土」直接歸之與郭棟，則是比較謹愼而正確的做法。但汪、王二位先生實在過於謹愼，以至於對「寶祐年之前唐子城西半就已經有城」（這裡借用了他們的用語，略作改動，但大意未變）提出了質疑。實際上南宋孝宗朝郭棟揚州築城的情況，本文第一節的考論已經給出了答案，毋庸置疑。汪勃、王小迎的觀點，參前揭《揚州南宋堡城和寶祐城的發掘與研究》第 126 頁。

〔註36〕　盛如梓：《庶齋老學叢談》卷下，第 44 頁。按：《全宋文》輯錄賈似道之文，未曾留意於此，當補。

看，此次修城著實是慎重其事。但與本文相關，引文中最可注意者，是「高深廣袤，無異一郡」八個字。這是對寶祐城的描述。賈似道以舊有之堡（寨）城「不當用」而對堡寨城牆加以修繕，所以可稱寶祐城「高深」；但若賈似道沒有擴充規模，只是對堡寨城城池進行修繕而已，則寶祐城不應當用「廣袤」形容之，而且還「無異一郡」。賈似道的述辭容有幾分自我虛美，但不至於離事實太遠。所以面對賈似道的「廣袤」之說，上面推斷的唐子城東部城牆是在賈似道修城期間得到一定程度的修整，就顯得更為合理。因為只有將東部重新修整的城池聯合起來與舊有堡寨城作比較，賈似道才能說他任內所修之城算得上「廣袤」。

除《庶齋老學叢談》外，嘉靖《惟揚志》卷十《軍政志·城池》「寶祐城」條，徵引了理宗關於寶祐城的詔令之文，為他書所未有，也值得注意。這段文字的內容如下：

> 昔韓琦在泰州，軍民附城而居，無所捍禦，築外城十里。西賊憚之，卿久護全淮，向城寶應、城通州、城東海，外戶既綢繆矣。今復增堡城以壯廣陵之勢，朕披來圖，包平山而瞰雷塘，可以廣營屯便牧圉矣。

此詔出現在賈似道上圖之後，其文除加上理宗評語外，涉及修城具體內容者，實際上是將圖形轉換成文字，故一定程度上仍可視為賈似道的自敘。其中「今復增堡城壯廣陵之勢」一語，若放在寶祐城與堡寨城名異實同的背景下去理解，獲取的信息當主要是寶祐城是對堡寨城修繕加固而已。但即為詔令用語，遣詞造句必當謹慎，此處「增堡城」之「增」字，較之《宋史全文》、《宋史》、《宋季三朝政要》中的「復」字，當更為準確，實在不應忽視。所謂「增堡城」更可能包含增加城池範圍的意思。惟其如此，才更好理解後面理宗「朕批來圖，包平山而瞰雷塘」一語（關於「包平山而瞰雷塘」一語，今人的理解有誤，下文還會有考辨），因為理宗對寶祐城「包平山而瞰雷塘」的評價，恰好與胡三省對唐子城「西據蜀岡，北包雷陂」的描述相對應，而唐子城的城池範圍較之南宋堡寨城顯然要剛廣闊一些。這是上文已經說明了的。所以綜合來說，寶祐城與唐子城在城池規模上的對應更有可能，而與堡寨城則鮮有差別；從這個角度來說，《庶齋老學叢談》中寶祐城「周三十六里」的記載雖言過其實，但卻點出了寶祐城與堡寨城之間的差異。

　　分析至此，問題已漸趨明瞭，即我們以往對寶祐城的認識與賈似道最初所修整的寶祐城有一定的偏差。寶祐城與堡寨城之差別當不僅僅只是名稱的不同而已，其所指的城池範圍也有大小之別。基於上文的考辨，可知賈似道主持下的寶祐城，實由東西兩部分組成：西部即堡寨城；東部較西部後起，修繕次數有限，故相對薄弱。在這樣的理解下，或者可以說賈似道所修整的寶祐城即是「宋代的唐子城」。

　　弄清楚了寶祐城在最初的所指，另一個問題也必須正視，即明清時期的嘉靖《惟揚志》及嘉慶《重修揚州府志》所附宋三城圖中的「寶祐城」的規模與堡寨城的規模相當，該如何理解？這個問題其實不難索解。前面依據考古報告，認爲雖然賈似道對蜀崗上堡寨城以東的城牆有一定程度的修繕，但程度有限，且賈似道之後至明清時期並無續修的舉措。隨著時間的推移，蜀崗上相對薄弱的東部城牆漸趨廢弛，寶祐城之西部堡寨城部分則因相對堅固而得以存續更久；在這個過程中，寶祐城的殘餘部分便與舊的堡寨城逐步重合了。明清方志中的寶祐城圖，反映的便是重合之後的情狀。

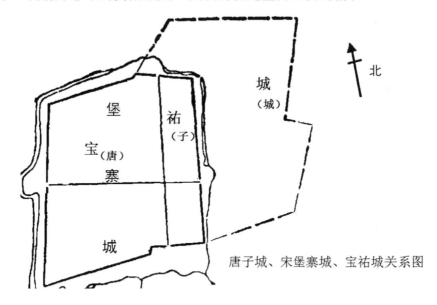

唐子城、宋堡寨城、宝祐城关系图

## 三、平山堂城的修築

　　以上基於考古資料以及賈似道的自敘，考察了寶祐城的最初所指及其後續演變。實際上隨著考古發掘的持續展開，考古人員已經開始重新界定寶祐城的範圍。如新近的說法認爲「寶祐城爲南宋寶祐年間（1253～1258）賈似

道取堡城西半並包平山堂城所修之城」〔註 37〕。這是基於蜀崗上舊城西城壕的發掘而做出的結論。按「取堡城西半並包平山堂城」的說法，則賈似道只對堡寨城西半進行修繕，並新築城牆包平山堂。這種說法不但與明清方志所記不合，與上文所考也大有不同，與史實相去甚遠。之所以會有這種奇怪的論斷，一方面是考古人員過於依賴考古資料以至於受其牽制，另一方面是對傳世文獻的理解不夠充分。這兩個方面在關於唐宋揚州城考古的報告與研究中時有出現，單就這裡的「取堡城西半並包平山堂城」而言，究其原因，首先是今人對前引嘉靖《惟揚志》中理宗詔文「包平山而瞰雷塘」一句的理解有誤，進而再用這個錯誤的理解去附會考古發掘。所以理宗詔文一方面有助於我們解決寶祐城問題，另一方面又因為今人的誤讀，而導出了是誰築城包平山堂這一新的問題。這個新問題又反過來影響到對於寶祐城的認識。所以這一小節將以孰包平山堂城這個問題為中心，探討南宋揚州蜀崗上城池建設的尾聲部分。

我們的討論從澄清今人的誤解開始。前面在討論賈似道與寶祐城時，引《宋史》、《宋史全文》、《宋季三朝政要》、《庶齋老學叢談》等文獻，均未有言賈似道築城包平山堂者。特別是《庶齋老學叢談》所引賈似道的《申省狀》，裡面對修城的前因後果，修城人員的管理與賞罰都有交代，卻隻字未提築城包平山堂之事。築城包平山堂在賈似道之前不曾有過，若是賈似道首為此舉，他在《申省狀》中似無不言之理（盛如梓摘重點而錄，若賈氏有記，盛氏當也不會放過）。見存文獻中，將賈似道與「包平山」記於一條者，唯一的一處記載見於嘉靖《惟揚志》卷十所引的理宗詔文。詔文前面已引及，其中與此處論題最相關者，是「今復增堡城以壯廣陵之勢，朕披來圖，包平山而瞰雷塘，可以廣營屯便牧圉矣」這一句。今人便據此認為賈似道在修復堡城之外還有築城包平山堂的舉措。這一觀點體現在相關研究論著中，也影響到對考古發掘的解讀。〔註 38〕然而，據此「包平山」三字，認為寶祐年間賈似道於

〔註37〕 中國社會科學院考古研究所等編著：《揚州蜀崗古代城址考古勘探報告》，科學出版社，2014 年，第 2 頁；中國社會科學院考古研究所等：《江蘇揚州市蜀崗古代城址西城壕 2013 年發掘簡報》，《考古》2015 年第 9 期，第 67～77 頁，引文見第 75 頁。

〔註38〕 相關研究主要是汪勃、王小迎兩人合著的論文：《淺談揚州宋代平山堂城與堡城的連結》，收入《江淮文化論叢》（第二輯），文物出版社，2013 年，第 37～41 頁；《揚州南宋堡城和寶祐城的發掘與研究》，《中國國家博物館館刊》，2015 年第 9 期，第 114～115 頁。而考古報告則主要有中國社會科學院考古研

揚州修城時有築城包平山堂的舉措，實際上是一種誤讀。理由很簡單，「包平山」與「瞰雷塘」是並列的，若將「包平山」理解爲賈似道實實在在的築城舉措，則「瞰雷塘」也應該是賈似道主持的一種具體事項。但「瞰」是居高臨下的意思，是一種姿態；將「瞰雷塘」理解爲賈似道主持的具體事項，在道理上顯然是說不通的。如果說以上這種解釋，頗予人以「咬文嚼字」之感，難以使人信服，接下來再從正、反兩個方面進一步釋之如下。

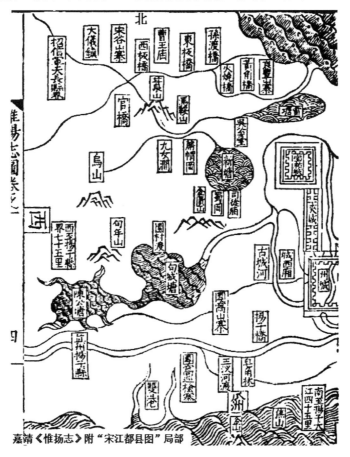

嘉靖《惟揚志》附"宋江都县图"局部

　　理宗詔文中「包平山而瞰雷塘」之句，承「今復增堡城以壯廣陵之勢」而來，其中的「包」字所指，並非是用具體而實在地實物——亦即城牆——

究所等單位聯合發表的：《江蘇揚州市宋寶祐城西城城門外擋水壩遺址的發掘》，《考古》2014 年第 10 期，第 43～60 頁；《江蘇揚州南宋寶祐城東牆城門北側城牆和東側城壕的發掘》，《中國國家博物館館刊》，2015 年第 9 期，第 74～92 頁；《江蘇揚州市蜀崗古代城址西城壕 2013 年發掘簡報》，《考古》2015 年第 9 期，第 67～77 頁。

從外圍包住平山堂，而是理宗根據賈似道所上之圖，從整體上描述賈似道所修寶祐城及其周邊的地理態勢。換句話說，此句是從軍事地理的角度強調了堡寨城經修繕之後其「氣勢」的提升，所謂「壯廣陵之勢」是也。對於「包」的這種解釋並非筆者突發奇想，故為新說。類似的說法，在宋元之際胡三省的用語中也曾體現。本文第一節曾引及《資治通鑒》所記周世宗顯德五年二月命韓令坤築城之文，在「丁卯，（世宗）至揚州，命韓令坤發丁夫萬餘，築故城之東南隅為小城以治之」之下，胡三省注曰：

　　　　今揚州大城是也。揚州古城西據蜀岡，北包雷陂。〔註39〕

雷陂即雷塘，在州東北十里。〔註40〕蜀岡則是揚州城西北部「山川」之一，地勢較高，「延綿數縣，至揚州城西北……三峰突起。」〔註41〕此處「西據蜀岡，北包雷陂」八個字，正是對「揚州古城」及其周邊地理態勢的描述。胡三省所謂「揚州古城」與宋大城對照，所指便是唐五代時期的揚州子城，其不但不可能包住雷塘，反而是被雷塘與蜀岡所環繞，形成利於軍事防禦的地理態勢。這在嘉靖《惟揚志》所附「宋江都縣圖」中也大致體現出來。平山堂即位於蜀岡之上，故而理宗詔語中「包平山而瞰雷塘」之言，當與「西據蜀岡，北包雷破」是一樣的句式，是對修繕後的城池地勢的描述，只不過省略了方位詞而已。上文在考證賈似道復寶祐城時，推定寶祐城的城池範圍與唐子城大體一致，所以理宗對寶祐城「包平山而瞰雷塘」的描述恰可與胡三省「揚州古城西據蜀岡，北包雷陂」的說法比而觀之。基於這樣的比較，筆者認為賈似道並沒有築城包平山堂；將寶祐城理解為「賈似道取堡城西半並包平山堂城所修之城」，也是不對的。

　　以上對「包平山而瞰雷塘」的重新解釋，是從正面否定賈似道的包城之舉。從反面立論，則需要切入賈似道之後李庭芝在揚州的修城舉措。南宋晚期揚州另一次修城由李庭芝措置，這也是見存文獻中關於宋代揚州的最後一次修城記錄。《宋史·李庭芝傳》記：

〔註39〕　司馬光編著：《資治通鑒》卷二百九十四後周顯德五年二月條，第9711頁。
〔註40〕　祝穆撰，祝洙增訂，施和金點校：《方輿勝覽》之「淮東路·揚州·古蹟」條，第797～798頁。
〔註41〕　並參祝穆撰，祝洙增訂，施和金點校：《方輿勝覽》之「淮東路·揚州·古蹟」條，第792頁；趙之壁編纂：《平山堂圖志》卷一《名勝上·蜀岡》，（臺北）成文出版社影印光緒九年重印本，1983年，第45頁。

始，平山堂瞰揚城，大元兵至，則構望樓其上，張車弩以射城
中。庭芝乃築大城包之，城中募汴南流民二萬人以實之，有詔命爲
武銳軍。〔註42〕

李庭芝傳並沒有交代此次修城的確切時間，今人亦未予深究。這段文字附在
「庭芝初至揚州」（1260）〔註43〕之後，咸淳五年（1269）以前，則此次築城
最可能發生在景定年間（1260～1264）。如是，則晚宋時期賈、李任內的兩次
修城，前後相隔近十年。引文與本節主題最相關的是「庭芝築大城包之」一
句。此句承上文而來，「之」字指代平山堂，可知李庭芝有築城之舉，且所築
之城正是圍繞平山堂。

築城包平山堂當是李庭芝首爲，這一點若能結合平山堂的最初屬性以及
《宋史‧李庭芝傳》之「文理意義」（朱熹語），會更容易理解。平山堂位於
蜀崗中峰之上，係北宋仁宗慶曆間歐陽修守揚州時所創建。據沈括所記，此
堂構成之後，歐陽修「時引客過之，皆天下豪儁有名之士。後之人樂慕而來
者，不在於堂榭之間，而以其爲歐陽公之所爲也。」可見，平山堂基本上是
供時人遊覽、憑弔的人文景觀，最初並非爲軍事之用；即便孝宗時郭棣築堡
寨城，也未將其包於堡寨城內。然而，歐陽修曾說「獨平山堂占勝蜀崗，江
南諸山，一目千里」〔註44〕；南宋鄭興裔在紹熙元年謂歐陽修「爲堂於蜀崗
之上，負高眺遠，江南諸山拱揖檻前，若與堂平，故名。」〔註45〕據此而言，
平山堂之所以成爲著名的景觀，在內在層面正是得益於這種地理上的優勢。
不過這種優勢正可爲軍事之用，蒙古兵據之而「構望樓其上，張車弩以射城
中」，無疑在軍事地理方面佔據了便利，從而對宋廷的揚州守軍構成威脅。若
反觀前引《宋史‧李庭芝傳》之文，則李庭芝揚州修城之舉，必是基於蒙古
人提供的現實經驗，爲了將平山堂獨特的地理優勢據爲己有。完工之後募民
充兵以駐守的舉措，即提示著包城前後的差別。分析至此，可知揚州平山堂
在李庭芝修城之前，主要是供遊覽、憑弔的人文景觀，而非軍事據點；李庭

〔註42〕 脫脫等：《宋史》卷四百二十一《李庭芝傳》，第 12600 頁。

〔註43〕 據《宋史‧理宗紀》，開慶元年正月戊辰，以李庭芝權知揚州，然同年二月庚
辰，又改由他人守揚州。李氏於景定元年五月後再度判揚州。並參《宋史》
卷四十四、卷四十五，第 865、873 頁。

〔註44〕 歐陽修：《與韓忠獻王（稚圭）書（八）》，見《歐陽修全集》卷一百四十四《書
簡卷一》，中華書局，2001 年，第 2334 頁。

〔註45〕 鄭興裔：《鄭忠肅公奏議遺集》卷下《平山堂記》，商務印書館 1987 年文淵閣
《四庫全書》本，第 1140 冊，第 215 頁。。

芝的修城舉措係首創，並非依前人舊基而為。築城包平山堂既是李庭芝所首為，則賈似道築城「包平山」的說法便不攻而自破了。今人以賈似道包城在先，李庭芝續補在後的觀點〔註46〕，也是誤讀「包平山而瞰雷塘」之後的牽強附會之說，不足為據。

## 餘論

前文結合傳世文獻及考古報告，依次梳理了南宋揚州蜀崗上的幾次城池建設。在這結尾部分，筆者擬結合揚州的實例，對影響宋代城池建設的諸種因素略作歸納，並分析揚州城考古發掘與傳世文獻互證過程中存在的主要問題。這樣一方面能為前文的考論提供一個宏觀背景，另一方面對考古人員更好地解釋揚州城考古發掘也不無啟示作用。

先看影響宋代城池建設的諸種因素。基於晚唐五代地方勢力坐大的教訓，入宋後對地方勢力多有防範，這在城池建設方面也有直接體現。北宋時期除對西北沿邊的城池有所重視以外，官方對東南城池建設在整體上持消極的態度；宋廷平定江南之際，更是有「令江、淮諸郡毀城隍，收甲兵，徹武備」的舉措，結果諸城「名為郡城，蕩若平地。」〔註47〕但黃寬重先生強調了地方動亂對北宋城池建設的影響，認為儂智高事件（仁宗皇祐年間，1049～1054）以後，宋廷改變了江南不修城的政策〔註48〕；而成一農先生則堅持不修城池的政策「與宋代相始終」〔註49〕。從見存文獻記載來看，在儂智高事件之前宋廷已有整頓江南城池的舉措，而不修城池的政策「與宋代相始終」

---

〔註46〕 王小迎、汪勃認為「平山堂城的修建及改建歷史，可以簡單地歸納為歐陽修建平山堂、賈似道包平山堂、李庭芝築平山堂城三個階段」。參見《淺談揚州宋代平山堂城與堡城的連結》，收入《江淮文化論叢》（第二輯），第 39 頁。按：相同的觀點也出現在二人其他論文中，又因二人多有參與揚州城考古工作，所以他們的觀點在相關考古報告中也有體現。關於這一點，前面已有涉及，此不一一列舉。

〔註47〕 李燾：《續資治通鑑長編》卷四十七咸平三年十二月壬申條，中華書局，2004年，第 1037 頁。

〔註48〕 參黃寬重：《宋代城郭的防禦設施及材料》，收入其《南宋軍政與文獻探索》，（臺北）新文豐出版公司，1990年，第 186 頁。

〔註49〕 成一農：《宋、元以及明代前中期城市城牆政策的演變及其原因》，收入中村圭爾、辛德勇編《中日古代城市研究》，中國社會科學出版社，2004年，第 146 頁。

的說法，自然也不能成立。以上兩種觀點都是試圖從整體上對宋代城池建設政策做一論斷，但宋廷針對城池建設的態度一方面有地域性差異，另一方面因時而有調整，所以此類宏觀論斷的局限性是很明顯的；相較之下，從現實層面辨析宋廷城池建設態度的轉變及其原因，意義當更爲重要。

北宋時期，揚州的城池建設次數相當有限，城池規模也只是延續後周小城的規模（截取唐羅城東南部分）而已。這是宋廷消弱地方勢力這種政治考量的一個具體實例。但咸平三年（1000）王禹偁言揚州、滁州等地「城池隳圮」，建議「漸茸城壁」，使「郡國張禦侮之備，長吏免剽略之虞」。〔註50〕類似的需求不止於揚州、滁州。熙寧十年（1077），河北西路提點刑獄丁執禮言：「今之縣邑，往往故城尚存，然摧圮斷缺，不足爲固。況近歲以來，官司所積錢斛日多於前，富民巨賈萃於廛市。城郭不修，甚非所以保民備寇之道也。」〔註51〕丁執禮時雖爲地方憲臣，其所言則是著眼於整體的。所以合以上兩條記載而觀之，可知無論是著眼於個別抑或整體而言，北宋中期的城池狀況與經濟社會發展的情狀不甚協調。隨著經濟社會的發展，爲維持良好的社會治安及保障財富安全，地方對於城池建設的需求已經增加。可注意者，宋廷對此類言說往往給予積極回應〔註52〕，所以就此而言，當時地方現實需求的重要性在一定程度上已經超過中央消弱地方勢力的政治考量。這是以往的研究未曾注意到的。

南宋時期，隨著軍政地理格局的變動，軍事因素對城池建設的影響，更值得關注。建炎元年（1127）五月丁巳，宋廷「詔成都、京兆、襄陽、荊南、江寧府、鄧、揚二州儲資糧，修城壘，以備巡幸。」〔註53〕當時趙

〔註50〕 李燾：《續資治通鑑長編》卷四十七咸平三年十二月壬申條，第 1037～1038 頁；並參《宋史》卷二九三《王禹偁傳》，第 9798～9799 頁。

〔註51〕 徐松輯，劉琳等點校：《宋會要輯稿》方域八之四，第 9427 頁。

〔註52〕 咸平三年王禹偁的奏言，仁宗「嘉納之」；熙寧十年丁執禮所言，神宗詔「中書門下立法以聞」。後中書門下言：「看詳天下州縣城壁……今欲令逐路監司相度，委知州、知縣檢視城壁合修去處，計會工料，於豐歲分明曉諭，勸諭在城中、上等人戶，各出丁夫修築」，而且在人事管理、城市規劃、人力來源、物資保障等方面也有比較詳細的規劃。神宗「從之」。引文分見《續資治通鑑長編》卷四十七，咸平三年十二月壬申條，第 1038 頁；《宋會要輯稿》方域八之四，第 9427 頁。

〔註53〕 脫脫等：《宋史》卷二十四《本紀二十四》，第 445 頁。建炎元年九月亦有類似的詔令，見《宋會要輯稿》方域二之五，第 9283 頁。

宋政權已失半壁江山，詔令涉及之地，大體沿長江一線，是南北對峙的前沿地帶。〔註 54〕前文提到北宋時期重視西北邊境的城池建設，所以建炎初年的詔令實際上可看成重視邊境修城政策的延續，只不過相較於北宋時期，當時的「邊境」在地理上向東南推移了而已。但據今人的統計，南宋時期的城池建設並不限於北部沿邊一帶，而且次數遠多於北宋時期。〔註 55〕南宋時期南北政權的軍事衝突多有，所以其城池建設相對頻繁的現象，不能不考慮軍事因素的影響。

除以上經濟發展、社會治安、軍事戰爭三個因素外，人事因素對宋代城池建設的影響也不容忽視。這裡的人事因素包括中央與地方兩個層面。就中央層面來說，首先需要關注的當是帝王本人。前文提到南宋高、孝兩朝揚州城池建設呈現出明顯的差異；因高、孝兩人有一主「守和」一謀「恢復」的不同政治取向，所以這種差異就特別值得注意。實際上這正是帝王個人因素影響城池建設的具體表現。而著眼於地方，則地方守臣主動性的強弱，對城池建設中也有重要影響。王禹偁曾有地方守臣「不敢擅有修治」〔註 56〕的言說，這反映的是中央對地方城池建設的控制或限定。據劉敞（1019～1068）在《先考益州府君行狀》所記，針對河北一帶因工役擾民的現象，其父曾有「城非圮頓，不得擅請增廣，河渠非可通漕省大費者，毋議穿鑿。當修城、濬渠者，雖能省功，亦不加賞」〔註 57〕之言論。研究者從政績考核的角度，據此認爲宋廷對地方城池建設有相當的限制，致使「州郡望風畏縮，無敢復議修城者。」〔註 58〕實際上細繹其語，可知在城牆毀壞嚴重的情況下，地方守臣還是可以有修繕的舉措；雖則「不加賞」，但也正是這種不納入政績考核的修城舉措，才讓地方守臣在城池建設中的能動性顯得難能可貴。無論如何，

〔註54〕 長江一線，從下游到上游，按劉子健先生的說法，江淮一帶爲南宋的「前衛地區」，襄陽一帶爲「聯衛地區」，成都一帶爲「邊衛地區」，都具有重要的戰略地位。詳參其《背海立國與半壁山河的長期穩定》一文，原載《中國學人》1972 年第 41 期，後收入《兩宋史研究彙編》，聯經出版事業有限公司，第 21～40 頁。

〔註55〕 參成一農：《宋、元以及明代前中期城市城牆政策的演變及其原因》，第 180～182 頁。

〔註56〕 李燾：《續資治通鑑長編》卷四十七，咸平三年十二月壬申條，第 1037 頁。

〔註57〕 劉敞：《公是集》卷五十一《先考益州府君行狀》，收入《全宋文》卷一二九五，上海辭書出版，2006 年，第 75 冊，第 385～393 頁。

〔註58〕 鄧小南：《課績‧資格‧考察──唐宋文官考核制度側談》，大象出版社，1997 年。

宋代城池修建與否，與當時地方官員是否願意發揮一定的引導作用是有直接聯繫的。南宋揚州幾次重要的城池建設，無一不是在當時守臣的積極建議與措置下完成的。當然，地方上的舉措必須以獲取中央的認可為前提，這就體現了中央與地方的互動。總而言之，宋代的城池建設政策因時因地而有調整，未可一概而論。北宋早期宋廷雖對城池建設持消極態度，甚至一度有毀城的舉措，但這種防範地方勢力的政治考量逐步讓位於地方經濟社會發展的現實需求；南宋軍事因素的加入，對城池建設又是一股重要的推動力量。基於這些因素，對宋代城池建設的考察更應切入實際層面，宏觀的論斷往往失於絕對。

　　第二個問題關涉考古發掘與傳世文獻的互證。就揚州而言，兩宋時期其城池建設的總次數遠多於明清方志中所記。明清揚州方志關注的是兩宋時期的主要修城事蹟，故其中往往只涉及北宋時期的韓令坤，南宋時期的郭棣、崔與之、賈似道、李庭芝。今人對宋代揚州城池建設的認識，相當程度上即本於明清方志的記載，而對宋元時期官私記錄的追溯有限。這種做法的弊端，前文的考述已有涉及。這裡特別要強調的是，考古人員對考古發掘的解讀，也只是將其與上述方志中記載的幾次修城經歷相對應，這就容易導致對考古資料的誤讀。2012 年發表的宋大城北門遺址發掘報告，對北門主城門、北門甕城以及北水門南段的情況作了基本介紹。考古人員通過分析遺跡之間的疊加關係，將主城門門道內壁分為 I～III 期；主城門內的道路，分為 I～IV 期。雖然北城門及其甕城的發掘相當零散，考古人員仍然對相關部位的修築時代做了推定，其中第 I 期門道邊壁，為第一期遺存；甕城門內露道下的門砧石、甕城北牆南部、甕城北牆西側下部為第二期遺存；第 II 期門道邊壁、第 I 期道路、第一處門限石、甕城內露道、近甕城門南壁門砧石及滑槽石、甕城門內出城露道等為第三期遺存。考古人員最後將這三期遺存，與五代及兩宋時期關於揚州城池建設的史書記載對號入座，認為第一期遺存屬於後周韓令坤修築的周小城北門，第二期遺存屬於李重進所築宋大城北門，第三期遺存屬於南宋時期。〔註 59〕這種兩相對照的做法在程序上是可取的，但這些遺存能否與史書記載完全一一對應，則不能不謹慎判斷。特別是將第二期遺存歸結

---

〔註59〕　以上關於考古資料的部分，參考了中國社會科學院考古研究所等：《江蘇揚州市宋大城北門遺址的發掘》，《考古》2012 年第 10 期，第 25～51 頁。其實該報告本有分有六期遺存，因為此處主要討論北宋時期的部分，故而上文並未將剩餘的四、五、六期做全部的說明。該報告第 50 頁對於南宋時期揚州城池建設史料的徵引，也有疏忽之處。

於宋初李重進築城，則完全忽視了咸平間以及北宋晚期關於揚州城池建設的言說與實際舉措。第二期遺存主要涉及甕城牆及城內露道，若如考古人員所推定，則宋大城北門甕城在趙宋開國之初即已修成。這與宋大城西門甕城大體成於北宋晚期有相當的時間差距。實際上宋初李重進修城時間短暫，則北門甕城的修築恐怕還是定在北宋晚期比較合理。

以上這個例子中存在的問題，主要是由於對北宋揚州歷次城池建設缺乏完整認識。南宋時期揚州城池建設的更是頻繁，不但涉及蜀崗下的州城，而且還新創了堡寨城、夾城，僅孝宗一朝的修城就至少有四次，而孝宗之後不斷強化的修繕舉措更是往往有之。所有這些，較明清方志所記遠要豐富。考古人員在沒有梳理清楚宋代揚州歷次修城史實的情況下，便試圖尋找相對具體的考古發掘與明清方志中不夠完整的修城記載之間的關聯，這樣的「二重證據」往往是經不起推敲的。

# 附錄四：制度興廢的政治隱微——巡社興廢看南宋收編地方武力的官方心態

## 引言

北宋末年，金人兵分兩路，南下侵宋，河朔一帶首當其衝。當地民眾「憤於賊虐」〔註1〕，自發結集，組成巡社，一方面抵禦金人的侵犯，另一方面也能防範內部盜賊的干擾，儼然成爲了當時維護地方社會安全與秩序的一種有效組織。這一現象隨即便引起了南宋朝廷的注意。宋廷曾下詔仿其例，在更大範圍內推廣這一舉措。但時隔不久，又有廢罷的詔令。或許因爲這是爲時甚短的一個歷史現象，所以歷史學者對此少有留意。〔註2〕但這一短暫的興廢

---

〔註1〕 劉時舉撰，王瑞來點校：《續宋中興編年資治通鑒》卷1，北京：中華書局，2014年，第10頁。按：文淵閣《四庫全書》本《續宋編年資治通鑒》作「憤於凌虐」，當爲四庫館臣所改。見《續宋中興編年資治通鑒》「附錄三」，第430頁。

〔註2〕 王曾瑜先生在《宋代軍制初探》（增訂本）第三章「廂兵等軍種」對巡社有所提及，側重在制度層面，且相當簡略。北京：中華書局2011年，第92頁。史江先生的博士論文《宋代會社研究》（四川大學2002年），在第四章第二節有小一部分討論巡社，也是重在梳理建置沿革，未能與當時的軍政動態結合起來，不夠深入。黃寬重先生的《南宋時代抗金的義軍》（聯經出版事業公司，1988年），將巡社視爲義軍的一種，略有提及，比較簡略；作爲南宋地方武力研究的代表性著作，他的《南宋地方武力——地方軍與民間自衛武力的探討》（國家圖書館出版社，2009年版；另，該書最早在2002年由臺灣東大圖書公司發行），對巡社亦未著墨。比較而言，日本國佐佐木宗彥更早注意到巡社這

過程，在當時卻被視爲一件「大事」〔註3〕，影響甚至及於一般士子〔註4〕。通過對巡社的考察，可以爲認識南宋初期的軍政動態提供一個切實的視角，其意義不可忽視。故草此文，欲考其本末，探其隱微，在揭示巡社制度本身內涵的同時，也希望對宋代軍事制度的變化以及南宋初期中央與地方的關係等問題，有比較切實的認識。不當之處，尚請方家指正。

## 一、由局部到全域：巡社的官方化

高宗建炎元年（1127）八月十日，「詔諸路州、軍、府巡社並以『忠義巡社』爲名，仍專隸安撫使司。」〔註5〕這是巡社官方化的實質性一步。巡社在河北一帶的事蹟，是如何得到官方的注意，並最終導致官方的介入呢？見存文獻中可以見到的最早向宋朝中央言及巡社的人是張慤（1056～1128）。「建炎改元，（張慤）爲戶部尚書，除同知樞密院事、措置戶部財用兼御營副使。建言：『三河之民，怨敵深入骨髓，恨不殲殄其類，以報國家之仇。請依唐人澤潞步兵、雄邊子弟遺意，募民聯以什伍，而寓兵於農，使合力抗敵，謂之巡社。』爲法精詳，前此論民兵者莫及也。詔集爲書行之。」〔註6〕據此，宋廷

---

一組織，曾撰《南宋初期の忠義巡社について》（鈴木俊先生古稀紀念東洋史論叢，昭和 39 年〈1964〉10 月）一文，但側重在制度之考證。故而仍有進一步考察的餘地。

〔註3〕 南宋呂中在《類編皇朝中興大事記講義》中，單列一條「河北忠義」，講述巡社的置罷背景與過程。該書在體例上與他的《類編皇朝大事記講義》類似，「年以記大事，一朝之事類之，隨朝分類，隨事通釋，考求源委，顯微闡幽，言近而指遠」（劉實甫序）。足見巡社置罷一事，乃高宗朝一「大事」也。引文見呂中撰，張其凡、白曉霞整理：《類編皇朝大事記講義 類編皇朝中興大事記講義》（合刊本），上海：上海人民出版社 2014 年，第 31 頁。

〔註4〕 周必大在家塾測問後學時，即曾以巡社爲例說事。見《文忠集》卷 13《家塾策問十二首》，臺灣：商務印書館影印文淵閣《四庫全書》本，1986 年，第 1147 冊，第 124 頁。

〔註5〕 徐松輯，劉琳等點校：《宋會要輯稿》兵 2 之 50，上海：上海古籍出版社，2014 年，第 8650 頁。

〔註6〕 脫脫等：《宋史》卷 363《張慤傳》，北京：中華書局，1977 年，第 11347 頁。關於張慤關於巡社的建言，《宋會要輯稿》及《建炎以來繫年要錄》皆有記載，言說之內容，主旨一致但又各有側重，可以相互補充。詳下文。這裡需要注意的是張慤建言巡社時的官職。《要錄》與《會要》皆謂其時張慤爲戶部尚書，這與《宋史》本傳所言略有不同。據《要錄》卷六所記，張慤試戶部尚書在建炎元年（1127）六月壬戌（初四日），「以戶部尚書同知樞密院事兼措置戶部財用」在同月壬午（二十四日），相隔十九日。《宋史》本傳所記，蓋是修史者著

在更廣泛的地域推行巡社，是在張愨的直接推動下進行的。那麼張愨何以得知三河之民組建巡社的情況呢？本傳中沒有交代。由於張氏的建言，是南宋政府介入巡社的直接原因，對巡社性質的轉變有直接的影響，所以這裡有必要對他在建炎以前的任職經歷略加考察。

　　據《宋史》本傳，張愨乃河間樂壽人，元祐六年（1091）進士。趙構募軍勤王之時，「（張）愨飛挽踵道，建議即元帥府印給鹽鈔，以便商旅。不閱旬，得緡錢五十萬以佐軍。高宗器重之，命以便宜權大名尹兼北京留守、馬步軍都總管。」原來張氏因爲在財政方面的突出才能，早已得到趙構的賞識，並被任以重職。這應該是後來張氏關於巡社的進言奏效的一個不可忽視的個人因素。引文還提及「權大名尹」。李心傳《建炎以來繫年要錄》（以下簡稱《要錄》）建炎元年（按：是年五月朔方改元建炎）一月庚子條，有「以河北都轉運使張愨爲延康殿學士大名尹」〔註7〕之記載；又《靖康要錄》卷六言靖康元年（1126）五月七日，「新除戶部侍郎張愨依舊河北都轉運使」；《宋會要輯稿》記宣和五年（1123）七月三日，「朝請大夫張愨直龍圖閣，河北、燕山路轉運副使。」〔註8〕據此類記載可知，張愨在建炎之前，曾擔任河北漕臣數年；而大名又是宋朝北京所在地，乃河北重鎮，身爲地方要員的張愨，對於當地的社會動態如巡社這類有影響的民間組織，絕無不知之理。《京口耆舊傳》記「（張）愨在大名，糾集居人，使五兩相比，謂之巡社。協力以衛鄉井，盜不能侵，因編類成書以進，謂唐府兵之遺制。」〔註9〕現代學者一般認爲《京口耆舊傳》爲劉宰所撰〔註10〕。劉氏謂張愨「糾集居人，使五兩相比」，似乎暗示著巡社乃張氏主持創建。若眞如是理解，則與張愨聲稱的民間「自結巡社」（見下文所引《宋會要輯稿》及《建炎以來繫年要錄》）頗有出入。劉宰

又記張愨謂巡社乃「唐府兵之遺制」，而張氏建言中則是希望依「澤、潞步兵、雄邊子弟遺意」。唐代府兵與李報眞在地方上的集結民兵〔註11〕，雖有相通之處，但性質與組織卻也不盡相同。所以在這一點上，劉宰所記與張愨所言亦有差別。《京口耆舊傳》一書往往可以與他書互補，但因成書倉促，其中也不乏疏忽之處。〔註12〕所以對於張愨的事蹟，筆者認爲當從《宋會要輯稿》及《要錄》。不過事件的過程或有差錯，人物與地點則應該沒有問題，而且確實也與張氏的經歷對應。無論如何，借助劉宰提供的這一條材料，我們大致可以推定，張愨任大名尹時，曾直接參與過當地巡社的組建；身爲地方要員，他不可能沒有絲毫的引導作用。瞭解了張愨的這一經歷之後，我們對於河北巡社引來宋廷的官方介入才能夠有切實的認識：建炎以前，地方官員張愨對巡社出現的背景及其作用，已有相當的認識，當他轉官中央，任職戶部尚書時，便向宋廷提出了普建巡社的建議；而他早已取信於趙構這一個人因素，則在一定程度上增加了巡社由局部推廣到全域的可能性。

但張愨的個人因素並不是巡社官方化的唯一原因，更起不到決定性的作用。巡社本身可以起到的作用與當時宋廷客觀需求的合拍，才是最根本的因素。茲先說巡社的作用。前引《宋史》張愨本傳有「三河之民，怨敵深入骨髓，恨不殲殄其類，以報國家之仇」之語，這是張氏試圖從華夷之辨的角度或者民族國家的立場，說明河北巡社的政治意義。《宋會要輯稿》及《要錄》亦有相關記載。主旨一致，但內容各有側重，可以相互補充。《宋會要輯稿》記：

> 戶部尚書張愨建言：「講究到河北路坊郭村鄉民戶，自結集強壯巡社，可因其情而用之，獎之以忠義之名，加之以撫馭之方，用禦金人，捕過群盜，每有實效。」〔註13〕

《要錄》卷九言：

> 張愨之爲戶部尚書也，建言河朔之民，憤於兵亂，自結巡社，請依唐人澤、潞步兵三河子弟遺意，聯以什伍，而寓兵於農，使合力抗敵，且從靖康詔旨，以人數借補官資，仍仿義勇增修條畫，下

---

〔註11〕 李抱眞節制澤、路之事，參《新唐書》卷 152《二李馬路傳》。他麾下的昭義步兵，當時號爲天下之冠。史載「天下稱昭義步兵爲諸軍冠」是也。

〔註12〕 關於這一點的系統研究，可以參看霍麗麗的碩士論文（戴揚本指導）《〈京口耆舊傳〉研究》，華東師範大學 2010 年。

〔註13〕 徐松輯，劉琳等點校：《宋會要輯稿》兵 2 之 50，第 8650 頁。

之諸路。〔註14〕

比較而言，《宋會要輯稿》中的說法更爲具體，從內外兩個方面，說明了巡社在當時可以起到的軍事與社會作用；《要錄》則指出了巡社成立的社會背景以及「寓兵於農」的性質特點。

所可注意者，當時有類似看法的人並非只有張愨。史載張愨建言之後，「未及行，會許翰（？～1133）與京東西路安撫大使兼知東平府權邦彥（1080～1133）繼以爲言，乃以『忠義巡社』爲名……立法行下。」〔註15〕許、權二人關於巡社的言說的具體內容，今已無從詳考，我們只能從見存的隻言片語中略窺一二。熊克《中興小紀》記張愨建言之後，緊接著說：「又太中大夫許翰陳利害，請使州縣什伍其民而教之戰，以効唐昭義步兵之制，詔委付（張）愨遂著爲法。」〔註16〕實際上許翰的這種觀點，已見於北宋欽宗時期，他說：「今軍政久壞，士卒難恃。宜使郡縣什伍其民，而教之戰，使自保疆，緩急亦可調發以赴難。河東、河北與瀕大河帥臣，皆使得擅一方之賦，便宜從事，以足兵食。」並以李唐李抱眞節制澤、潞故事作爲對比，認爲「今寇難乃在數月之內，必欲令下而眾集事濟者，則諸縣皆有一鄉之豪傑，使守令躬親訪問召見，喻以忠義寵錫之榮，示以寇攘屠戮之害，借一進武義副尉等官，使各慕少壯樂爲用者，得分總之。縣得三四豪傑，則封內勁果忠固有用之人，可盡出矣。此其取效易且速，蓋一時之利也。」如此方能達到「民兵可用，疆域可保，邊境可強」的效果。〔註17〕據此，我們可以清楚地看到許翰對於組織民兵的見解。「使自保疆，緩急亦可調發以赴難」正是上面提到的巡社內外兩個方面的作用；「喻以忠義寵錫之榮」的說法，與張愨「獎之以忠義之名」的意見也完全吻合。更重要的是，他和張愨都希望模仿唐代李抱眞澤、潞步兵的成功實例。足見他對於當時地方民間組織的認識是很明確的，所以前後觀點一致。而東平府守臣權邦彥，也言「東河縣民自相糾集爲巡社，敵不敢

---

〔註14〕 李心傳：《建炎以來繫年要錄》卷 8，建炎元年八月丁卯條，第 198～199 頁。

〔註15〕 李心傳：《建炎以來繫年要錄》卷 8，建炎元年八月丁卯條，第 199 頁。

〔註16〕 熊克：《中興小紀》卷 2，臺灣：商務印書館影印文淵閣《四庫全書》本，1986 年，第 313 冊，第 803 頁。

〔註17〕 黃淮、楊士奇：《歷代名臣奏議》卷 84，臺灣：商務印書館影印文淵閣《四庫全書》本，1986 年，第 435 冊，第 373～374 頁。

逼」〔註 18〕。所以他與張慤一樣，對巡社的認識也是基於切實的經驗；故而其言巡社當是出於公益，而非簡單的附和。總而言之，許、權二人不是簡單的贊同或附和，他們或是堅持自己一貫的立場，或是有切實的經歷。這種態度特別值得注意。說明巡社在當時的歷史情境下，確實有它特別可取之處，所以熟悉情況的官員會言之於上。而「忠義」是傳統政治、社會重要的道德規範，宋廷最終冠以此二字，實際上是試圖利用倫理道德的內在力量，收編可爲己用的民間組織。忠君義士的口號，在彼時國難當頭之際，不能說沒有激勵的作用。〔註 19〕《宋史》張慤本傳所謂「爲法精詳，前此論民兵者莫及也」，與其說是對張慤言說的評價，不如說是對巡社制度的肯定。

瞭解巡社在當時可以起到的功效以後，接下來繼續考察與此同時宋廷的一些客觀需求。上引許翰關於民兵的言論中，有「今軍政久壞，士卒難恃」之語。我們只要瞭解高宗開元帥府於南京時，「招潰卒，收群盜」以補「王旅寡弱」的事實，〔註 20〕就知道許氏這是寫實的話，他老實不客氣地指出了兩宋之際軍制的敗壞。其實當時類似的說法，在傳世文獻中每每可見，可謂是時人的共識，不止於許翰一人而已。基於本文的研究主題，這裡只引南宋初年殿中侍御史章誼在論民兵時的一段議論，以概其餘。章氏這樣說：

> 今日州郡守戰之兵，壞於昔年投換之法。竄易姓名，類非土著
> 尺籍伍符，難以稽考，平時嗔目語難，每懷幹命之心，及其臨敵退
> 避，率無死難之節，至於逃亡嘯聚，焚劫剽攻，擅據州城，執戮守
> 將，然則軍政之弊至此極矣。

章氏的話，將兩宋之際官兵的情狀描述得很形象。宋廷爲了彌補官兵敗壞所造成的兵力弱化，不得不更張軍政，另謀其他的辦法。除了制度上的變更外，對人力的結集，同樣是必不可少。所以章誼會說：

> 唯是民兵一事，所宜乘時措置，以備非常之舉。蓋今之民兵，

---

〔註18〕 熊克：《中興小紀》卷 3，臺灣：商務印書館影印文淵閣《四庫全書》本，1986年，第 313 冊，第 813 頁。

〔註19〕 當時冠以忠或義之名的民間組織很多，不止於北方。比如像南方福建地區就有忠義社。梁克家《淳熙三山志》卷 14 記：「建炎間，建寇竊發，城居編戶，自結忠義社。」見《宋元方志叢刊》（第 8 冊），北京：中華書局，1990 年，第 7901 頁。

〔註20〕 馬端臨撰，上海師範大學古籍所、華東師範大學古籍所點校：《文獻通考》卷154《兵考六》，北京：中華書局，2011 年，第 4607 頁。

　　則周官六鄉之眾、齊侯節制之師、漢室更戍之卒、有唐府衛之兵也。
　　近世巡社亦有遺意。古今雖異，經籍猶存，法制具在。因時施宜，
　　少加損益，則東南郡縣，數十萬之眾，可指日而辦。閒居無錢廩之
　　費，調發無羈旅之思，習熟險易，愛護鄉閭，比之召募游手之人，
　　以充師旅之任，其利害明甚矣。〔註21〕

章氏首先將巡社與歷史時期成功有效的兵制做了對比，謂其精神一脈相承；
緊接著回到當時所處之現實，指出巡社制度的各種優點及其在當時東南地區
可以預期的成效。可以看出，儘管在當時的條件下，章誼、許翰兩人都主張
推行巡社，但在章誼眼中，巡社制度並不如許翰所謂，只是提供「一時之利」
而已。與章誼同時，御史中丞張守也說：「朝廷數年以來，屢嘗推行民兵，或
置巡社，或結保甲，或增弓手，或計田出兵。」〔註22〕按：張守，常州晉陵
人，據《宋史》本傳，他遷御史中丞在建炎初年〔註23〕，所以言論正與上面
章誼之說同時。合而觀之，可見宋廷在內憂外患的現實中，在結集民兵這一
點上，採取了多管齊下的方針；巡社的官方化即是一個具體的實例。《要錄》
建炎三年（1129）六月丙寅條記：「始，朝廷以諸州禁兵不足，乃集民兵置巡
社，又增射士以助之。」彼時宋廷已經下詔停止在南方推行巡社，這是對先
前在全域推行巡社的一種陳述。作為最直接的證詞，它道出了巡社的官方化
與南宋初期的軍制缺陷乃至政治危機之間的直接關聯。

## 二、多樣融合：巡社的制度設置諸方面

　　《宋史·兵志》建炎後鄉兵之「巡社」條記：「建炎元年（1127），詔諸
路州軍巡社並以忠義巡社為名，隸宣撫司，後募鄉民為之。每十人為一甲，
有甲長，有隊長；四隊為一部，有部長；五部為一社，有社長；五社為一都，
有都正。於鄉井便處駐紮。紹興初，罷之。」〔註24〕按：《宋史》中的這段文
字，涉及的面雖廣，但內容簡略、含混，且有脫文〔註25〕，遠不足以解答巡

---

〔註21〕　黃淮、楊士奇：《歷代名臣奏議》卷222，臺灣：商務印書館影印文淵閣《四
　　　　　庫全書》本，1986年，第439冊，第370頁。
〔註22〕　黃淮、楊士奇：《歷代名臣奏議》卷223，臺灣：商務印書館影印文淵閣《四
　　　　　庫全書》本，1986年，第439冊，第375頁。
〔註23〕　脫脫等：《宋史》卷375《張守傳》，第11612頁。
〔註24〕　脫脫等：《宋史》卷192《兵六》，第4789～4790頁。
〔註25〕　見《宋史》卷192《兵六》校勘記二十五，第4797頁。

社制度設置方面的相關問題。實際上，在宋廷詔諸路普行巡社的當日，三省
及樞密院連同擬定了詳盡的「忠義巡社可行之法」，這一文件完整地保留在《宋
會要輯稿》當中。由於過去的研究者對兩宋之際的巡社少有留意，所以它尚
未被系統地梳理。在這一節，筆者將以《宋會要輯稿》所記為主，並結合其
他相關記載，考察巡社制度層面的相關問題；並將其放到宋代兵制演變的整
體歷程中進行觀察。

（一）巡社的人員成分。關於巡社在官方介入之前的人員成分，見存文
獻不見記載。但隨著官方的介入和相關條例的出臺，對巡社的人員成分，有
比較明確的界定。《宋會要輯稿》載：

> 鄉村民戶，除三路保甲並京畿諸路諸色役人，並稚小老病外，
> 雖客戶但有家屬煙爨，而願入巡社者亦聽，即不得抑勒單丁貧弱之
> 人。仍逐社置籍，縣置都簿。內有能自置馬者，於籍內開說，別加
> 優恤。（謂如免戶下差使之類。）籍內載其縣分、鄉村、戶頭姓名及
> 充巡社正身姓名、年甲，並聽鄉村民戶自結集到人數，即不許州縣
> 抑勒。其坊郭民戶巡社，並依鄉村巡社法施行，並以忠義強壯為名。
> 仍各供申戶部左曹置籍。〔註26〕

這段材料包含的內容很豐富。從「雖客戶」這一轉語可知，巡社成員大體以
主戶（包括鄉村主戶與城郭主戶）為主。由於南宋時期的農村，下戶在主戶
中所佔的比例高達 90%，〔註27〕城市人口中的情況也類似，〔註28〕所以巡社
成員，當以主戶中的下戶為主。〔註 29〕宋廷希望選取已成年且家境比較充裕
者充任，如此在人員素質及經濟支撐方面會有更好的保障。當然，針對不同
區域和人群會有一些特殊的政策：河北三路保甲並京畿諸路諸色役人及老弱
病小可不入社；客戶可聽便入社；能自置馬者，另有優恤。此間的總體原則
是「不得抑勒」。凡此之類，皆可看出宋廷在巡社制度設定方面，理論上是比

---

〔註26〕 徐松輯，劉琳等點校：《宋會要輯稿》兵 2 之 50～51，第 8650 頁。

〔註27〕 梁庚堯：《南宋的農村經濟》第一章第二節，北京：新星出版社，2006 年，第
26 頁。

〔註28〕 王曾瑜：《宋朝階級結構》（增訂版）第十七章「城郭戶的階級結構」，北京：
中國人民大學出版社，2010 年，第 346 頁。

〔註29〕 黃寬重先生曾概括地說南宋抗金義軍「是以中產小康之家為主幹所形成的抗
金團體」。（《南宋時代抗金的義軍》，第 53 頁。）巡社作為當時義軍的一類，
其成員大體符合這一論斷，但也應該注意不同形態的義軍在人員成分上的差
異性。

較人性化的。所有這些巡社成員都置籍簿，注明姓名、年甲及所屬政區，在社、縣、戶部左曹三處均有備案。這裡需要注意的是，關於巡社的命名，宋廷的詔令與樞密院的擬文稍有不同，後者在「忠義」之外另有「強壯」二字以爲界定，是爲「忠義強壯巡社」。宋人往往以巡社簡稱，不太注意其中的區別，惟馬端臨對此有所注明〔註30〕。無論如何，我們由此也可看出，宋廷在巡社的設置上著實態度嚴肅，反映出宋廷對民兵的重視。若將此放在當時的軍政動態下，這一點是很容易理解的。

（二）巡社的組織。章如愚說巡社有「甲隊步射之制，擇土豪一人爲都副總轄。」〔註31〕這是籠統的說法，巡社組織比章氏所說複雜得多。大體來說，巡社成員，每十人爲一甲，於甲內擇一人爲甲長；五甲爲一隊，於隊內擇一人爲隊長（其中有馬者，別爲隊）；四隊爲一部，於部內擇一人爲部長；五部爲一社，於社內擇二人，分別爲社長和副社長；五社爲一都社，內擇二人，分別爲都社正和副都社正。若巡社成員達到一萬人以上，則於社內推擇首領爲忠義強壯巡社都總轄，副首領爲副都總轄。這種組織結構一方面類似鄉兵保甲法，另一方面也借鑒了當時正規軍的編制〔註32〕。但巡社在每個層級的負責人的選擇上，卻又有自己的特點，是於「本社內，互相推擇自來有信義及有材勇智略、兼物力高強爲鄉里眾所推服者充」。這種由鄉里推舉的辦法，與正規軍將官的任免及轉官顯有不同，比較而言更具有民間特色。但巡社此時畢竟不是全民間性質的組織，宋廷既介入其中，對其管治便是水到渠成之事。「巡社自都、副總轄及社正長下，事本縣令、縣尉及本州知、通，皆師帥之官也。合以縣令爲本縣忠義巡社統領官，縣丞爲同統領官，知州爲統制官，通判爲同統制官。若知州係本路安撫使或都總管，自依帥臣節制一路官軍、民兵條法。」〔註33〕宋廷在最高層次對巡社的管治，是體現官方意志的重要一環。

（三）獎罰制度。巡社制度意在結集民兵，宋廷既然介入，制定相關的獎賞措施對制度的更好運行將有促進作用。在這一點上，宋廷首先借鑒了靖

---

〔註30〕　馬端臨：《文獻統考》（第8冊）卷156《兵考八·郡國兵》，第4665頁。

〔註31〕　章如愚：《群書考索·後集》卷41，臺灣：商務印書館影印文淵閣《四庫全書》本，1986年，第937冊，第585頁。

〔註32〕　王曾瑜先生認爲巡社「隊、部兩級編制還是沿用當時的正規軍編制」：見《宋朝軍制初探》（增訂本），第92頁。

〔註33〕　徐松輯，劉琳等點校：《宋會要輯稿》兵2之53，第8652頁。

康元年的獎賞條例，結集社員達「千人以上，與借授保義郎；八百人以上，借授承節郎；五百人以上，借授承信郎」；但同時也有補充：「結集及一萬人以上者，首領並副首領，並與借授成忠郎。」要之，總體原則是「各據勸募結集到人數，令借授官資」。若平日在捕盜等維持社會治安的活動中有功，也有補官的機會。按宋徽宗政和年間所定武臣階官，保義郎、承節郎、承信郎、成忠郎之類最底層的階官〔註34〕，但若日後「武藝解發，即赴闕引見。呈試合格」，他們還有機會「赴吏部補正元借官資，仍便注授監當、隊將並許權入縣尉、巡檢及新置縣尉諸縣指使差遣。若轉至都總轄，實歷二年、合該解發者，即直赴吏部補正元借官資，依上條注差遣。」〔註35〕

獎賞與懲罰是並列而行的。巡社成員「互相保識，覺察奸細賊盜、窩藏外來奸細賊盜等事。如失覺察者，減罪人罪三等，甲長、隊長各減一等，社長、副社長又減一等，社正、副及都、副總轄又減一等。」這是巡社內部的監察制度，倘若侵犯官司，則另有重罰：「違犯本屬官者，徒一年，詈者徒二年，毆者徒三年，仍配千里，傷者斬。若情犯兇惡，或事涉扇搖者，勘罪聞奏，即陵遲處斬。若不因點集等有犯，各加凡人一等。若遇禦捍金賊，或捉殺群盜，臨陣有犯，並依軍法。」兩相比較，從懲罰的輕重上看，愈發可見宋廷對巡社，特別強調了官方的權威。這是巡社官方化後宋廷控制巡社的政治、法律手段。

最後需要補充的是，獎罰制度不但針對巡社的內部成員，同時也體現在負責巡社的宋廷官方人員身上。巡社運行之好壞，與官員之課考直接掛鈎。「以一州一縣忠義巡社增耗功罪立法，知、通、縣令及縣尉殿最，歲終考較，最優者各轉一官，最劣者各降一官。知、通最優者轉一官，更減一年磨勘，最劣者展三年磨勘。仍以鄰近有盜不犯，而犯不能擾，或能克獲者為優。」〔註36〕對官員的獎罰，作為巡社管理制度的重要內容，同樣也是體現官方意志的重要方面。

以上是對巡社制度方面的考述，可以看出宋廷在巡社制度設定方面著實有比較詳盡的規定。反映出南宋初期，在內部兵制敗壞、外部敵兵壓境的狀況下，宋廷對民間力量的慎重態度。宋代軍制在兩宋之際有相當的變化，但

---

〔註34〕 馬端臨：《文獻通考》（第3冊）卷64《職官考十八》，第1937～1940頁。
〔註35〕 徐松輯，劉琳等點校：《宋會要輯稿》兵2之52，第8651頁。
〔註36〕 徐松輯，劉琳等點校：《宋會要輯稿》兵2之53～54，第8652頁。

地方上的變化相對較小。巡社作爲南宋初期出現的一類地方軍事性組織，與當時眾多的地方義軍有類似之處，但同時也有自己的特色。作爲發端於民間，之後由官方收編的地方組織，巡社的制度設置，一方面脫胎於既往的民間組織，具有民間性，另一方面也參考了當時正規軍的編制。這些在人員組成、獎罰制度以及管理制度等方面，都有不同程度地體現，體現出多樣融合的特點。特別需要注意的是，巡社經由官方推廣，並有相對完善的制度設定，表明南宋政權在建炎初年便承認了民間自衛力量的合法性，此舉在宋代軍制演變歷程中算得上是一個「極富歷史意義的改變」；建炎四年（1130）鎮撫使的設置，雖然影響重大，但並無開創性的意義。〔註37〕

## 三、爲己所用：巡社的廢罷及其背後的官方心態

巡社雖能起到一定的作用，但其實際存在的時間卻並不長久。《宋史·兵志》記罷巡社在「紹興初」〔註38〕，這個說法不夠準確。其實在宋廷詔令於全國推行巡社後兩個月，廢罷巡社的舉措就已經在部分地區展開。建炎元年（1127）十二月二十五日，宋廷詔：「除京畿、京東、京西、河北、河東、陝西路依元降指揮置巡社外，後來增置路分併罷。內有已就緒去處，民情或以爲便，願存留者，仰本處申取朝廷指揮。」〔註39〕巡社的推行，既然符合宋廷在當時的軍政需求，而且官方在制度上也有周詳的設定，爲何短短兩個月後，就部分叫停呢？這是當時的一件「大事」，不能置之不論。建炎元年十二月有臣僚說：

> 訪聞近日州縣頗行追呼，點集頻數，遂致農民失業，公私紛擾，
> 殊乖朝廷立法本意。願申敕提舉、統制、統領官，令各以至誠惻怛
> 之心，推廣至意，無令侵害吾民。〔註40〕

由此看來，在推行巡社的過程中，存在地方官吏催促過於頻繁，違背朝廷「不

〔註37〕 黃寬重先生認爲，建炎四年鎮輔使的設置，是「宋廷首次在原有的軍政體制之外，以制度化的方式，承認民間自衛武力的合法地位……是一個極富歷史意義的改變。」這大概是基於後續影響而做的判斷。根據對巡社官方化以及制度設定的考察，可以說建炎元年巡社的官方化，在宋代軍制的演變歷程中更具象徵性意義。見《南宋的地方武力：地方軍與民間自衛武力的探討》，北京：國家圖書館出版社，2009年，第259頁。

〔註38〕 脫脫等：《宋史》卷192《兵六》，第4790頁。

〔註39〕 徐松輯，劉琳等點校：《宋會要輯稿》兵2之58，第8654頁。

〔註40〕 徐松輯，劉琳等點校：《宋會要輯稿》兵2之58，第8654頁。

得抑勒」的宗旨的現象。這不是制度本身的問題，但卻致使「農民失業，公私紛擾」。宋廷推行巡社的一個重要用意，即是用以維護地方治安，如今反成「侵害」，可謂適得其反。這是上述詔令出臺的官方邏輯。這種觀點應該有一定的現實依據，一年多以後，還有人持同樣的說法。比如上文提到的張守，就認爲巡社是「追呼急於星火，割剝侵於肌膚」的一種手段。〔註 41〕時人季陵也認爲，由於巡社之類的地方組織的存在，誅求過激，「民力竭矣」。〔註 42〕

但是「農民失業，公私紛擾」並非罷巡社的全部原因。不但官方後續還有其他的解釋，而且當時的朝廷官員，也有不同的見解。《要錄》記建炎二年四月己未：

> 詔除京畿東西，河東北，陝西路許置巡社外，餘路依先降指揮並罷。時言者以爲巡社之設，利於西北，而不利於東南。蓋西北俗尚強悍，今遭敵兵侵掠，人思用命，皆有鬥志。今春濱州以八萬餘人力拒金人，殺獲頗衆，因此稍長國威，則河北之效已可見矣。如東南創置，人多不願，州郡彊使入社，亦非樂從，逼於官司驅率，勢莫能免，今日駐蹕淮甸，恃東南以安民心，未宜騷動，欲望將先降存留指揮，更不施行，及於武臣提刑銜內除去所帶四字，故有是命。先是杭溫二州言已就緒，詔許存留，至是亦罷。〔註 43〕

這段記載爲我們提供了另外的解說，巡社的廢罷也受地域性因素的影響。前面已經指出，巡社的最初興起是在河北一帶，宋廷鑒於它的作用符合當時的軍政需求，方在全域推行。從這段引文中可以看到，當時的「言者」肯定了北方巡社的重要作用，也強調了官司催促的不利影響，但其主要用意卻在於強調東南與西北的地域性差異：東南沒有直面敵兵的侵掠；南人也不如北人強悍，所以東南人多不願創置巡社。但是，言者所論中最關涉高宗心病的當是「恃東南以安民心」這句話；若繼續於江南推行巡社，或將擾亂當地民心，連東南民心都不能盡力去維繫，他將何去何從？所以在地域性特徵與普遍性

---

〔註 41〕 李心傳：《建炎以來繫年要錄》卷 24，建炎三年六月己酉條，第 494 頁。

〔註 42〕 《宋史》卷 377《季陵傳》，第 11647 頁。按：《宋史·季陵傳》所記，當本自蔡崇禮所撰《宋故朝散大夫充徽猷閣待制提舉江州太平觀季公墓誌銘》。能入墓誌者，一般是墓主生平之大事，關乎大節。這也從一個側面看出，巡社的置罷，在時人眼中確實不是小事，乃關乎軍政之大事也。蔡文見《北海集》卷 35。

〔註 43〕 李心傳：《建炎以來繫年要錄》卷 15，建炎二年四月己未條，第 308 頁。

流弊的共同作用下，巡社「不利於東南」。〔註44〕這是關於廢罷巡社的第二種原因。在這樣的背景下，先前詔許存留的杭、溫二州的巡社，在此時也一併廢罷。〔註45〕巡社具有重要的作用誠然是事實，但動亂之際，趙氏必須有容身之地，這才是最重要的頭等大事。

巡社推行受阻，也有方法上的失當。關於這一點，劉一止的意見特別值得注意。紹興二年（1132）五月，高宗令臣僚「條具省費裕國、強兵息民之策」〔註46〕，劉一止有言：「比年以來，為民兵之說獻於上者多矣，卒莫之行。巡社之法既行而旋罷，豈朝廷難之以為擾民耶？是計之未熟，而行之不得其要者也。」劉氏對宋廷所謂「擾民說」提出質疑，認為是宋廷推行的方法失當。他進而有一套系統的言說，所可注意者，他將巡社制度之「使民習兵」與科舉制度之籍士而試進行類比，認為民之樂於得賞與士之樂於得官，其心理作用是類同的。當民「知保田桑廬舍之利，而又有意外旌賞之寵」〔註47〕，推行巡社便是水到渠成的事。所以宋廷需要在策略上進行一定的調整。與劉氏所言相近，李綱也認為「人見巡社之法不可行，遂以謂民兵之不可用，此大不然。巡社之法可行於西北，不可行於東南。正當斟酌其宜，使民樂於從命耳。」〔註48〕顯然，李綱也認為巡社的推行在東南受阻，並不意味著民兵不可用。

劉一止之說著眼於利益的誘導，其說不無道理。若從制度的統和功能來

---

〔註44〕 按：雖然北方有不同於南方的現實與歷史特點，但巡社在北方的推行也並非一帆風順。上引建炎元年十二月臣僚關於官司催促，妨礙農業的言說，雖然沒有點明具體的地點，然北方部分地區肯定是包括在內的。因為同時期的曹勳有「恩、冀之間」，巡社「不可使」的言說，這應該也有妨礙農業，官方催促的背景。曹並建議「遣使撫諭，嘉其能保國、保家之意，庶知上德意益盡其心」。曹氏之言有沒有被採納，不得而知；但北方地區迫於金兵壓境，沒有廢罷巡社，則是事實。曹文見《松隱集》卷26。

〔註45〕 又，周必大《張忠定公神道碑》云：「（建炎）二年詔班巡社法於東南，聽民自備器械，結墜伍，公條不便者十六事，卒罷之。」按，張燾所言關涉巡社之十六事，《宋史》卷382《張燾傳》及《全宋文》卷4030所輯張文，皆不見，今不得其詳。然其所言不便者既多達「十六事」，則當辨析甚詳，必為當時關於巡社地域性之重要文件。《神道碑》見周必大《文忠集》卷64。

〔註46〕 徐松輯，劉琳等點校：《宋會要輯稿》帝系9之27～28，第226頁。

〔註47〕 劉一止：《苕溪集》卷14《應詔條具利害狀》，臺灣：商務印書館影印文淵閣《四庫全書》本，1986年，第1132冊，第79頁。

〔註48〕 李綱撰，王瑞明點校：《李綱全集》卷148《迂論四·論兵》，長沙：嶽麓書社，2004年，第1397頁。

講，巡社與科舉二者其實也有相似性：科舉制度並非只是單純的考試制度，實際也具有重要的統合功能，〔註49〕儼然構成社會之一股向心力。巡社將普通民眾組合起來，「使各保其田桑廬舍。境內有寇，悉聽捕逐。……若遇大盜，並力殺獲……無所繫縻，無所程督，亦誰憚而不爲哉。」同樣起到的是統合效果，且有進一步自保的功能。不過巡社可構成向心力這一點劉氏並未道出，他是從反面指出了巡社構成社會離心力的可能性，並認爲這正是宋廷的心病所在。他說：「或曰臣之說，朝廷非不聞也，不果行者，懼民之知兵且爲亂也」。〔註50〕地方變亂在當時不是沒有，但就巡社而言，由於它的組織成員主要是城鄉主戶，所以一般只會強調它的正面作用，而相對忽視其潛在的負面效果。從這一點來說，劉氏的眼光是很銳利的。事實上不但當時有與劉氏類似的論調，而且民之知兵爲亂確有實例可考。

建炎三年（1129）正月，京城留守杜充襲其統制官張用，張用與「義兄弟」曹成、李宏、馬友等人，擁眾數萬，分爲六軍以拒杜充。結果杜充不敵。史載「（曹）成，外黃人，因殺人投拱聖指揮爲兵，有臂力，善戰，軍中服其勇；（馬）友大名農家，始以巡社結甲，夾河守禦。」〔註51〕這裡提到的馬友曾就是巡社中人。其實張、曹、李等人，都是動亂之際由「臂力、善戰」之類因素而被宋廷收編的人員，如張用最初即由宗澤招安。他們若歸順，則彼此可相安無事，不然則成變亂之眾也。像巡社成員馬友，後來在紹興元年（1131）二月，就曾遣其黨犯鄂州，並大掠漢陽而去，佔據岳州。〔註52〕除此之外，葉夢得在紹興元年的上奏中提到：「京東、河北諸郡初固，皆欲死守。……自開德等陷，人情震駭，皆無固志。聞德州乃望風迎降，而巡社之民亦或反爲之用；則見存諸郡，豈復可保！」〔註53〕京東、河北一帶是巡社最早興起的地帶，而且宋廷在停罷東南巡社的時候，

〔註49〕 關於科舉制度的統和功能，可以參看余英時：《試說科舉在中國史上的功能與意義》，原載香港《二十一世紀》（總第 89 期），2005 年 6 月，第 4～18 頁。後收入《中國文化史通釋》，北京：生活・讀書・新知三聯書店，2011 年，第 204～236 頁。

〔註50〕 劉一止：《苕溪集》卷 14《應詔條具利害狀》，臺灣：商務印書館影印文淵閣《四庫全書》本，1986 年，第 1132 冊，第 80 頁。

〔註51〕 李心傳：《建炎以來繫年要錄》卷 19，建炎三年正月乙未條，第 381 頁。

〔註52〕 脫脫等：《宋史》卷 26《高宗本紀三》，第 486 頁。

〔註53〕 楊士奇等撰：《歷代名臣奏議》卷 87，臺灣：商務印書館影印文淵閣《四庫全書》本，1986 年，第 435 冊，第 451 頁。

特予以保留。現反而為敵所用，豈是宋廷所能樂見之事。這是劉一止所說「知兵為亂」的一類實例。

至於當時類似的論調，胡安國關於巡社構成離心力的論述最為透徹，值得詳引，他說：

> 古者，大國至於家邑，諸侯至於士庶，軍師有數，城堞有制，聯屬有分，器械有物，若不本先王法度，而急於招置，則足兵乃所以起兵耳。……今置巡社，使得自備，敢必其皆以禦賊，而不自為賊乎？夫尉司弓手巡檢土軍，大約不過百人，於以覺察奸細良民，猶有被擾者。今巡社人人執持兇器，絡繹道路，則必陵暴居人，困苦羇客，刑法有不能禁矣。又巡社首領將使與令佐，抗行乎抑猶以部民遇之也。抗行則名分不正，以部民遇之，則有悖心；如唐初魯寧者矣。又今東南名藩帥府，兵不滿千，而巡社總轄萬人，團結推排，權在百姓，借之名目，而稱號同，王命給之朱記，而行遣比公移守令，徒有統制虛名，莫之能制矣。又巡社悉行於諸路，以為守令殿最，不出歲月，必當坐得數百萬之眾，挽強者解發推恩，廣加激勸，又選將壅而不行，復加裁損，則必指為釁端，而禍變起矣。謂宜詳議審，裁巡社之法，使無後悔，施於河朔，以禦金兵，而東南諸路，有便於保甲者，宜增修其法，別行排造，其便於弓手土軍者，宜增置其數，精加教閱，則兵可足而亂可息矣，夫易積而難通者事也。[註54]

胡氏的這段話，別處皆不見記載，幸由《行狀》得以保存。其旨在說明巡社之法只當「施於河朔」，「東南諸路」則「增修」舊有之法而已；就這一點來說，它與前引《要錄》建炎二年（1128）四月臣僚的言論是一致的。但胡安國的立論則全然是從巡社的負面效果展開的。他首先就懷疑巡社之民有「自為賊」的可能性；授民以器，安知其不為賊。接著以現有制度為參照，指出：一、尉司弓手等已有害社會和諧，巡社人員勢必會加劇混亂，以至於刑法不能禁止；二、不能恰當地安置名分；名分不正，易生悖心；三、巡社人數多於官兵，若借之名目，授之以權，則官府「莫之能制」；四、以招募民兵之多少為地方守令的考核參數，將來可能會與選舉制度構成衝突，彼時巡社制度

---

[註54] 胡寅：《斐然集》卷25，《先公行狀》，臺灣：商務印書館影印文淵閣《四庫全書》本，1986年，第1137冊，第656頁。

或被指爲「釁端」，而起「禍變」。所以胡氏建議，當詳細審議巡社制度，以免後患。

透過以上的論述，可知影響巡社推廣的因素是多方面的，其中有人爲因素，如官方推行過程中措施不當、擾亂民生；也有自然因素，如南北之地理差異。但巡社最終能否在全域推廣，起主導性作用恐怕還是政治因素。從劉、葉、胡等人的言論以及當時的實例可以看出，巡社組織確實存在成爲社會離心力的可能性，而人爲與地理因素所造成的負面影響，最終都有可能引發變亂事件。宋廷擔心巡社成員不但不能爲己所用，反而構成對於自身的危害，這才導致了在巡社推廣過程中及時出臺修正舉措；而叫停舉措，正體現出中央對地方武力的猜忌。

但宋廷對巡社這類民間力量亦非全然排斥，其在猜忌的同時也有利用的期許。正因爲如此，當建炎二年四月叫停東南巡社後，至翌年四月，東南巡社「猶存十分之一」〔註55〕；而且面對後續建議復置巡社的言論，宋廷往往是給出很靈活的態度。如建炎三年（1129）七月，中奉大夫知滁州向子伋「請罷民兵，復巡社，專保鄉井，毋得調發守隘，從之。尋命聽守臣節制」。〔註56〕紹興二年（1132）五月，蘄、黃鎮撫使孔彥舟亦以東平府巡社的實際效果爲言，希望仿傚，遂「詔賜敕書嘉獎，仍令就都督府計議」〔註57〕。特別需要注意的是，滁、蘄、黃三地均屬宋廷原不擬組建巡社的區域。從這些例子可以看出，針對不同區域關於設置巡社的具體請求，宋廷也有靈活而務實的態度。對待巡社的存廢問題，宋廷一方面在整體上對南北巡社的存廢有區別性的政策，另一方面，在盡可能收編、利用民間力量的心理作用下，又給予部分地區在設置巡社方面因地制宜的權力，甚至巡社的功能也可以適時調整。但有一點特別需要注意，即部分地區雖然在興置巡社方面獲取一定的自主權，而巡社的管理則必須受到官方的節制，須突出官方的主導性。這在上面的引文中已有很清楚地體現：宋廷首先同意向子伋復置巡社以及巡社功能的專一化，但緊接著便要求巡社需要受到守臣的節制，所謂「尋命聽守臣節制」是也；而孔彥舟的建議同樣需要聽取都督府的意見。這類規定正是宋廷對地方武力猜忌、防備心態的一個表徵。

---

〔註55〕 李心傳：《建炎以來繫年要錄》卷24，建炎三年六月丙寅條，第497頁。

〔註56〕 李心傳：《建炎以來繫年要錄》卷25，建炎三年七月辛丑條，第515頁。

〔註57〕 李心傳：《建炎以來繫年要錄》卷25，紹興二年五月壬申條，第954頁。

## 結語

　　靖康亂後，宋室南渡。當時外有北方兵力壓境，內有地方社會動亂。所謂內憂外患，在南宋建立之初，確實有其具體的所指。在這樣的背景下，對民間力量的聚集與利用，是宋廷對內軍政的重要一環。本文以兩宋之際的巡社為例，通過對其成立背景、推廣過程、組織設定、廢罷原因等方面的考論，探討了特殊歷史背景下，制度興廢背後所隱藏的政治隱微。巡社最初只是地方上民間自發結成的自衛組織，它一方面保衛鄉里，一方面也抵禦外族的入侵；此是一體之兩面。巡社引來宋廷官方的介入，並得以由局部向全域推廣，直接原因是地方官員轉職中央時的進言，但巡社的官方化及其推廣，更主要是由其可以起到的作用以及宋廷在當時的客觀需求所決定的。兩者的合拍，是導致巡社在全域推行的最重要原因。在正規軍無法提供足夠的戰力保障的情況下，積極組織民間力量以為己用，是當時宋廷重要的軍政策略；巡社雖然只是當時民間組織之中的一種，但其官方化在宋代軍制演變過程中卻有重要的象徵意義。

　　通過對個案的分析，可知在南宋初期，宋廷中央對民間武力多有依賴；但與此同時，這種依賴也帶有相當地猜忌和警惕。猜忌雖則出自中央，卻也與地方上民間組織性質的不確定性有直接的關聯。宋廷擔心這種民間力量不但不能為己所用，反而構成威脅政局穩定的離心力，所以在將巡社引入官方的過程中，其政策的連續性不是很強。然而，在當時特定的歷史背景下，南宋政權到底還是需要必要的武力以為政權之支撐，所以即便巡社的官方化不能長久地在南宋全域展開，但宋廷仍然會採取相對靈活的應對策略，因地制宜地對民間力量加以利用，所以在部分宋廷原不擬組建巡社的區域，後來仍有巡社出現。特別需要注意的是，在這個過程中，宋廷特別強調官方在巡社管理方面的主導性，其對民間力量的利用以及嚴防心態，始終未變。

# 附錄五：從官方到民間：倉儲建置與宋代救荒的社會力量

## 引言

中國古代倉儲機構，種類多樣。它們的功能往往各有側重，但若從整體上觀察，這些倉儲又不乏一致性，即都是古代社會救荒體系中的重要一員。作為備先之具，它們為社會賑濟提供基礎而重要的物資保障，成為時人實踐救荒思想的載體。宋代是古代倉儲機構發展的重要階段，古代社會中與荒政相關而最為重要的三種倉儲機構——義倉、常平倉、社倉——在此間都受到重視，並曾同時並存。這一點凸顯了兩宋時期在古代倉儲機構發展史上的特殊地位，也指示著倉儲機構在宋代賑濟體系中的重要性。以往對宋代倉儲機構的研究，多是從制度層面展開，探討某一具體倉儲的建置沿革、管理機制、功能流弊等問題〔註1〕；缺少綜合型的比較研究，進而忽視了不同社會成分參

---

〔註 1〕 清人俞森在《荒政叢書》（上海古籍出版社影印文淵閣《四庫全書》本，1987
年，第 663 冊）中，分三卷對義倉、社倉、常平倉依次考述，雖為通論，但可
視為對宋代倉儲的最早研究。今人關於宋代倉儲的專題研究，詳略不一，比較
重要有蔡崒：《北宋義倉制度述論》，《甘肅理論學刊》1993 年第 5 期；許秀文、
閻榮素：《論宋代義倉》，《河北學刊》2006 年第 5 期；郭九靈：《宋代義倉論
略》，《華北水利水電學院學報（社科版）》2008 年第 3 期；孔祥軍：《兩宋義
倉研究》，《南京農業大學學報（社科版）》2010 年第 4 期。筆者的碩士學位論
文《宋代義倉研究》（揚州大學社會發展學院 2013 年），在前人的基礎上，對
宋代義倉有更全面與系統的分析。關於宋代常平倉的研究，有馬玉臣、郭九靈：
《論王安石對宋代常平倉的改革及影響》，《煙台大學學報》2002 年第 1 期；

與各種倉儲的程度也不盡相同。而通過比較研究之後的總體觀察，可以發現兩宋時期救荒力量的分佈，而隨著歷史的演進，這一分部有一個從官方到民間的轉移趨勢。所以本文試圖首先對上述宋代三種倉儲機構，從多個方面做比較研究，尤其注意官方與民間參與其中的不同程度，進而探究兩宋時期救荒力量的分佈與轉移。

## 一、宋代三種主要倉儲機構的興置

宋代義倉、常平倉、社倉的興置時間有先後之別，具體背景也不盡相同。義倉之設，始於宋太祖。建隆四年（963）的詔令〔註2〕有言：

> 多事之後，義倉廢寢，歲或小歉，失於預備。亦令諸州於所屬縣各置義倉，自令官中所收兩稅，每碩別輸一斗貯之，以備凶歉，給與民人。〔註3〕

其時，五代以來之地方勢力尚未全部平定，而太祖已留意於荒政；所以宋代倉儲機構的興置，早在有宋建國之初就開始了。其目的是謀求一定的物資儲備，以備不時之需。宋代義倉設於州、縣城郭，民眾於繳納兩稅之際，以十分之一的比例別輸義倉，是爲義倉之倉本來源。義倉由官方管理，當「凶歉」之際，再無償「給與民人」，緩解時困；這涉及義倉所儲之物的使用方式。詔文所謂凶歉，主要指的是水旱之災，這一點與隋唐時代義倉的主要功能是一

---

王文東：《宋朝青苗法與唐宋常平倉制度比較研究》，《中國經濟史研究》2006年第3期；賈玉英：《宋代提舉常平司制度初探》，《中國史研究》1997年第3期；宋炯：《宋代提舉常平司的沿革與財政體系的變化》，《安徽史學》2002年第1期；孔祥軍：《兩宋常平倉研究》，《南京農業大學學報（社科版）》2009年第4期。有關於宋代社倉，最典型的研究就是臺灣梁庚堯的《南宋的社倉》，見《宋代社會經濟史論集》，臺灣：允晨文化實業股份有限公司，1997年，第427～473頁。除以上單篇論文以外，尚有專著涉及宋代倉儲，最早的爲民國時期於祐虞的《中國倉儲制度考》（南京：正中書局，1948年版）。今人張文的《宋代社會救濟研究》（西南師範大學出版社2001年版），及李華瑞的《宋代救荒史稿》（天津古籍出版社2013年版），也有相關類容涉及宋代倉儲，但並未有倉儲之綜合比較研究。

〔註2〕 關於下達此條詔令的時間，見存文獻主要有兩種說法，一爲建隆四年三月，上引《宋會要輯稿》即是；一爲乾德元年三月，見李燾《續資治通鑒長編》卷四。兩種說法不同，係由一年兩元所致，事實上其所指時間完全一致；而因當年十一月才改年號爲乾德，故此處據《宋會要輯稿》。

〔註3〕 徐松輯，劉琳等點校：《宋會要輯稿》食貨五三之一九，上海：上海古籍出版社2014年版，第7123頁。

致的〔註4〕。宋代義倉的收納與使用規則，此後雖有調整，但大體即定型於此。

不過宋代義倉早期的建置並不穩定，不但太祖朝的義倉未久即遭廢罷〔註5〕，仁宗、神宗兩朝，關於義倉的爭論也先後反覆、興廢不定，義倉未能長久存在。但仁宗、神宗兩朝在宋代義倉的建置沿革中卻有著特殊的意義：仁宗朝義倉雖未久而罷，但宋代義倉中央、地方，兩級三層的管理模式卻正是形成於此間〔註6〕；而神宗時期的元豐義倉法又多爲以後宋人所稱讚，相當程度上被視爲「祖宗之法」，成爲了校正義倉流弊、規範義倉運行的重要言論依據。然而，元祐初年，舊黨登臺，幾乎盡革新法舉措，義倉也隨之廢罷。此舉自然引起反對，待宣仁太后一死，隨之便有「紹述」之舉。哲宗朝義倉的復置，相當程度上便是在這樣的背景下出現的。史載：

> 紹聖元年（1094）閏四月十六日，侍御史虞榮請復置義倉。三
> 省言：「舊行義倉法，上戶苗稅率一碩出米五升。」詔除廣南東、西
> 路外，並復置義倉，自來歲始。放稅二分以上，免輸。所貯義倉，
> 專充賑濟。輒移用者，論如法。〔註7〕

宋代義倉建置的穩定，即是紹聖元年以後的事。自此以後，宋代義倉的設置才成爲常態。而與此相隨，此前宋人關於義倉興置、廢罷的爭論，遂轉移到義倉制度的建設與調整上來。所以紹聖元年復置義倉，在宋代義倉建置沿革的歷史中，實具有標誌性的意義。

宋代首置常平倉在太宗朝，稍晚於義倉。其時京畿豐收，物價偏低。宋廷遂增價收購物資，設常平倉以儲之，以爲將來經濟調控中減價出糶之資本。《宋會要輯稿》記太宗淳化三（992）年六月詔曰：

> 京畿大穰，物價至賤，分遣使於京城四門置場，增價以糶。令
> 有司虛近倉貯之，命曰「常平」，以常參官領之。歲歉，減價以糶，
> 用賑貧民，以爲永制。〔註8〕

〔註4〕 關於隋唐義倉的功能及其他，可參看周一良：《隋唐時代之義倉》，《食貨》1935年第2卷第6期；潘孝偉：《唐代義倉研究》，《中國農史》1984年第4期；於祐虞：《中國倉儲制度考》，正中書局1948年版。

〔註5〕 事在乾德四年，彼時詔令有言：「朝廷比置義倉，以恤百姓，蓋防歉歲，用賑饑民。訪聞重迭供輸，復成勞擾，俾從停廢，以便物情。其郡國義倉並罷之。」見《宋會要輯稿》食貨五三之一九，第7213頁。

〔註6〕 何適：《宋代義倉研究》第二章「宋代義倉之管理機構」，揚州大學社會發展學院2013年碩士學位論文。

〔註7〕 徐松輯，劉琳等點校：《宋會要輯稿》食貨五三之二一，第7216頁。

〔註8〕 徐松輯，劉琳等點校：《宋會要輯稿》食貨五三之六，第7197頁。

按諸詔文，淳化年間常平倉的設置只限於京城一隅，其主要功能乃平抑物價。所以常平倉錢物的使用方式，乃是用以進行「增價以糴」、「減價以糶」之類的物資交易。宋廷在更廣的範圍內興置常平倉，是從眞宗景德年間開始的。《續資治通鑑長編》記眞宗景德三年正月辛未：

> 始置常平倉也。先是，言事者以爲水旱災沴，有備無患，古有常平倉，今可復置。請於京東西、河東、陝西、江淮、兩浙計戶口多少，量留上供錢，自千貫至二萬貫，令轉運使每州擇清幹官主之，專委司農寺總領，三司無得輒用。每歲夏秋，准市估加錢收糴，貴則減價出糶。於是，司農官吏創廨舍，藏籍帳，度支別置常平倉案。〔註9〕

此處所謂「始置」，乃是針對京城以外的地方政區而言，由引文可知其設置地域是很廣泛的。其中倉儲之設置地雖未明言，其實也是集中在州、縣城郭；與義倉設置地相同。除此之外，常平倉的制度設定諸方面也有清楚地規定：常平倉倉本來源主要是地方「上供錢」；倉體管理也是中央（由「司農寺總領」可見）、地方聯合管理的模式。眞宗朝接下來還有不少完善常平倉制度的舉措〔註10〕，主要涉及一些細節問題，宋代常平倉的一些主體原則大體定型於此。但這裡有兩點需要注意：一、引文中言事者以「水旱災沴，有備無患」爲由，請「復置」常平倉。表面上上看，這似乎表明常平倉的功用與義倉一致，實則不盡然。常平倉實際上仍然是以「加錢收糴」、「減價出糶」的原則運行的。只不過這一舉措經常出現在災害發生之時而已。二、眞宗朝以後的時期，常平倉的建置，整體上一直相對穩定。惟熙寧新法時期，青苗法的推行，使得常平倉設置之初的基本用意多有變異，其平抑物價的主要功能一度轉變爲青苗放貸。〔註11〕但嚴格來說，這一轉變只是倉本使用方式或倉儲運作程序的變化，若從倉儲機構這一實體著眼，則常平倉的存在，仍是穩定的。宋室南渡以後，這一特點保持不變。特別需要注意的是，宋代義倉早期建置的那種興廢反覆的波動現象，在宋代常平倉的建置沿革中是看不到的。這關係到兩倉之異同問題，下面第二節會有專門比較，此處暫不詳及。

---

〔註9〕 李燾：《續資治通鑑長編》（第五冊）卷 62，景德三年正月辛未條，中華書局 1980 年版，第 1385 頁。並參《宋會要輯稿》食貨五三之六，第 7197 頁。

〔註10〕 徐松輯，劉琳等點校：《宋會要輯稿》食貨五三之六～七，第 7197～7199 頁。

〔註11〕 宋代常平倉之建置沿革，可參孔祥軍：《兩宋常平倉研究》，《南京農業大學學報（社會科學版）》，2009 年第 4 期。

社倉是討論的宋代三種倉儲中興置時間最晚的一種。史載宋代「諸鄉社倉自掞之始」，掞之即魏掞之，字子實，初字元履。《宋史》本傳記其「師胡憲，與朱熹遊」，曾「依古社倉法，請官米以貸民，至冬取之以納於倉。部使者素敬掞之，捐米千餘斛假之，歲歲斂散如常，民賴以濟。」〔註12〕考之朱熹《建寧府建陽縣長灘社倉記》及李心傳《建炎以來繫年要錄》，魏氏設置社倉之事發生在高宗紹興二十年。〔註13〕今人的代表性研究也從此說〔註14〕。其實關於社倉的言論早在北宋神宗時期即已出現，當時見於義倉運行過程中的流弊，錢顗在《上神宗乞天下置社倉》〔註15〕一文中已有興置社倉的建議，只是當時並未付諸實踐而已。而且魏氏之舉，實乃地方官吏在局部地區的特殊惠政，當時並沒有在大範圍內產生實際的影響。宋代社倉的進一步推廣，得益於後來朱熹等人的努力。朱熹文集中有《建寧府崇安縣五夫社倉記》一文，對宋代社倉的興置等問題有清楚地交代。朱子的原文較長，下面所截引者，是為興置社倉的重要背景。朱熹云：

> 予惟成周之制，縣都皆有委積，以待凶荒。而隋唐所謂社倉者亦近古之良法也。今皆廢矣，獨常平義倉，尚有古法之遺意，然皆藏於州縣，所恩不過市井惰遊輩，至於深山長谷，力穡遠輸之民，則雖飢餓瀕死，而不能及也。又其為法太密，使吏之避事畏法者，視民之殍而不肯發，往往全其封鐍，遞相付授，至或累數十年不一瞥省。一旦甚不獲已，然後發之，則已化為浮埃聚壤，而不可食矣。

---

〔註12〕 脫脫等：《宋史》卷459《魏掞之傳》，北京：中華書局1975年版，第13468～13469頁。

〔註13〕 朱熹在《建寧府建陽縣長灘社倉記》中言：「建陽之南……紹興某年，歲適大侵……里中大怖。里之名士魏君元履為言於提舉常平使者袁侯復一，得米若干斛以貸，於是物情大安，奸計自折。」詳見《朱子全書》之《晦庵先生朱文公文集》卷79，上海古籍出版社、安徽教育出版社2010年版，第3777～3779頁。而李心傳記：「布衣魏掞之謂民之易動，蓋因艱食。及秋，乃請於本路提舉常平公事袁侯復一，得米千六百斛以貸民。至冬而取，遂置（社）倉於長灘鋪。」見《建炎以來繫年要錄》卷161，紹興二十年九月丙申條，北京：中華書局1988年版，第2623頁。

〔註14〕 如梁庚堯先生《南宋的社倉》一文，即將宋代社倉初次設置歸之於魏掞之。見《宋代社會經濟史論集》，臺灣：允晨文化實業股份有限公司，1997年，第427～473頁。

〔註15〕 趙汝愚編，北京大學中國中古史研究中心整理：《宋朝諸臣奏議》，上海：上海古籍出版社1999年版，第1155頁。

> 夫以國家愛民之深，其慮豈不及此？然而未之有改者，豈不以里社
> 不能皆有可任之人，欲一聽其所為，則懼其計私以害公，欲謹其出
> 入，同於官府，則鈎校靡密，上下相遁，其害又必有甚於前所云者，
> 是以難之而有弗暇耳。〔註16〕

朱熹首先肯定了義倉、常平倉尚有古法——縣都皆有委積，以待凶荒——之
遺意，可見他並未完全否定義倉、常平倉存在的基本用意。但他的主要目的
恐怕是要強調兩倉倉儲「皆藏於州縣」，以至於「深山長谷，力穡遠輸之民」
多得不到及時救濟的現實，從而揭示常平倉與義倉在賑濟過程中的局限性；
這與上文提及的神宗時期錢顗關於興置社倉的背景是類同的。此外，法令限
定嚴格，吏員因「避事畏法」，往往不能及時發放米粟賑濟，「至或累數十年
不一簽省。一旦甚不獲已，然後發之，則已化為浮埃聚壤，而不可食矣。」
這也是朱熹的時代倉儲流弊的一種重要表現。朱熹之所以在當時對已存各倉
的利弊做出分析，除了常平倉和義倉長期以來存在制度上的流弊之外，其實
也是為身邊的現實環境所激，此現實環境即《社倉記》開頭所謂「乾道戊子
（1168），春夏之交，建人大饑」也；這是最為直接的現實因素。

　　朱熹在野時能實際推行社倉，其在朝時也積極建言推廣社倉。淳熙八年
（1181）他得面奏孝宗於延和殿之機會，即向孝宗「極陳災異之由與夫修德任
人之說」，可見他對救濟災異此類社會事業的重視。孝宗亦是「動容竦聽」〔註
17〕，不久即「下朱熹社倉法於諸路」〔註18〕。宋代社倉的興置，由此得以在
南宋全域展開。兩宋時期最為重要的三類與救濟相關的倉儲機構，自此在宋
代長期並存。朱熹奏劄的原文較長，但多關乎宋代社倉倉本來源、管理等相
關問題，故詳錄其文如下：

> 臣所居建寧府崇安縣開耀鄉有社倉一所，係昨乾道四年鄉民艱
> 食，本府給到常平米六百石，委臣與本鄉土居朝奉郎劉如愚同共賑
> 貸。至冬收到元米，次年夏間，本府復令依舊貸與人戶，冬間納還。
> 臣等申府措置，每石量收息米二斗，自後逐年依此斂散。或遇小歉，
> 即蠲其息之半，大饑即盡蠲之，至今十有四年，其支息米造成倉敖

〔註16〕　朱熹：《建寧府崇安縣五夫社倉記》，《朱子全書》之《晦庵先生朱文公文集》
　　　　　卷77，第3721～3722頁。
〔註17〕　王懋竑：《朱熹年譜》卷2，北京：中華書局1998年版，第122頁。
〔註18〕　脫脫等：《宋史》卷35《孝宗本紀三》，第677頁。

三間收貯，已將元米六百石納還本府，其見管三千一百石，並是累年人戶納到息米，已申本府照會，將來依前斂散，更不收息，每石只收耗米三升。係臣與本鄉土居官及士人數人同共掌管，遇斂散時，即申府差縣官一員監視出納。以此之故，一鄉四五十里之間，雖遇凶年，人不闕食。竊謂其法可以推廣，行之他處，而法令無文，人情難強。妄意欲乞聖慈特依義役體例，行下諸路州軍，曉諭人戶，有願依此置立社倉者，州縣量支常平米斛，責與本鄉出等人戶主執斂散，每石收息二斗，仍差本鄉土居或寄居官員士人有行義者，與本縣官同共出納。收到息米十倍本米之數，即送元米還官，卻將息米斂散，每石只收耗米三升。其有富家情願出米作本者亦從其便，息米及數，亦當撥還。如有鄉土風俗不同者，更許隨宜立約，申官遵守，實為久遠之利。其不願置立去處，官司不得抑勒，則亦不至搔擾。〔註19〕

據此可知，宋代社倉得以興置的基礎本錢，乃支借於常平倉，待運行之後，積累有數，則歸還支借數目；之後社倉運行中斂散的收息即是其持久的倉本來源。社倉設置地在鄉社，而非州、縣城郭；朱熹有鑒於前，此是事所畢至。但由此也影響到社倉管理制度的設定，由於更近基層，所以社倉管理多委「本鄉土居或寄居官員士人有行義者，與本縣官同共」負責。此外，據朱熹的說法，「鄉土風俗不同者」，也有其「隨宜立約」的可能。如社倉的倉本來源也可能是由民間提供，如朱熹《建昌軍南城縣吳氏社倉記》一文就記錄了紹熙五年吳氏兄弟「發其私穀四千斛」〔註20〕以立社倉的事。而不願置立社倉的鄉社，官司亦不得抑勒。這些現象表明，宋代社倉的興置，較義倉、常平倉而言，更具靈活性。

　　以上是對宋代義倉、常平倉、社倉諸方面的梳理，宋代其他倉儲如司農倉、廣惠倉、惠民倉、舉子倉等則並未在文中一一呈現。事實上，宋代倉儲種類繁多，若逐次考述，絕非本文所能容納得了；加上諸倉從存續時間及推行區域方面看，往往並不具有相當的代表性，泛泛的比較，並無意義可言，

---

〔註19〕　朱熹：《延和奏劄四》，見《朱子全書》之《晦庵先生朱文公文集》卷13，第649～650頁。

〔註20〕　朱熹：《建昌軍南城縣吳氏社倉記》，見《朱子全書》之《晦庵先生朱文公文集》卷80，第3814～3816頁。

也與論文主旨不合。故而宋代其他倉儲機構，一概從略。接下來將據以上考述，對宋代三倉作一綜合比較。

## 二、共性與差異：宋代倉儲機構的比較分析

　　通過以上對宋代義倉、常平倉、社倉諸方面的考述，可以看到三倉的建置背景各有不同。這一重要因素，使得三倉在功能定位或制度設定方面，多表現出各自的特色。對此加以區分比較，不但對於認識宋代倉儲機構的性質具有重要的意義，而且也可以從中看到宋代救荒力量的分佈及其轉移動向。爲了使接下來的比較不至於毫無標準，在正式比較之前，有必要先對將要比較的方面略作界定。整體來說，此類比較將直接圍繞與倉儲機構運作相關的諸方面而展開，如三種倉儲的首置時間、設置背景、存續時間、倉本來源、設置地點、管理模式、錢物使用等都會有所涉及。但這種比較並不追求鉅細無遺的面面俱到，只就主要方面，集中闡述。爲方便比較，茲先據上一節的考述，製成「宋代義倉、常平倉、社倉比較簡表」如下，以爲比較、綜述之資。

| | 義　倉 | 常　平　倉 | 社　倉 |
|---|---|---|---|
| 首置時間 | 太祖建隆四年（963） | 太宗淳化三年（992） | 孝宗乾道四年（1168） |
| 設置背景 | 亂後災荒無備 | 京畿物價失衡 | 見存倉儲流弊多端 |
| 存續時間 | 約 230 年 | 約 280 年 | 約 100 年 |
| 倉本來源 | 民眾自出 | 政府提供 | 政府或民間 |
| 設置地點 | 路、州、縣 | 路、州、縣 | 鄉社 |
| 管理模式 | 中央、地方兩級三層 | 中央、地方兩級三層 | 民間自理 |
| 錢物使用 | 無償俵散 | 市場交易 | 借貸（低息） |
| 主要功能 | 賑濟災荒 | 平抑物價 | 賑濟災荒 |

　　從首置與存續時間方面看，宋代義倉的首置時間最早。但宋代義倉早期的建置並不穩定，所以義倉的興置時間雖比之常平倉早近三十年，其整體存在時間卻少出五十年。宋代社倉的首置時間最晚，存續時間也最短。但在北宋時期已有興置社倉的言說，這一點也需要特別注意。首置與存續雖是時間問題，實際上則聯繫著官方與民間參與其中的不同程度，關涉宋代救荒力量的分佈問題。關於這一點，下文有進一步論述，此處暫不詳及。

　　從設置背景上看，宋代義倉的興置，是唐末五代戰亂大體結束之後，面對社會救荒機制不完善的現實，宋廷推出的一項針對水旱災荒的社會救濟政策。常平倉設置時，面對的主要問題卻是市場物價失衡。物價失衡雖然往往與災害相關聯，但不限於災害之時。至於社倉之置，則是基於當時見存倉儲流弊多端，不足以起到良好賑濟作用的社會現實。但在功能方面，社倉更多地是與義倉類同。由於三種倉儲機構之建置存在以上的背景差異，從而導致它們在功能定位與制度設定方面多有不同。

　　從功能方面看，宋代義倉的功能多樣，但主要在於賑濟水旱之災。常平倉的設置也與賑濟相關，在水旱之時雖也可以出糶米粟，但此舉不但不限於水旱災害發生之際，而且其直接而主要的用意，在於平抑物價，乃是官方調控經濟的重要手段。其在客觀效果上對救荒有一定的緩解作用，並不表示它與救荒的聯繫比之義倉更為緊密。社倉的出現，不是為了在常平、義倉之外再開出一主題功能，而是為了盡可能消除義倉（也部分括常平倉）的流弊。從這個意義上講，宋代社倉與義倉在功能上是完全相同的；社倉可以看做是義倉的延續〔註 21〕。與倉儲的功能相關，制度規定的各倉倉儲的使用方式也不盡相同：常平所儲主要是通過拋售與購買等市場交易發揮作用，義倉所儲則是無償俵散，社倉則是以低息借貸的方式。這一差別從根本上來說，是由各自倉本來源的不同決定的。

　　從倉本來源上看，常平倉倉本為截留的上供錢，由政府直接提供；義倉倉本隨兩稅附繳，由民眾直接繳納。後者收納倉本，必須照顧到民間社會的一般反應；民間對義倉態度之好壞，對於義倉的存廢也有著重要影響。宋代義倉早期興置的波動與此不無關聯，第一節注釋中所引太祖廢罷義倉之詔即是明證。而常平倉唯有官方參與其中，倉本來源相對於義倉更有保障。故而類似義倉在收受環節中出現的諸種流弊（如地方胥吏之增加收納比例），在其運行過程中也更為少見。這是其建置比義倉穩定的一個不可忽視的重要原因，太宗興置常平倉之後，不見如同義倉那樣興廢反覆的情況，是很能說明問題的。因為倉本之來源，對倉儲建置的穩定與否有直接的影響，所以這就

---

〔註21〕　社倉在功能方面延續著義倉而來，但南宋社倉並未取代義倉。南宋社倉推廣
　　　　　以後，義倉依然見存。蔡華在《北宋義倉制度述論》（《甘肅理論學刊》，1993
　　　　　年第 5 期）一文中，認為「南渡後，新興的社倉取代了北宋義倉」，是不合史
　　　　　實的論斷。

部分解釋了，爲何常平倉設置之後，在存廢問題上並沒有太多的爭論。與以上兩倉比較，社倉的倉本來源則表現出多元化的特點，民間與官方均可能參與其中。所可注意者，雖然官方在社倉興置之初可能參與其中，但在倉儲之後的運行過程中，卻逐漸退出其中，社倉基本成爲一個自足的運行系統。所以整體來說，社倉是一個以民間力量爲主體的倉儲機構。

　　從設置地與管理機構方面看，宋代常平倉、義倉二者存在共同的特點。表現爲兩倉在路、州、縣均有設置；具體管理也有幾近一致的模式（可參下文第三節「宋代義倉管理機構表」），無論是中央還是地方，在相當長的時間內都隸屬同一機構（中央，中樞理財機構；地方，提舉常平司），官方在其中佔有絕對的主導地位。從這些相同點來看，常平倉與義倉的關聯也是相當密切的，以至於義倉的運行程序以及功能多有受到常平倉的影響。〔註 22〕透過這一點，也可以看到官方相對於民間的一種強勢。不過宋代義倉與常平倉之設置是出於不同的具體需求，兩倉雖有相同之處，終究不能掩蓋其互異之點。至於宋代社倉，由於其設置地更爲基層，且參與成分多元化，所以在管理方面也與上述另外兩倉不同。但其一個主要的特點是，民間力量在其中佔有重要的分量，不但官方出資興置的社倉可以委「有行義者」如「本鄉土居」打理，由民間出資的社倉則更是如此。

　　以上從多個方面，對宋代主要的三種倉儲機構之共性與差異做了比較分析。作爲宋代最具代表性的三種全域性倉儲〔註 23〕，儘管它們存在多方面的差異，但作爲重要的備先之具，它們在社會救濟過程中，都曾起到重要的作用；這是三倉最爲重要的一個共性。但這裡有兩點需要特別注意：一、宋人關於救荒的即時言說以及災荒之後的事後總結，每每以義倉說事，所以綜合功能設定、存續時間等多方面的因素，宋代義倉可以說是宋人實踐救荒思想最爲典型的倉儲機構；關於這一點，董煟的《救荒活民書》爲我們提供了絕佳的證據。〔註 24〕二、官方與民間這一對力量，在上述倉儲各個方面幾乎都

---

〔註 22〕　何適：《宋代義倉研究》，揚州大學社會發展學院 2013 年碩士學位論文。

〔註 23〕　張文曾將宋代倉儲分爲「全國性倉種」與「地方性倉種」兩大類，其中常平倉與義倉屬於全國性倉儲機構，社倉則屬於地方性倉儲機構。張氏分類的標準是中央與地方在組建倉儲中的參與程度及倉儲的隸屬情況，無可否認，這種分類有一定的道理。但南宋朝廷也曾詔令社倉於全域推行，所以就其分佈情況來看，宋代社倉其實也具有「全國性」。張文的分析，見《宋代社會救濟研究》第二章第二節，西南師範大學出版社 2001 年版，第 39～40 頁。

〔註 24〕　該書往往被視爲古代最早的荒政專著，書成於南宋寧宗時期。其《原序》稱

發生了重要的影響。宋代倉儲機構在興置與管理，功能設定與運作機制等方面，在在涉及官方或民間因素；其之所表現出不同的特點，在很大程度上就是由於官方與民間參與其中的不同程度而決定的。以往對宋代倉儲機構的研究，多注重制度設定方面，對這一主題缺少足夠的重視，更沒有比較之後的綜合性論述，故而無法從整體上把握宋代救荒力量的特性。茲就上文所論述，對這一問題作進一步的考察。

## 三、官方與民間：宋代救荒的社會力量

近人鄧拓在研究古代救荒史時指出，古代的救荒思想大致可分為「消極救濟」與「積極預防」兩個不同的類別，各類之具體舉措也多種多樣。〔註25〕且不論鄧氏的劃分合理與否，無論是消極論還是積極論，若無事先的物資儲備，大部分舉措顯然是無法展開的。倉儲機構是物資儲備的重要載體亦即備先之具，則由對備先思想的重視，進一步延伸到倉儲機構的設置，就是必然的結果。〔註26〕但作為備先之具的倉儲機構，由於官方與民間在其中的參與

---

該書中、下兩卷分別「條陳今日救荒之策」和「備述本朝名臣賢士之所議論、施行，可鑒可戒可為矜式者」，可以說涉及宋人實際的救荒舉措以及關於救荒的各種言說，大體能夠反映出宋人救荒思想的主要內容。尤當注意的是，董氏在「救荒之策」中，將倉儲機構列在首位。義倉、常平倉、社倉是為其中最為重要的主體，義倉則尤為突出；這反映出宋人關於實踐救荒思想的主要思考，也足見義倉作為備先之具的重要意義。而這一點在下卷宋人的「議論、施行」中又每有體現。可見言說與現實在相當程度上是吻合的。引文見《救荒活民書》，上海：上海古籍出版社影印文淵閣《四庫全書》本 1987 版，第662 冊，第 234 頁。

〔註25〕 鄧氏所謂「消極之救濟論」包括「臨災治標」（賑濟、調粟、養恤、除害）和「災後補救」（安輯、緩、放貸、節約）兩類八種；「積極之預防論」又分「改良社會條件」（重農、倉儲）和「改良自然條件」（水利、林墾）兩類四種。詳參鄧拓《中國救荒史》，上海：商務印書館 1937 年版。

〔註26〕 「備先」思想的主要依據見於《周禮·地官》和《禮記·王制篇》，前者有「遺人掌……縣都之委積，以待凶荒」之記載；後者則言：「國無九年之蓄，曰不足；無六年之蓄，曰急；無三年之蓄，曰國非其國也。三年耕，必有一年之食；九年耕，必有三年之食。以三十年之通，雖有凶旱水溢，民無菜色，然後天子食，日舉以樂」。所謂「委積」和「蓄」，都是在強調儲備物資的重要性。《王制篇》的說法雖然是理想的狀態，後世天子大概也不會真以「民無菜色」為「日舉以樂」的必要前提，但僅從有「蓄」在先這一點來看，這一說法依然能夠成為後世賑濟水旱災荒策略的重要理論依據，而且就宋人而言，這一點在他們的言論中確實多有體現。引文分見阮刻《十三經注疏》（中華書局 1990 年影印本）之《周禮注疏》卷 13，第 728 頁；《禮記正義》卷 12，第 1334 頁。

程度不同，一方面對倉儲本身的運行有著重要的影響，另一方面也反映著兩類社會力量在社會救荒中的作用程度。就宋代而言，這一問題關涉到兩宋時期救荒力量的整體分佈及其動態，甚至明清時期社會救荒機制的演變，在一定程度上，與宋代有著很大程度的相似性〔註 27〕。其重要性可見一斑，不應置之不論。

上述三種倉儲機構中，義倉與常平倉的建置，都由宋廷主動爲之，官方因素在其中佔有絕對的主導地位。關於這一點，上面的論述已有所涉及，但仍有幾個問題需要作進一步的闡述。首先是倉本來源與管理制度的問題。倉本是倉儲機構得以存在並發揮作用的基礎，宋代常平倉倉本以各地截留之上供錢充〔註 28〕，是三種倉儲中倉本最爲穩定者。而倉本的穩定，使得倉儲建置的穩定性增強，其在社會救濟中發揮的作用自然更爲持久。另一方面，由於倉儲由官方主導，所以對其職能的變更也體現出官方的權威性所在。最爲典型的例子是神宗變法時期常平倉被用以推行青苗法。〔註 29〕從倉儲機構的角度來說，這自然是制度的變異，但此處恰恰最能體現官方意志的存在。

與常平倉類似，宋代義倉也是官方主導的一類倉儲機構。義倉在兩宋時期興廢反覆，最終都以官方的詔令爲依據，地方官吏尚無自主興置義倉之權力，〔註 30〕民間力量在宋代義倉建置與運行過程中更沒有存在的空間。義倉倉本則與官方兩稅收納直接掛鈎，按一定之比例隨兩稅一併上繳。除倉本來源外，義倉與常平倉的管理也由官方全面負責，以下是兩宋時期義倉的管理

---

〔註 27〕 關於這一點，可以參看魏丕信《18 世紀中國的官僚制度與荒政》一書。南京：江蘇人民出版社 2002 年版。

〔註 28〕 關於上供錢的整體論述，可參汪聖鐸：《兩宋財政史》，中華書局 1995 年版，第 575～585 頁。從地方角度論述上供錢者，參包偉民：《宋代地方財政史》一書關於州軍財政制度的論述，上海古籍出版社 2001 年版，第 27、52～56頁。最近黃純豔在《宋代財政史》一書中，從宋代財政分塊的角度，對上供錢有所論述，亦可參看，雲南大學出版社 2014 年版。

〔註 29〕 徐松輯，劉琳等點校：《宋會要輯稿》食貨四之一六～一七，第 6041～6043頁。

〔註 30〕 郭九靈在《宋代義倉論略》一文中認爲「地方官自動設置義倉」構成宋代義倉特點之一，但其所引以爲據之文獻卻只有神宗熙寧初年之一例而已。實際上即使從哲宗紹聖年間復置義倉算起，義倉於宋代存在時間就已近兩百年之久，而據筆者翻檢所及，此間幾無關於官吏私置義倉之記載，所以郭氏僅就一孤證而斷定地方官私立義倉是爲宋代義倉一特點，恐怕很難成立。郭文見《華北水利水電學院學報》（社科版）2008 年第 3 期。

機構簡表，表中加粗字為中樞理財機構；熙寧至元豐及元祐年間義倉見廢，所示為遺續義倉管理機構；州縣為負責人，機構乏考。〔註31〕

| 時期 / 層級 | 北宋 | | | | | | | 南宋 | | | |
|---|---|---|---|---|---|---|---|---|---|---|---|
| | 乾德1~4年 | 慶曆1~5年 | 熙寧3~10年 | 熙寧末~元豐初 | 元豐年間 | 元祐年間 | 紹聖後 | 紹興4年前 | 紹興4~9年 | 紹興9~15年 | 紹興15年後 |
| 中央 | 三司 司農寺 | | | | 戶部 戶部右曹 | | | | | | |
| 地方　路 | 轉運司 | 提舉常平廣惠倉司 | 提刑司 | 提舉常平廣惠倉司 | 提刑司 | 提舉常平廣惠倉司 | 提刑司 | 提舉茶鹽司、經制司 | 提刑司、提舉常平廣惠倉司 | 提舉常平茶鹽司 | 提舉常平茶鹽司 |
| 　　　州縣 | 州縣長吏 | | | | | | | | | | |

　　宋代義倉的管理，從中央到地方，可以概括為兩級三層的模式〔註32〕，官方的介入顯然相當嚴格。宋代常平倉的管理，相當程度與此一致〔註33〕，不曾脫離官方之監管。由是言之，宋代常平倉與義倉作為官方高度介入的倉儲機構，兩倉功能的發揮，實際上體現的是官方意志，表明了官方力量在社會救濟中的重要地位。

---

〔註31〕　參何適：《宋代義倉研究》，揚州大學社會發展學院2013年碩士學位論文。

〔註32〕　許秀文、閻榮素認為南宋義倉在地方路一級的管理機構與北宋相同。由上表可知，在紹興十五年以前，義倉管理機構不但與北宋有異，而且有一個變化反覆的複雜過程。許、閻二氏觀點，見《論宋代義倉》，《河北學刊》，2006年第5期。

〔註33〕　參看張敏：《宋代常平倉研究》，揚州大學社會發展學院2012年碩士學位論文。

　　但是常平倉與義倉雖都有來自官方的深度介入，二者之間還是有相當的差異。這是我們要討論的第二個問題。這種差異主要體現倉本收納方面。兩倉倉本收納雖都由官方負責，但義倉倉本由民眾隨兩稅直接繳納，與民間發生直接的關聯；上供錢從根本上講雖然也出自民間，但將其截留爲常平倉本，則已經過一層轉換，其與一般民眾的關聯較義倉爲弱。就這一點而言，常平倉與官方的聯繫更爲緊密。兩宋時期，常平倉的建置較義倉更爲穩定，這是一個至關重要的原因。但反過來看，義倉民間出資、官方管理的特點，使其成爲官方與民間互動的一個平臺，故而在維繫官方與民間方面，表現更爲突出；而常平倉與社倉，則分別只在官方或民間各占一頭。從倉儲機構的這一區分中，我們可以看到宋代官方與民間力量在救荒機制中的分佈狀況。

　　第三個問題是宋代社倉的興置與宋代救荒力量的轉移動態。宋代社倉的眞正推廣在南宋孝宗淳熙八年（1181），首設則可追溯到乾道四年（1168），其出現（存在）的時間比之義倉，要晚（少）兩百年之久（多）。時間上的巨大差距，使得從賑濟災荒的整體效果來看，宋代社倉在所起到的救濟作用當不及義倉。但社倉設置於鄉社，多委「本鄉土居或寄居官員士人有行義者，與本縣官同共」負責，相較於義倉、常平倉設於路、州、縣，以及兩倉兩級三層的管理模式，社倉的制度設定要簡單得多，且更爲接近基層而便於及時賑濟。所以在南宋三倉同時並存的時期，社倉在賑濟上發揮的作用，理論上應該較義倉和常平倉更能惠及一般民眾；因其更具民間性質，更爲貼近民間的訴求。尤其需要注意的是，部分社倉的倉本來源雖是從常平倉借支，係由政府提供，但這只是社倉興置初期的基礎本錢，其更爲持續的倉本來源，是社倉運行中斂散所得的利息；當利息積累到一定數額，最初借支的常平米斛還得歸還，而之後斂散的收息比率亦隨之大爲降低（朱熹奏劄中所謂「每石只收耗米三升」是也）。此時的社倉基本進入民間自主經營的狀態。而與此同時，還有大量在民間力量資助下興起的社倉同樣不可忽視。所以綜合地說，宋代民間力量參與社倉的程度，遠強於其參與常平倉與義倉的程度，﹝註34﹞而南宋時期社倉的出現，正象徵著宋代救荒力量由官方向民間的轉移。

---

﹝註34﹞　雖然南宋時期，官方干預社倉的現象或有出現，但往往程度有限，社倉的民間性質仍然得以保持。關於這一點，梁庚堯先生在前揭《南宋的社倉》一文中有所涉及，可以參看。

　　第四，官方或民間介入倉儲的程度直接關係著宋代救荒力量的分佈。宋代與救荒相關的最主要的三種倉儲機構，在建置、功能、管理等方面都有官方的介入。特別是常平倉，在宋代存續時間長，設置時間早，且官方介入的力度最大。由此可見宋代官方在社會救荒中的主導作用。藉與救荒緊密相關的倉儲機構爲觀察視角，可以說官方力量貫穿宋代社會救荒的始終。但宋代救荒力量並非全部由官方承擔，官方也積極引導民間力量參與其中；宋代義倉的興置是一個很好的例證〔註35〕。義倉倉本出自民間，管理卻由官方負責，恰好體現了官方在統籌民間力量上的努力。所可注意者，義倉是本文討論的三種倉儲機構中興置最早的一種，且功能直接與社會救荒掛鈎，這一特點在相當程度上反映出宋廷關於社會救荒的主要思考，即官方主導，民間參與。然而，隨著經濟社會的發展變動，民間力量在社會救荒中的主體性有相當的提升，南宋時期社倉的興置與推廣，可以說具有標誌性的意義。社倉在功能設定上延續義倉，倉本與管理卻相當程度上是民間力量參與其中。這一點與常平倉、義倉中官方的高度介入形成了明顯的對比。民間力量在社會救荒中地位的加重，說明南宋孝宗時期對救荒過程中的社會力量有一次明顯的調整，更加看重民間力量的作用。這一變動反映著宋代救荒力量整體分佈的變動，經過兩百多年的歷史變遷，宋代救荒對民間力量的依賴程度大幅增強。

## 結語

　　兩宋時期是古代倉儲機構建設非常突出的階段。本文擇取其中最爲重要的三類——義倉、常平倉、社倉，將三者做一綜合比較。在比較的過程中，特別關注官方與民間參與倉儲建置與運作的不同程度，這一因素不但對三倉各自的特色有重要影響，同時也體現著宋代救荒力量的分佈狀態。以往的研究，往往針對某一具體的倉儲機構。這類個案分析雖然可以提供對於宋代單個倉儲的基礎認識，但對宋代倉儲的整體認識，則必須借助綜合性的比較分析。由於宋代官方與民間參與倉儲機構的程度不同，從而對各個倉體的性質及其運行等方面多有不同的影響。總體來說，官方力量在宋代倉儲建置中佔

---

〔註35〕　需要注意的是，民間力量參與宋代社會救荒的表現形式是多樣的，比方說針對富人的「勸分」政策就是一項重要內容。相關研究可以參看王德毅：《宋代災荒的救濟政策》，臺灣：商務印書館，1970年，第147～154頁；張文：《荒政與勸分：民間利益博弈中的政府角色》，《中國經濟史研究》，2003年第4期；李華瑞：《勸分與宋代救荒》，《中國經濟史研究》，2010年第1期。

有主導地位，所以在社會救荒的過程中也起著首要的作用；宋代常平倉與義倉作為官方主導下輔助救荒的機構，是最好的例證。但兩宋時期，官方也積極整合民間力量參與社會救荒，宋廷在立國三年之後即興置義倉最具象徵性的意義。只是在兩宋時期相當長的時間內，民間力量雖參與救荒當中，在很大程度上卻受到官方之監管，缺少主體性。只到南宋孝宗時期社倉的推廣成為事實之後，民間力量在社會救荒中的作用才更為突出，主體性顯著增強。南宋推廣社倉的一個重要背景是常平倉、義倉的運行已不能滿足社會救濟的正常需求，存此背景，由社倉的推廣，我們可以看到宋代社會救荒力量由官方向民間的轉向。但最後必須指出，雖然宋代社會救荒從整體上講是以官方力量為主體，但對民間力量的整合與依賴卻一直存在，且程度不但加深，其表現不止於一端。本文只是以宋代倉儲機構為例的綜合分析，更為全面的討論，還有待將來。

# 後 記

　　2013 年我到上海師範大學，跟戴建國老師攻讀博士學位，不久後在交流論文選題的時候，戴老師說我是從揚州到上海的，看看是不是可以以宋代揚州爲對象展開研究，建議我去查查資料，作一些前期的調查。當時的印象是今人對宋代揚州並無綜合研究，覺得從區域史、城市史的角度研究宋代揚州，或可一試。所以我自己雖然有一些比較感興趣的主題，但最終聽取了戴老師的意見。在確定以宋代揚州爲研究主題申請博士學位之後，本打算從宋代揚州的政區變動、經濟發展、區域交通、城池建設、士人行跡、城市印象等幾個方面分別展開討論，最後綜合起來呈現出兩宋時期揚州的整體狀況。但就目前完成的情況來看，顯然與最初的目標相去甚遠。論文無論是在質還是量方面，都不盡如人意，這是我很感慚愧的。這樣的結果當然是我本人學養有限、用力不勤、思維愚鈍所致，原想畢業以後，就著原來的思路，繼續努力完成起初的計劃，但是兩年多的時間匆匆而過，至今並未對其有大的修改，如今將稿子交給出版社，更是既慚愧又忐忑。

　　2016 年 6 月回揚州工作，在相對熟悉的環境中，有來自師友的關照，特別是孔祥軍老師在很多方面都給了我極大的幫助，感激之情，無以言表。如果沒有孔老師的敦促和鼓勵，這份書稿也不知何時才願意拿出來。畢業論文的「後記」中曾言，希望能繼續就著相關問題，補充撰寫成一份像樣的書稿，但就現在的結果看來，這兩年內新完成的內容是有限的。書稿基本是在博士論文的基礎上略作調整而成，附錄的幾篇文章，是撰寫博士論文期間在相關期刊上發表過的，其中部分內容與書稿有重合的部分，由於在論述方式或側

重點上略有不同，故而充作附錄，同時也算作是對以往學習的一個記錄。值得注意的是，新近又讀到一些與古代揚州相關的材料，包括傳世文獻以及唐宋揚州城考古勘探與發掘的報告，爲唐宋揚州城市研究，提供了一些新的信息。在這樣的背景下，書稿中呈現的部分認識或有可商之處，針對這些問題，我已開始另撰它文以爲補充與修正，但這些新的內容在書稿中並未體現出來。無論如何，關於宋代揚州，還有一些問題尚待進一步深入的研究，諸如揚州與兩淮的區域交通、宋代詩詞中的揚州印象、宋人的揚州行跡與揚州地方社會、揚州經濟發展在區域乃至全域範圍內的意義等問題，希望將來有機會再作補充，進而對相關問題有更爲全面和深入的認識。

　　最後想說的是，上師大的三年，對我自己來說是比較特殊的一段時間。著眼於求學經歷，2013 年若非戴老師爭取一個名額，我是沒有機會到師大攻讀博士學位的。三年間，無論是學習抑或做人，戴老師都給予我不少的啓發。滬上求學，有幸遇到師大古籍所和歷史系的黃純豔、張劍光、湯勤福、俞鋼、燕永成等諸位老師，他們業有專精，在專業課程以及論文構架、內容方面提供了不少具有啓發性的意見。論文答辯時，華東師範大學的车發松、顧宏義、戴揚本、陳江老師也都對論文的進一步修訂提出了很多中肯的意見，特別是车老師作爲答辯主席，熱心地賜示相關日文研究論著。我在這裡對諸位老師表示由衷的感謝。

2018 年 9 月 28 日